日本語教育からの音声研究

シリーズ 言語学と言語教育

第1巻 日本語複合動詞の習得研究–認知意味論による意味分析を通して 松田文子著

第2巻 統語構造を中心とした日本語とタイ語の対照研究 田中寛著

第3巻 日本語と韓国語の受身文の対照研究 許明子著

第4巻 言語教育の新展開–牧野成一教授古稀記念論文集
鎌田修，筒井通雄，畑佐由紀子，ナズキアン富美子，岡まゆみ編

第5巻 第二言語習得とアイデンティティ
–社会言語学的適切性習得のエスノグラフィー的ディスコース分析 窪田光男著

第6巻 ポライトネスと英語教育–言語使用における対人関係の機能
堀素子，津田早苗，大塚容子，村田泰美，重光由加，大谷麻美，
村田和代著

第7巻 引用表現の習得研究–記号論的アプローチと機能的統語論に基づいて
杉浦まそみ子著

第8巻 母語を活用した内容重視の教科学習支援方法の構築に向けて
清田淳子著

第9巻 日本人と外国人のビジネス・コミュニケーションに関する実証研究
近藤彩著

第10巻 大学における日本語教育の構築と展開–大坪一夫教授古稀記念論文集
藤原雅憲，堀恵子，西村よしみ，才田いずみ，内山潤編

第11巻 コミュニケーション能力育成再考
–ヘンリー・ウィドウソンと日本の応用言語学・言語教育
村田久美子，原田哲男編著

第12巻 異文化間コミュニケーションからみた韓国高等学校の日本語教育
金賢信著

第13巻 日本語eラーニング教材設計モデルの基礎的研究
加藤由香里著

第14巻 第二言語としての日本語教室における「ピア内省」活動の研究
金孝卿著

第15巻 非母語話者日本語教師再教育における聴解指導に関する実証的研究
横山紀子著

第16巻 認知言語学から見た日本語格助詞の意味構造と習得
–日本語教育に生かすために 森山新著

第17巻 第二言語の音韻習得と音声言語理解に関与する言語的・社会的要因
山本富美子著

第18巻 日本語学習者の「から」にみる伝達能力の発達 木山三佳著

第19巻 日本語教育学研究への展望–柏崎雅世教授退職記念論集
藤森弘子，花薗悟，楠本徹也，宮城徹，鈴木智美編

第20巻 日本語教育からの音声研究 土岐哲著

第21巻 海外短期英語研修と第2言語習得 吉村紀子，中山峰治著

シリーズ 言語学と言語教育　20

日本語教育からの音声研究

土岐哲 著

ひつじ書房

はじめに

本研究は、自発性の高い自然な日本語音声とはどのようなものかに焦点を当てて観察し考察しようとするものである。従来の日本語音声について記述したものの多くは、いわば失敗のないように気を付けながら「丁寧に読み上げる」という音声資料や音声実現の記述を扱ったものが多い。そこから得られる知見だけでは、例えば、実際に日本語音声を学習し、日本語社会で生きようとする人々には十分ではなく、もっと現実に密着した情報の求められることが多いと考えられる。それらの中間的な手段として考えられる方法がないわけでもない。その場に居合わせた状況を思い浮かべてもらい、その場の人物になったつもりで当該の文を話してもらうロールプレイなどという方法である。この方法ならば、よい発声者さえ見つけることができれば、似た条件で、読み上げ調とは異なるそれなりのデータを得ることもでき、一定のパラメータに絞り込んだ観察もできるが、適した発声者を見つけるのはそう簡単ではないなどの問題も付きまとう[1]。

そこで、まずは、これまでの音声教育・音声研究の記述を通覧し、改めて残された課題を浮き彫りにする。それによって、本研究の座標や視座を具体的に確認することになると考える。

日本語の学習者がよく口にすることに「教室で先生が話す日本語はよく分かるが、教室外に出て、いろいろな日本人が話すのを聞いても分からない」という学習者の言葉がある。「だから、外でもよく分かるようにして貰いたい」というわけだが、これは全国どこへ行っても聞かれることである。中には、その地域の「方言」のことを言っている場合のことも考えられよう。そのため、最近では、各地で地元の教師たちがその地域独特の言い方を録音した副教材等を作って配布したりもしている。それはそれで、親切なことに違いないが、教室内の日本語は分かって外で聞く日本語は分からないという問題の原因は、実は、もっと根源的なところにあるものと考えられる。

それは、相手が外国人だと分かると、とたんにゆっくりはっきりした日本語で話しかけるという「フォリナートーク」や「ティーチャートーク」などによる「特別に丁寧な発音」の問題があるからだと思われる。学習者の日本語がたどたどしかったり、反応が遅かったりすると、教師達は話しかけるのにも慎重になるのであろう。ひとたびこの「親切心」が加わってしまうと、一語一語はっきりと噛んで含めるような言い方になり、必要以上に繰り返しも増える。当人が日常的に使っているような日本語とはうって変わり、極めて特殊で不自然な言い方になってしまう。恐ろしいのは、こういう言い方をするようになってしまうと、相手によってほとんど条件反射的に切り替わってしまうから、学習者に対して、いつも職業病的な日本語を聞かせ続けることになるのである(これは、幼児や耳の遠いお年寄りに対して自動的に話し方を切り替えるのにも似ていよう)。このような独特の日本語音声の問題は、今に始まったことではない。戦前・戦中に作成され、広く海外にも送られたレコードを聴いてみても容易に想像できることであるし、日本語教育だけに言えることでもない。初等・中等教育の場での教師独特の話し方もある。外国へ行くことになった人が、事前に当該外国語の音声教材を買い込んでしっかり練習したにもかかわらず、現実は「もっと早口」で、結局役に立たなかったなどという実例も少なからず聞かれる。

筆者は「フォリナートーク」や「ティーチャートーク」のすべてを否定するものではない。学習者にとっては、ゆっくりはっきり、言ってもらわなければ分かりにくいこともあるだろうから、その時に分かりやすくするために使う必要については理解ができる。問題は、使い手である教師がその特殊性に気づかずに、のべつ使い続けると、それを聞く学習者がいつの間にかその話し方そのものに馴染んでしまい、日本語の自然な話し方を聞いても反応できなくなってしまうことである。

ひとたび特殊な言い方をしたら、その直後に、自然な日本語に戻して話しかけてバランスを取るようなことをしないため、学習者はその特殊な話し方をいつまでたっても当てにしたり、そっくり真似てしまったりすることさえある。

そこで、日本語音声の自然な発話の実態とはどのようなものかについて広い観点からの考察を試みる。日本語の自然な姿を客観的に観察し理解することは、日本語のより高い理解を目指す日本語母語話者にとっても、より高度な学習を目指す非母語話者にとっても必要なことであると考えられる。母語話者にとっては、自らが殆ど無意識に行っている日本語の発音行動についての偏りのないより柔軟な感覚が養われ、ひいては外国語の音声を観察することについても落ち着いて対処できるようになるであろう。非母語話者にとっては、自然な日本語や日本語音声の幅広い姿が観察できれば、自らの母語音声についての理解も進むと共に、より深い受容と運用の能力が養われる可能性が大きいと考えるからである。

なお、各章の参考文献についてであるが、第1章、第2章で、参考にした文献それ自体を本文で扱っているものについては、その本文に記したままにし、末尾に纏めて記入することはしなかった。それ以外の第3章から第16章では、巻末に掲げた。

注

1　最近試聴した音声コーパスの中には、台本のない自発発話であるとは言うものの、肝心の話者が慣れないスタジオ内で緊張していて、いかにも不自然に聞こえるものもあった。良質の音声データとは何かについて十分に考えるべきであろう。

目　次

第Ⅱ部

第III部

第Ⅰ部

本書は、全体で16章から成り立っているが、全体をその内容の性質によって3部に分ける。第Ⅰ部は、第1章から第7章までとなっている。

第1章では、これまでの「日本語音声の教育と研究」を史的に概観する。

第2章では、既存の日本語教科書では音声がどのように扱われているかを考えるために「教科書に見られる日本語音声教育上の記述」などについて調査・検討して、各音声レベルについての問題の所在を明らかにする。

第3章では、本研究の方向性として「一般音声学的視点から考える音声教育の重要性」に着目し、考えるところを手短に説明する。

第4章からは、従来の音声研究では不足していると思われる事項のうち、現実の日本語音声、とくに単音レベルの連続体としての問題に着目し、「音声の縮約現象」などについて具体的に研究したところを詳述する。

第5章では、音節レベルから先の問題として、同じく先例の少ない「日本語リズムの研究」を進め、第6章では、「日本語音声の縮約とリズム形式」の融合された問題を検討する。

第7章では、単語レベル以上の問題として、これまでの日本語音声記述のうち、ともすれば混同しがちに見える「アクセントの下げとイントネーションの下げ」について検討し双方の役割や振る舞いの違いを浮き彫りにしているという意味で、小品ながら大切な考察・主張を展開する。

第１章
日本語音声の教育・研究の変遷

ここでは、日本語音声の教育・研究について史的観点から概観し、本書の方向付けの一助とするが、検討されるべき資料としてどのようなものがあるか紹介する。さらに音声教育の観点からは、音声教材にも着目し、考察する。

1. 資料の分類

音声の教育・研究がどのようになされているか、あるいは、どのようになされて来たかという観点から調べるには、おおむね次のようなものが、その具体的資料として考えられる。

i　録音・録画資料などを含む音声教材や実践報告・啓蒙書の類

ii　学習者による音声上の偏りを観察し、日本語と学習者の母語を比較・分析したり、学習者自身の音声を分析することによって問題点の所在を明らかにしたもの

iii　日本語の音声そのものに関する研究書や辞書類

iv　他の関連分野に関して作成されたもので、「i」への転用がきくものや、「iii」の資料となるもの

ただ、これらは、いつの時代でもすべて揃っているというわけではなく、当然のことではあるが、時代をさかのぼるに従って、(i)、(ii)、(iii)の順に見当たらなくなる。

2.　史的概観

〈近代以前〉

外国語を母語とする人々が、日本語話者を相手として日本語を積極的に学んだということの裏づけが認められるのは、古くは16世紀の「キリシタン」の時代、そして、鎖国時代に日本人漂流者がロシアのペテルブルグやイルクーツクで日本語教師となった頃である[1]。また「長崎出島」などの時代にさかのぼることができる。しかし、その当時、音声教育が実際どのように行われたかという点について詳しく知ることはできない。わずかに、いわゆるキリシタン本や漂流者達の作った日本語資料によって、当時の日本人教師なりインフォーマントなりの方言音や当時の人々が考えたであろう「標準的日本語のイメージ」も含めた輪郭を窺い知ることができるのみである。

〈初期の留学生受け入れ以降〉

日本語教育が、日本人によって主体的に行われるようになったのは、明治14年に日本が留学生の受け入れを開始してからだと言われる[2]。が、音声教育について、当時の実体を詳しく伝える資料はほとんど見当たらない。ただ、この頃、音声教育に興味を抱く日本語教師がいたとすれば参考にし、影響を受けたであろうと思われる文献としては、次のようなものが挙げられる。

『音韻啓蒙』2巻、敷田年治(明治7(1874)年刊)

その内容としては、「拗音と云事」「略音の事」「万行の言語、波行の濁音に転る例」など日本語音声を客観視しようとした項目が見られる。

『発音学講話』岡倉由三郎(明治34(1901)年刊)

岡倉は明治24年から26年にかけて京城の国立日本語学校で日本語を教授し、他方で現地朝鮮語の研究もしたことが知られている。

『視話法』(Visible speech の訳称)伊沢修二

その内容としては、「国語標準音の確立」「言語転訛の矯正」「外国語音の伝習」「植民地に母国語の広布」「聾唖に談話の教授」など幅広い研究・発言がある。伊沢は明治28年、台湾総督府学務部長として現地での日本語教育を開拓し、山口喜一郎他の著名な日本語教育者を育成した。また、退任後の明治36年には、東京小石川に楽石社を創設して吃音矯正及び方言訛音の矯正を行っている。

ところで、前述の2冊に先立って、アクセントに関する論文が発表されている。

「日本音調論」山田美妙（明治25（1892）年刊『日本大辞書』所収）がそれであるが、後に『国語の発音とアクセント』佐久間鼎（大正8（1919）年刊）が出て大きな進歩を見せた。なお、同書の第11章「話の抑揚」では早くもイントネーションに関する記述が見られる。

昭和に入って、「国語の音声上の特質」神保格（昭和2（1927）年『国語と国文学』4巻4号所収）では、英独仏などの外国語との比較が試られ、『日本語音声学』佐久間鼎、昭和3（1928）年刊では、同氏の日本語の音声に関する研究の集大成が行われた。その後、昭和7年には、神保格・常深千里の『国語発音アクセント辞典』や金沢庄三郎の『東洋語学の研究』が出版されている。

〈戦前・戦中の頃〉

昭和14年になると当時の国策と呼応するかのように、日本語の海外進出についての論議が頻繁に行われるようになる。そして、翌昭和15年9月には、華北日本語教育研究所が創立され、同年12月には、日本文化協会内に日本語教育振興会が設置された。この日本語教育振興会は、昭和16年4月から、その機関誌である『日本語』を刊行している。日本語教育に関する初の定期刊行物であると言えようが、手元の資料の中から音声教育関係のものをいくつか抜き出してみよう。

「ことばの調子といふこと」内藤濯（昭和18（1943）年4月号所収）

話し方の基本訓練を単に発声や発音に求めるのではなく、その言葉に適切な調子が伴うようにすべきであり、その教育には音楽的手法も役立つとするもの。

「映画と日本語」時岡茂秀(昭和18(1943)年10月号所収)

映画の視聴覚教材としての有用性を説き、日本語教育への活用を提案するもの。

「南方諸地域向日本語教科書に使用せる発音符号について(一)」三井政雄(昭和18(1943)年11月号所収)

この教科書の編集方針が「音声言語の教授、訓練を基礎とし、漸次正確なる文字言語の習得に至らしめる」とされていることは当然であるとし、発音符号表と使用通則を紹介している。一例を挙げれば、――ちひさい〔チイサイ〕、きのふ〔キノオ〕、にじふ〔ニジュウ〕、つくゑ〔ツクエ〕、がくかう〔ガッコオ〕、なんぐわつ〔ナンガツ〕、うまれる〔ゥ゚マレル〕(「ゥ゚」は鼻音音節m)――などがある。これらは勿論、当時の正書法とは明らかに異なるものである。戦前は、歴史的仮名遣いが一般的で、すでに実際の発音との間に乖離現象が生じていた。外国人がそれを学習する場合に不都合であったことは、誰の目から見ても明らかであったため、試験的表記法が海外を舞台に施行されたものである。今日の正書法を占っているかに見える。戦後これらの試行が現代日本語正書法改定の礎になったものと考えられる。

「日本語の調子」土居光知(昭和19(1944)年1月号所収)

前述の内藤濯のそれが感情表現的色彩も帯びているのに対し、この場合の調子は基本的なリズムを意味している。例えば、「ミヅ・シヅ・カ・ナル・エド・ガワ・ノ・(息)・は1行12音を7音歩で発音し、その後に息をする時間を入れて、一息が八音歩で区切られるが、これは我々の呼吸・歩調などに基づく肉体的な調子に通じる」としている。このリズムに関する知見は、基本的には今日、2モーラ・フット(理論)として一部の教師の間で活用されている。

「中国人に誤り把握せられている日本語の発音に就いて」筧五百里(昭和19(1944)年3月号所収)

発音事実と把握の内容の違いに言及したもので、この論文では、日本語の撥音「ン」の異音のバリエーションや、環境によって異なる破裂音の有気性に対する意識の違いなどを述べ、5月号所収の続編「(2)」では、日本語の促音が、華北の学習者には困難であるけれども南部の学習者には困難ではない。そして、その理由は南中国方言の学習者には内破音があって代用できるからであるなどと述べている。それがそのまま学習者の意識と一致するものかどうかはともかく、すでに学習者の母方言にも注目している点は注目すべきであろう。

「大東亜の日本語に於ける音量＝語音の長短＝の活用に就て」寺川喜四男(昭和19(1944)年6月号所収)

ここでは、台湾の学習者の発音上の間違いを、母音の長短と子音の長短の場合に分けて説明している。前者は、特に多音節語の場合、アクセントの位置との関係で長くなってしまうこと(小野(オーノ)さん)や「エ」の長音を仮名遣い通りに発音してしまうこと(丁寧(テイネイ))。後者では、撥音＋母音又は摩擦音の場合でも「[n]の長音を濫用すること」(本を(ホンノ))や促音の長さが不十分であることなどについて細かく述べているが、注目の仕方や分析には、かなりの偏り(問題点)が認められる。これらの問題は、主に華人(漢民族)系に見られるもので、先住民系には見られない。

しかし、中には、注目すべき音声教育観を述べたものがある。

「標準語とアクセント」服部四郎(昭和19(1944)年7月号及び8月号所収)

「発音の訛にも、(中略)意志の疎通に大きい障碍となるものとさうでないものとがある」が、アクセントの訛は後者に属するのであるから、「外国人に対する日本語教育において、一々単語のアクセントの暗記を強要する必要は必ずしもない。」「場合によっては、アクセントを無視して、もっと重要な発音的特徴を把握させるよう努める方が遙かに効果的なこともあろう。」とし、それには、「発音やアクセントの訛に対する感情問題」を解決すべきであって、例えば「各地の人々の話す多少地方的な訛のある標準語的共通語を色々な方法で」子供たちに聴かせて、「その理解力に幅としなやかさを持たせる訓練をし」てはどうかと説く。まことに卓見である[3]。

機関誌『日本語』には、以上のような諸論文が見られるが、同誌は昭和

19年6月号までを福田恒存の編集により刊行され、それ以降は、長沼直兄の編集となって翌20年1月号まで続いている(手元の合本による)。

終戦の昭和20年には、寺川喜四男による『大東亜諸言語と日本語』及び『東亜日本語論―発音の研究―』が刊行されている。これらはいずれも、台湾(記述から判断すると、これも先住民ではなく、主にミン南語話者について書かれている)をはじめとして、アジアの諸地域で話されている日本語の音声上の諸問題に触れたものである。主として、語音レベルの困難点とアクセントレベルでの困難点の傾向の原因についていくつかの考察を加えているが、時節柄か、未整理の段階で発刊となった感じがしないでもない。

〈終戦以降〉

昭和25年頃になると、テープレコーダーの利用が緩やかではあるが一部に広まりはじめ、音声の研究にも大きな影響を与えることとなった。戦後、長沼直兄が創設し今に続く東京日本語学校には、当時米軍を通じて導入されたという初期のアメリカ製テープレコーダーやソニーの前身である東京通信工業製テープレコーダーが所蔵されている。

昭和26年には『音声学』服部四郎著が刊行され、以後、音声関係の出版物などでは、幅広くこれが参考文献として引用されている(同書は昭和59年には著者の肉声によるカセットテープ付きで新版が刊行された)。同じく昭和26年に日本放送協会から『日本語アクセント辞典』が刊行されたが、これも昭和41年には『日本語発音アクセント辞典』として改訂版が出され、昭和60年にも「改訂新版」が刊行された。

昭和27年には『世界言語概説(上)』市河三喜・高津春繁共編が、同30年には同書の下、市河三喜・服部四郎共編が出版された。これは、世界各国の言語を母語とする外国人学習者達に対する音声教育の準備をする際などにかなり有益な参考資料となっていた。

昭和28年には、ユネスコ国内委員会第4回総会で、「外国人留学生の受入れ体制の強化に関する建議」が採択され、戦後の留学生受入れが活発化していくこととなる。

昭和33年、『明解日本語アクセント辞典』金田一春彦監修、秋永一枝編が刊行された。この辞典の特色の一つとしては、巻末のおよそ100項目からなる「アクセント習得の法則」も挙げられる。各々の語のアクセントがどの法則に該当するものであるかも分かるようになっていて、標準語学習を目指す日本人その他の日本語アクセント学習者に対する教育的配慮が窺われる。(昭和56年には「第2版」が出され、それ以降もさらなる改訂がなされた。)

昭和35年には国立国語研究所報告18『話しことばの文型(1)—対話資料による研究—』が刊行(38年には、同書の(2)も刊行)されたが、とくに(1)に収められている「イントネーション」(担当：吉沢典男)では、実験的調査を行うなどして得た結果に基づいて、イントネーションを5種類にまとめている。その5種類とは「詠嘆表現と結びついたもの」「判叙表現と結びついたもの」「質問的表現と結びついたもの」「命令的表現と結びついたもの」「応答表現と結びついたもの」である。

〈「日本語教育学会」発足以降〉

昭和37年になって、日本語教育学会が発足し、機関誌『日本語教育』が創刊された。内容について、第50号(昭和58(1983)年刊)までの合本を基に、音声教育と関係のあるもののタイトル及び掲載号数を挙げ、通覧してみると次のようである。

「発音の指導と問題点—タイ語国民を中心に—」鈴木忍(2号)
「発音から見た日本語」金田一春彦(3号)
「朝鮮人の日本語音認知に於ける難易度の測定について」山田幸宏(3号)
「文節アクセントの求めかた」山口光(13号)
「ベトナム語正書法による五十音表記の試み」土岐哲(18号)
「英語国民による日本語の四音節名詞のアクセントの予測とその実際」堀口純子(19号)
「撥(はつ)音の発音をめぐって」今田滋子(20号)
「教養番組に現れた縮約形」土岐哲(28号)
「中国人における日本語の音声教育」蔡茂豊(30号)

「r-V-n 変音・他」今泉喜一(39 号)
「広東語話者の日本語学習における音声の問題点について―子音を中心にして―」野沢素子(41 号)
「初学段階における日本語の音声教育―中国人初心者の聴音問題点と母国語の干渉について―」林左平(45 号)

これらの内容的傾向として共通している点は、程度の差はあるものの従来の音声面における研究成果に立脚して、教育効果の面に重きを置いたものが多く見受けられるということであろうか。なお、この種の論文などが掲載されている定期刊行物には、
『日本語教育研究』(1970 年創刊)言語文化研究所
『講座　日本語教育』(1965 年創刊)早稲田大学語学教育研究所
その他、各種機関の紀要などもある。

昭和 42 年には『日本語音韻の研究』金田一春彦が出版され、やがて昭和 45 年には『音声と音声教育』(『日本語教育指導参考書Ⅰ』)が文化庁から刊行されたが、ここでようやく音声の指導技術に関する記述が見られるようになる。その傾向は、昭和 50 年の『日本語と日本語教育―発音・表現編―』文化庁・国立国語研究所刊や昭和 56 年刊『教師用日本語教育ハンドブック 6　発音』国際交流基金、そして、昭和 57 年刊行の『日本語教育事典』所収「第一章、音声・音韻」などにも一部受け継がれている。(一部というのは執筆者によって傾向が異なるため。)

ところで、昭和 55 年に、文部省科学研究費特定研究「言語」「日本語教育のための言語能力の測定」資料集 1 及び研究報告書『日本人の知識階層における話しことばの実態』国立国語研究所刊があるが、その中の「2 モーラ連続の種類とその出現数」(担当：沢木幹栄)のような種類の研究資料は、音韻バランスなどを考慮し、より効率的な音声教材を作成しようとする際に有用であろう。すなわち、或る音がどのような環境に最も多く現れるかが明らかにされることによって、音声教材作成段階で客観的に優先順位を与えることができるからである。また、これよりさらに一年前の昭和 54 年に出版された文献の中に『発音教育と語学教育―ザグレブ言語教育の理論と実際

―』（クロード・ロベルジュ編著）というのがある。聴覚障害者などに対する発話指導の理論と実践、そして語学教育への応用について述べているものであるが、身体の姿勢などを変化させることによって或る調音に導いたり、リズムやイントネーションを指導したりする方法は、従来の発音矯正をさらに発展させる上で役立っている。昭和59年「外国語学習における発音矯正の視聴覚的アプローチ―外国人のための日本語教育を中心として―」土岐哲他（東海大学教育工学研究所研究報告第12号所収）では、ビデオテープを使って発音矯正の手順などを考察しているが、これなど、一部『発音教育と語学教育』の方法論を援用したものである。

3.　教材の記述

これまで、日本がはじめて留学生を受け入れた頃から100年余りの間に出された文献などを駆け足で見てきた。ところが、こうして見てみると、日本語の音声そのものがどのようになっていて、それをどう考えるかという点、学習者が目指すべき点について、書かれたものはかなり多いが、それを学習者がどのようにして身に付けるのかという立場で書かれたものは極めて少ないことが分かる。伝統的にこの種の「教育の実質」ということにはあまり関心が払われなかったからなのであろう。しかし、教材やその手引きなどを検討すれば、その基本的考えについて、いくらかは窺い知ることができる。

音声教材は、その教材としての教育目標の具体的な姿を示し、かつ模倣させることを目的の一つとしている。従って、その教材の作者が音声教育に対してどのような姿勢で臨んでいるかを表していると考えることができる。

現在、市販されているテープやCDなどの音声教材をいろいろ聴き比べてみると、録音に際してどのような人を起用し、どのような方針で演出・指導したかによって、いくつかのタイプに分類される。

まず、読み手の起用は、音声表現の質に大きく関わるところから非常に重要であるが、この点から言えば、次のようになる。

〈読み手の種別〉

a アナウンサー

b 日本語教師

c 声優

このうち最も多かったのがアナウンサー、次いで日本語教師、声優の順（最近では声優の場合が多くなっている）になるが、それぞれが一様ではない。アナウンサーが読んでいる音声教材には、会話などがそれらしく聞こえるものとそうでないものとでバラつきがあり、全体としては後者がかなり多い。日本語教師が読んでいる音声教材には、読み手が自分自身の音声を程よくコントロールしているように聞こえるものと全くそうでないものがあるが、最近では前者が増えつつある。声優が読んでいる音声教材には、かなり自然に聞こえるものとかなりおおげさで不自然に聞こえるものもある。要するに読み手や教材作成者の指示次第で大きく異なる。

いずれにしても、学習者が目指している話し方というのは、普通の日本人と個人的に接する場面で使われるものであって、不特定多数の人々に、感情抜きで事実だけ伝えることを主な目的としたニュースなどのような話し方とは根本的に異なる。従って、たとえ読み手がどんな人物であろうと、先に述べたような条件が満たされ、音声表現の観点から見ても意味内容が正確かつ適切に伝わるように読んでいるものでなければ模倣はさせられないということになる。

試みにアナウンサーのニュース調に近い会話テープなどを日本人学生のクラスなどで聴かせてみると、今日では笑い出すようなものが非常に多い。そして、「場面にふさわしい自然な感情が表されていない」「冷たい」などの批評が返って来る。そのような音声教材を作成した人々は、アナウンサーを起用した理由の一つとして「規範性」ということを言うが、コミュニケーションパタンの類型を詳細に分類し、日本語学習者にとっては、それらのうちのどのパタンがより有用なのかを確認して設定すべきであったと考えられる。少なくとも会話の音声は広報用音声とは大きく異なるはずである。能力のある学習者であれば、音声データをある程度正確に模倣し身に付けてしまうのであるから、そういう学習者に対して、普通の日本人が聴いたら笑ってしまうようなテープを模倣させることはできないことになる。これは、日本語母語話者に対する音声教育でも同様であろう。音声データの読み手も制作者も「広報用の日本語ではなく、日常生活に立脚した日本語の使い手としての素朴な耳」でモニターしてみる必要があるだろう。

今回調査した音声教材は、次のようなものである。

（1）“Beginning Japanese part 1(1962), part 2(1963)” Audio-Forum
（2）“Intensive Course in Japanese —Elementary Course—” Language Services Co.(1970)
（3）“Japanese for Today” 学研(1973)
（4）“Japanese Language Patterns” Sofia University(1974)
（5）“Nihongo no Kiso” 海外技術者研修協会(1974)
（6）“Linguaphone Nihongo Kôsu” Linguaphone(1968)
（7）“Integrated Spoken Japanese Ⅰ” アメリカ・カナダ十一大学連合日本研究センター(1976)
（8）“An Introduction to Modern Japanese” Japan Times(1977)
（9）“Aural Comprehension Practice in Japanese” Japan Times(1978)
(10)『日本の放送』日本語教育学会(1983)
(11)『日本語教育用スライドバンク12か月シリーズ』付属テープ、国際交流基金(1984)

これらのテープのうち、（1）には、聴かせる部分と模倣させる部分とに分けるなどの工夫が見られ、（7）では、縮約形なども積極的に採り入れ、課が進むに従ってスピードを上げることや発音の明瞭度を落とすことなどにより難しくしており、(10)では（7）の手法の他に、現実の放送番組テープも一部加えるなどしてある。また、(11)では小学校低学年から老人に至るまでの声優を起用し、実際の年齢に応じた発声による自然さを伴ったテープ教材の作成を試みている。

なお、これらのオーディオテープの他に、ビデオテープ教材として次の2点も調査した。

『日本語教育映画―基礎編―』国立国語研究所〔一部文化庁との共同〕(1974－1983)
『テレビ日本語講座初級Ｉスキット―ヤンさんと日本の人々―』国際交流基金(1983)

それらによれば、前者は、初期のものとその後のものとでは幾分変化が見られるものの「基礎編」ということをあまりにも意識しすぎた傾向が見受けられる。

発音練習教材や発音練習方法にもいくつかのタイプが考えられる。その中で最も古くから普及しているものは、読解教材や会話教材をそのままくり返し音読させ、学習者が間違えたところをその都度指摘して行くというものである。終戦前の「日本語」には、この種の実践報告が見られるが、現在でもかなり広く行われていると言える。

次に考えられるのは、ミニマルペア(最小対語)であろう。これには、単音のレベルで対をつくるもの(pan：ban)と、アクセントの型だけを変えてあるもの(a'sa：asa)、それに(aru ↑：aru →)のように文末のイントネーションだけを変えてあるものもこの部類に入るであろう。『にほんごのはつおん』東京外国語大学附属日本語学校(昭和47年刊)や『日本語　はつおん(各国語版)』国際交流基金(昭和53年刊)などがこれに当たるが、いずれも長めの文によるイントネーションやプロミネンスのレベルまでは扱っていない。

"An Introduction to Modern Japanese" by Osamu Mizutani, Nobuko Mizutani(昭和52年刊)の発音練習では、(１)発音練習を一種の筋肉運動ととらえ、「前舌母音と奥舌母音」「狭口母音と広口母音」のように組み合わせて口を大きく動かす練習、例えば、アイアウ：アウアイ(アクセントは、東京の名詞アクセントで多いもの)、(２)各課の単語で(１)の型に近いもの、(３)簡単な文の形にしてイントネーションやプロミネンスの練習も加えたものなどから構成されている。

4.　今後の音声教育・音声教材

これまで見て来たように、既に出版されたものを検討した限りでは、初期の段階に比べれば幾分変化が見られるものの、いまだ音声教育が全体の財産として機能する程十分に発達したとは言い難い。しかしながら、現在、一部で実験的に行われている手法や音声習得などの関連分野における諸研究の進展ぶりを見れば、今後もさらなる発展が期待できる。

従来、音声教育は、学習者にとって「面白くないもの」、「非常な忍耐を必要とするもの」として位置付けられて来た。しかし、筆者の知るところでは、それが少しずつ変化し始めている。それは、音声の分析（実験音声学的な分野も含めて）の発展以外にも、談話分析や言語行動などの諸分野での研究成果も加わることによって、発音行動もより立体的に考えられるようになり、また学習者の受容パタンなどにも注目しつつあるからである。

一例を挙げれば、ある非常に短い場面の音声資料を用意する。それは、登場人物の性格、心理状態、人間関係などが明瞭に表現されているものであり、その明瞭度は、日本語教育などに関係していない一般の人々にアンケート形式でモニターしてもらった評定データで裏付けられているものもある。場面が分かりやすいということは、それだけ扱いやすいし、何よりも学習者の積極的な反応が得られるからである。

さて、作業の手順としてはそのテープの聴解作業から入り、前述のようなその場面を形成している項目について確認もしくは指導を行う。次に役割分担をして模倣させるが、はじめは、相互のリズム、イントネーション、プロミネンスなどの連係プレーに専念させる。いずれも、前後に深い関わりを持つと考えるからであるが、心理状態や人格などの位置づけを明確にするには、むしろそちらの方が単音レベルの練習より優先されるからであり、学習者の母語との共通点もある程度は期待できる。このことについては、いきなりミニマルペアのような練習から入るよりは、その方が能率的であるとの報告も得ている。それは、リズムやイントネーションなどといった文単位の練習から入った方が、文脈効果などの補助機能も働き、学習者の心理的な負担が少なくて済むからでもある。余分な緊張が取り払われれば、音声教育には一層有利となる。

なお、これらの練習に際しては、いつもきちんと腰掛けてというのではなく、身体を動かすようにさせる。このことは、日本人同士が日本語の会話文を読もうとする場合でも、ただ腰掛けて読むよりは、ある程度動作を付けた方が遙かにうまくできるという実験結果からも説明できる。

以上は、現在行われている試行の一端であるが、いずれ、あるまとまった形となって公表された場合には、より具体的な手順が示され、現時点では個人的なレベルでとどまっている技術的なことや、特定教師の個性に頼らざるを得なかった部分(緊張を解きほぐしてやることなど)に、少しは「一般化」の光を当てることができるようになるものと思われる。

注

1　『漂流民の言語』村山七郎著に詳しい。

2　福沢諭吉が朝鮮(当時)から3名受け入れたのが始まりであるという。(『日本語教授法―研究と実践― 10』木村宗男(1982年刊)による)

3　服部氏は戦前、東京の国際学友会で日本語を教えたことがあると、筆者に語られたことがあったが、この論考はその頃の経験から執筆されたものであろう。

第 2 章
教科書に見られる
日本語音声教育上の記述

ここでは、内外で刊行された日本語教科書の中で、音声についてはどのような説明がなされているのかに注目している。それらの調査結果を一覧にしてみると、それぞれの教科書が持つ音声教育についての姿勢もある程度は見てとれる。新しければ次第に詳しくなるというものでもないことが分かる。また、教科書で音声について触れられているのは初級が中心で、中級以上になると「読解」中心となり音声には触れられなくなるという点にもいろいろ考えさせられる。

1. 序

内外で刊行され広く使われている日本語教科書では、日本語音声についてどのような解説が見られるのであろうか。これらの日本語教科書の冒頭部に書かれている音声についての記述を調べてみると次のようである。

日本語初級教科書で音声に関する記述が見られるものを 14 種選んで比較検討した結果について述べる。

項目の提出順は、単音、音節、単語のレベルへとしているのが大方のスタイルであるが、プロミネンスやイントネーションなど文のレベルにまで言及しているものは多くない。音声教育の項目として、伝統的に、それ以上は重視されなかったということであろう。そこで用いられている用語を見ると、それぞれの項目についての概念の違いを知ることもできる。例えば、'long bowels' 対 'double vowels'(長母音)、'unvoiced vowels' 対 'whispered syllables'(母音の無声化)などがある。調音法などの説明も見られるが、教科書によって一長一短である。教科書で音声について述べることの難しさが察せられるが、全体として、どの項目をどの課で提出すべきか、どうすればその発音ができるようになるかなどについて教育的立場から書かれたものは極めて少ない。

2.　初級教科書調査

初級教科書を見比べてみると、(1)「クラスの中で用いられることのみを考えて作られたもの」と(2)「自習用として用いられることも考慮に入れたもの」に大別できる。(1)には、音声に関する記述がほとんど見られず、(2)にはそれが見られる。但し、その説明は、単に五十音図を載せた程度のものから、ある音声の現れる環境まで述べようとしているものなど多様である。

ここでは、主として音声についての記述がなされている教科書をいくつか比較検討しつつ、現在の、そして今後の音声教育を考える一助としたい。

3.　資料

今回とりあげる教科書は次のようなものである。

① 1971:"Japanese Language Patterns", part.1 Sophia Univ. *
② 1972:"Colloquial Japanese", Tuttle
③ 1973:"Japanese for Today", Gakken
④ 1974:"Begining Japanese", part.1 Yale Univ. *
⑤ 1975:"Intensive Course in Japanese (Elementary)", Language Services
⑥ 1977:"Modern Japanese for University Students", part.1 I.C.U. *
⑦ 1977:"Essential Japanese", Tuttle
⑧ 1978:"Fundamentals of Japanese", Indiana Univ./Tenri Univ.

⑨　1978:"An Introduction to Modern Japanese", Japan Times
⑩　1979:"Japanisch Intensiv", Helmnt Buske
⑪　1980:"Manuel de Japonais", L'ASIATHEQUE.
⑫　1981:"Grundkurs der modernen japanischen Schprache", Verlag Enzyklopädie
⑬　1983:"Japanisch für Sie", Max Huber
⑭　1984:"Basic Structure of Japanese", Taishukan

（上の番号①～⑭は、下線を付したイニシャル共々以下に用いる）

＊複数冊からなるものの場合、この種の説明は、ほとんどが第１巻に集中している。

数ある教科書の中からこれらのものを調査の対象としたのは、おおむね、次の２点に該当すると思われたからである。

１）音声に関する記述が、比較的多くなされていること。
２）記述は少ないものでも、幾分、特徴的な記述が見られること。

もちろん、これまで入手できなかった教科書の中にも上記の点に該当するものが存在することであろう。ここで取り上げた教科書は、英語、ドイツ語、フランス語で書かれたものであるが、それ以外の言語で詳しく述べられているもので入手できなかったものも多数存在するはずである。また、比較的最近刊行されたものでも、五十音図の紹介程度にとどまっていて、今回は特に取り上げなかったものも少なからずあったことも付け加えておく。

また、手元にはあっても説明がヘブライ語で書かれているなどして、筆者の手に負えなかったこともある。

4.　資料に見られる傾向

表１は、上記の教科書では、音声に関する説明がどの程度詳しく触れられているかについて概観しようとするものである。

表中：

○は、説明がある程度以上なされていると判断されたもの。

△は、きわめて簡単な説明に終わっているもの。

—は、触れられていないもの。

表1

教科書＼項目	母音	子音	調音法	音節	長母音	特殊音節 N	特殊音節 Q	母音の無声化	連母音	ガ行鼻音	他の音変化	アクセント	息継ぎ	プロミネンス	イントネーション	リズム	縮約形
① JLP	②	④	△2	①	③	⑥	⑦	⑧	—	④'	—	⑨	⑩	—	⑪	—	⑫
② CJ	①	⑤	△6	②	③	△2'	④	—	—	⑤'	—	⑧	—	—	△7	—	△9
③ JT	⑥	⑤	⑦	①	④	②	③	△8	—	—	—	⑨	—	—	—	—	—
④ BJ	②	⑤	⑥	①	③	⑨	⑧	⑩	△4	⑤'	⑦	⑪	△10	△12	⑬	△15	△16
⑤ ICJ	②	③	△3	①	⑧	⑥	⑦	④	—	△3'	—	⑨	△10	△11	—	—	—
⑥ MJUS	②	①	△3	⑤	⑦	⑥	⑩	⑨	④	—	⑪	⑧	—	—	—	—	—
⑦ EJ	⑤	⑧	④	②	⑦	⑩	△3	△4'	⑥	⑧'	⑨	⑪	△8'	—	△12	①	△12
⑧ FJ	①	②	△3	④	⑥	⑧	⑨	⑦	—	④'	⑤	⑩	—	—	—	—	⑬
⑨ IMJ	①	②	③	④	⑦	⑤	⑥	△1'	⑪	②'	②'	⑧	—	⑨	⑩	—	⑫
⑩ JI(D)	①	②	③	④	⑥	⑧	⑨	⑤	⑦	②'	④'	—	—	—	—	—	—
⑪ MJ(F)	①	④	⑤	⑥	②	⑨	⑥	⑩	③	⑦	⑧	⑪	—	—	⑫	—	△13
⑫ GmjS(D)	④	⑥	△7	③	⑤	△9	⑧	—	—	—	—	②	—	—	△1	—	—
⑬ JS(D)	①	④	⑤	⑥	②	△8	⑦	⑨	④	④	—	⑩	—	—	—	—	—
⑭ BSJ	①	②	—	⑦	③	△5	△6	△9	—	—	—	△8	—	—	—	—	△10

＊(D)はドイツ語で，(F)はフランス語で書かれたもの。

＊—は、その説明が見当たらなかったもの。

＊○と△の中に書き込まれた数字は、その項目の提出順序を大まかに示したものである。「大まかに」というのは、表などを用いてほぼ同時に説明しているものなどがあり、ページ数や配列方向などに従って、かろうじて番号を付したものもあったからである。また、教科書によっては、同じ事柄について２度も触れていることもあったが、そのような場合はより詳細な方を取り上げた。なお、項目の扱い方によって分離できなかったものについては、同一の数字にダッシュを付すことにした。

こうして一覧表にしてみると、大まかではあるが、それぞれの教科書の著者や編者が音声教育というものに対してどのような姿勢で臨んでいるかを窺い知ることができる。中でも、⑦ EJ は特徴的である。それは、ほとんどの教科書が単音もしくは音節のレベルから書き始めている中にあって、EJ は文レベルの「リズム」から始めているからである。大方の傾向に従った見方をすれば、個々の音の姿も明らかにしないうちからリズムを聴かせるなどというのは、いかにも乱暴な手法であるとの批判も聞かれるかもしれない。しかし、例えば、いきなり外国語の海の中に放り込まれた子供たちが、個々の単音よりむしろリズムやイントネーションから身につけて行くことなどを考えれば、故なしとしない。リズムにかなりの紙幅を用意しているのはこのEJのみであること、他にも⑫GmjSのようにイントネーションから始めているものはあるが、「—」すなわち、触れていない項目が多すぎることなどから考えてもEJの特異性が注目される。

このようなことから考えると、少なくともこの表全体で見る限り、教科書が新しければそれだけ音声面についての進歩発展がみられ、より詳しくなるというものでもないことが分かる。ほとんどの場合、まずは音声から書き始めている。が、それらは二、三の例外を除けば単に形式化してしまっているとも言える。項目で見ると「母音」から「特殊音節」まではほとんどの教科書で触れられているが、これらは言うまでもなく「五十音図」を丁寧に読み上げたような発音だけで、ほぼカバーできるような範囲の項目である。「調音法」は、その性質上△、すなわち簡単にしか触れられていないところが多い。「母音の無声化」「ガ行鼻濁音」「アクセント」の3項も触れている教科書は多いが、これも一般的によく知られた事項にとどまっている。それ以外、つまり、「音節」の組み合わせによって生じる音声変化や「単語」～「文」レベルに関する項目では「—」の目立つ教科書が多い。

5.　項目別の検討

この項では、教科書①～⑭のうち、各項目について特徴的なものを探り上げ、比較・検討を試みる。

5.1　母音

まず、いわゆる短母音と長母音をどのような呼称で区別しているかを見ると、表2のようである。

表 2

教科書	呼称
a) ① JLP, ⑥ MJUS	vowels/double vowels
b) ⑤ ICJ	single vowels/double vowels
c) ⑨ IMJ	vowels/two successive vowels
d) ⑪ MJ	voyelle/doble voyelle
e) ② CJ	short vowel sounds/long vowel sounds
f) ④ BJ	single vowels/long vowels
g) ⑦ EJ	short vowels/long vowels
h) ⑧ FJ, ⑭ BSJ	vowels/long vowels
i) ③ JT	vowels/extended vowels
j) ⑩ JI, ⑫ GmjS	kurz vokal/lang vokal
k) ⑬ JS	vokal kurz/vocal lang

これによれば、「音韻上の単複の概念」で分けているもの｛a)～d)｝と、「音声上の長短の概念」で分けているもの｛e)～i)｝があることがわかる。これらは、見方の違いによる。例えば、「奇異」と「キー(鍵)」の発音を注意深く観察してみると、それぞれ「キ・イ」と「キー」のようになって「—異」の方が幾分際立つように強めもあると思われる。また、前者では語末に声門閉鎖が観察され、後者には観察されないという違いも考えられる。これらのことから、実際の現象としては、双方の要素が共存していると考えることもできる。

ところで、⑫の GmjS に、他の教科書とは違った音声表記がある。母音「エ」と「オ」の記述がそれで、e[ɛ] と ê[e:]、さらに o[ɔ] と ô[o:] のように、日本語では、母音の長短によって調音時の舌の高さが大幅に違っているかのような書き方をしている。ドイツ語の側から観察すれば、それも自然なことではあろうが、これでは、あまりにもドイツ語のルールに近付けすぎているとも考えられる。なるほど、日本語においても、長短によって舌の高さに若干の変化は起こり得るが、日本語の短母音の e を [ɛ]、o を [ɔ] で代表させたところをみると、他の方言話者、もしくは個人的な癖のあるインフォーマントを観察して記述した結果ではないかと考えられる（筆者は、この教科書の著者に直接面談し、ご当人の日本語音声を直接観察したことがあるが、なるほど、教科書に書かれてあるような音声を会話の中でも発しておられた）。

インフォーマントが限られた場合に起こり得る「分析や記述の幅」の問題は、このようなところにも現れるから、時空を越えた過去の文献などを読み解く場合の留意事項として考えておくべきことであろう。

5.2　母音の無声化

この項目については、触れられていない教科書もある（②、⑤、⑫）が、表3の教科書では表中のような呼称が用いられている。

表3

教科書	呼称
a) ① JLP	unvoicing of vowels
b) ⑦ EJ	unvoiced vowels
c) ③ JT	devocalization of vowels
d) ⑧ FJ	devocalized vowels
e) ⑥ MJUS	devoiced vowels
f) ⑪ MJ	devocalization
g) ⑭ BSJ	voiceless vowels
h) ⑩ JI	Vokalschwund
i) ④ BJ, ⑨ IMJ	whispered syllble
j) ⑬ JS	schwach ausgesprochen

こうしてみると「音声変化の結果」という見方で説明しようという立場{a)～h)}と、「無声化現象のあるがままの姿を観察した結果」から説明しようという立場{i)～j)}があることが分かる。

学習者の立場からすれば、後者の方が直接的かつ具体的で理解しやすいと思われるが、いずれにしても母音の無声化現象そのものの説明に不正確な点の目立つ教科書があった。

⑥ MJUS、⑧ FJ、⑪ MJ の「語末もしくは文末に母音の無声化が起こる場合」のことである。とくに言い切りの形で、そこにアクセントの高さが来なかった時には、話し相手との関係や心的な距離感によって無声化したり、しなかったりする。例えば、同じ講演などであっても、演者は話の成り行きに応じて、聴衆に心的接近を図ったり、冷静に距離感を保ったりすることが幾度も繰り返し起きるのであるが、これらの教科書では「必ず無声化する」かのような誤解を招く恐れがある。初級レベルのことではあっても、教師に

は十分に起こり得るから、敏感な学習者ならばその矛盾に気づく可能性もあろう。例えば、「おはようございます」の「す」は、初対面などの距離感のある場合は無声化するが、身近な人に親しみを込めて話した場合などには無声化などさせないであろう。

5.3　連母音

この項目については、とくには触れていない教科書も多いが、記述のある教科書を見ると、'Sequence'(連母音)という呼称を用いているもの(④ BJ、⑥ MJUS、⑦ EJ、⑪ MJ)と 'Dipthong'(二重母音)という呼称を用いているもの(⑩ JI、⑬ JS)に大別できる。そして、前者では、おおむね「双方の母音共に明瞭に発音する」との説明がなされている。これは、Dipthongという呼称を採用すると「二重母音における二番目の母音はあいまい母音化する」という現象が連想されることを避けたためであろう。なお、⑭ BSJでは、この項で 'Double Vowels' という呼称を用い、長母音の項で用いている 'Long Vowels' と区別することによって連母音の概念を表そうとしている。また⑨ IMJでは、とくに説明はしない代わりに、各課に配した発音練習によって、「共に明瞭に発音する」発音法を習得させようとしている。

5.4　特殊音節(特殊拍)

ここでは「促音」「撥音」共に同一に扱われているものと、それぞれ別扱いにされているものがある。

表4中の呼称(上段では特に促音)を検討してみると、特殊音節もその性質上、表2の「長母音」「短母音」のように考えられていることが分かる。すなわち、「それ自体が一定の長さを持っていて独立性が高い」と説明しているもの(③、⑤、⑧、⑨、⑩)と「同じ(短かい)ものが二つ重なってできた」として特に独立性は強調していないもの(①、②、④、⑥、⑦、⑪、⑫、⑬、⑭)とに分けられる。

5.5　ガ行鼻濁音

この発音が実現する環境の説明は、全体としては不完全なものが多い。②

表4

教科書	促音	撥音
a) ④ BJ, ⑥ MJUS, ⑦ EJ	double consonants	syllabic nasal
b) ⑤ ICJ	consonant sound of the syllable	syllabic nasal
c) ⑧ FJ	long consonants	syllabic nasal
d) ⑭ BSJ	double consonants	double nasals
e) ③ JT	special one-syllable pause	special nasal sound
f) ⑩ JI	Langkonsonanten	Silbensclussnasal
g) ⑪ MJ	La consonne geminee	La nasale syllabique
h) ② CJ	double consonants	
i) ① JLP	sequence of consonants	
j) ⑫ GmjS, ⑬ JS	Doppelkonsonanten	
k) ⑨ IMJ	Syllabic consonants	

CJの「発音できなくても、分かればよい」とする考えや④ BJの「g は -ng ([ŋ]) を兼ねるが逆は成立しない」とする考えが根底にあるからであろう。事実、① JLPでは「母音間に現れる」、② CJ、④ BJ、⑩ JI、⑬ JSでは「語頭は g、語中は ŋ」と極めて簡単な説明である。⑧ FJ、⑨ IMJでは、それに「助詞のガは（単独でも）[ŋɑ] になる」という説明が加わり、⑦ EJでは「数字の5は（語中でも）[go] になる」という説明が加わっている。そして、最も詳細に説明されているのは⑪ MJで、「ヨギ [ŋi] リ」と「〇〇ギ [gi] ンコー」の例から一語意識の有無による発音の違いまで述べている。しかし、とくに [ŋ] について説明する場合には、学習者が背景とする言語の音節構造などのことを考え、後続母音に移行する際の「破裂の有無」に注目させることが不可欠である。

5.6　調音法など

ここでは、各教科書間で説明上の差異が多く現れた3項目、/z/、/r/、/N/ について見ることにする。

/z/（ザ行の子音）

　これは、語頭及び撥音 /N/ に続く場合に破擦音 [dz] として現れ、母音間では摩擦音 [z] として現れ、さらに、それが後続の狭母音によって口蓋化し

た破擦音 [dʑ] 、摩擦音 [ʑ] も同様の条件下で表れるものであるが、その説明が多くの場合、不十分であった。

下の表5は、それぞれの教科書の説明がどの範囲まで触れていることになるかについて記号を当てはめたものである。（+：記述あり、－：記述なし）

表5中の項目は各々次のような音環境を意味する。

dz-,　dʑ-　：　語頭の破擦音はそのままで現れる。
N+dz, N+dʑ　：　撥音に続く破擦音はそのままで現れる。
-z-,　-ʑ-　：　母音に挟まれた破擦音は摩擦音化する。

表5

教科書＼項目	dz-	N+dz	-z-	dʑ-	N+dʑ	-ʑ-
① JLP	－	－	+	－	－	+
② CJ	－	－	+	－	－	+
③ JT	+	－	－	－	－	－
④ BJ	－	－	+	－	－	－
⑤ ICJ	－	－	+	－	－	－
⑥ MJUS	+	－	－	－	－	－
⑦ EJ	+	－	+	－	－	+
⑧ FJ	+	－	+	+	－	+
⑨ IMJ	+	－	+	+	－	+
⑩ JI	+	+	+	+	+	+
⑪ MJ	+	－	－	+	－	－
⑫ GmjS	－	－	+	－	－	+
⑬ JS	+	－	－	+	－	+
⑭ BSJ	－	－	+	－	－	+

/r/（ラ行の子音）

この「はじき音」の説明に関しては、それぞれにかなりの苦心のあとが窺われる。「[d] と [r] の中間音である」とか、「スペイン語の ‘pero’ の r と同じである」などさまざまな手段を講じている。しかしながら、その調音法に熱中するあまり、音環境によって変化することまでは考えていないようである。/r/ は、語頭及び撥音 /N/ の後では、「側面音」[l] となり、母音間にあってはじめて「はじき音」となる（日本語のはじき音の音声記号は、教科書に

よって [r]、[ɾ]、[l+r の合成記号 ɺ] などとさまざまである)。大方の教科書がその「はじき音」のみに言及する中にあって、② CJ と⑬ JS が特異であった。② CJ は「語頭では [l]、語中では [r] になる」と説明し、⑬ JS は、語頭の例のみを挙げて「[l] に近い」としている。

「はじき音」は、国際音声記号では [r] ではなく厳密には [ɾ] であるが、説明の内容を照合すると、印刷上の都合で [r] で簡略化したことも考えられるが、音声学を知る学習者は混乱する可能性があろう。

/N/(撥音)

この発音も後続の子音によってさまざまに変化する。両唇音 [p] [b] [m] などに先行する [m]、歯茎音 [t][d][n][dz] などに先行する [n]、軟口蓋音 [k][ŋ]([g]) などに先行する [ŋ]、母音、半母音 [w][j]、摩擦音 [ɸ][s][ʃ]([ç]) などに先行する口蓋垂の鼻音 [ɴ]、そして口蓋化した [tɕ] [dʑ] [ɲ̟](i や y に先行するもので口蓋化した [n]) などに先行する [ɲ̟]。

再び表6によってそれぞれの教科書が言及している範囲を見てみる。

表6

教科書＼/N/ の異音	m	n	ŋ	ɴ	ɲ̟
① JLP	+	+	+	−	−
② CJ	+	+	−	−	−
③ JT	+	+	−	−	−
④ BJ	+	+	+	+	−
⑤ ICJ	+	+	+	−	−
⑥ MJUS	+	+	+	+*	−
⑦ EJ	+	+	+	+*	−
⑧ FJ	+	+	+	+	−
⑨ IMJ	+	+	+	+	−
⑩ JI	+	+	+	+**	−
⑪ MJ	+	+	+	+	−
⑫ GmjS	−	+	+	−	−
⑬ JS	−	−	−	−	−
⑭ BSJ	+	+	−	−	−

* 説明はあるが記号なし　** 記号が簡略化

この撥音に該当する [ŋ] に関しては「破裂」は伴わず、日本語の「ガ行鼻音」を持たない方言であっても、これは存在する。

5.7　音節構造

14 種の教科書では、五十音図を示すことによって音節の説明をしているものと、他に音節構造によっていくつかに分類しているものとが半々であった。

ここでは、音節構造をどのように分類しているかを表で見ることにする。

念のため、記号の意味と実例を示す。

V：母音が単独で音節を形成→イ、エ
CV：子音＋母音で音節を形成→キ、メ
C・SV・V：子音＋半母音(y)＋母音で形成→シャ、リョ
SV・V：半母音＋母音で形成→ヨ、ワ
N：鼻音が単独で特殊音節を形成→ン
Q/C(C)：同一の子音が連なり、その前者が特殊音節を形成→ッ
R/(V)V：同一の母音が連なり、その後者が特殊音節を形成→イイ、エエ

表 7

教科書＼音節の種類	V	CV	C・SV・V	SV・V	N	Q/C(C)	R/(V)V
② CJ	+	+	+	−	+	+	+
③ JT	+	+	+	+	+	+	+
④ BJ	+	+	+	−	−	+	−*
⑦ EJ	+	+	+	−	−	+	+
⑪ MJ	+	+	+	+	+	−	−
⑫ GmjS	+	+	+	+	+	−	−*

表 7 の「音節の種類」で「SV・V」から右の音節構造については、教科書によってバラつきが見られるが、その理由はどのようなものであろうか。

例えば② CJ、④ BJ、⑦ EJ、で SV・V を認めないのは、SV の前に声門閉鎖の [ʔ] があると考え、C・SV・V と同類にしたのであろうか。とすれ

ば、単独のＶも、その直前に [ʔ] があると考えることができ、CV に吸収されなければならなくなる。仮に SV ＝ C と考えたとすると、今度は C・SV・V が認めにくくなって矛盾する。

N、Q を認めないとするのならば、子音で終わる音節構造を設定しなければならなくなる。/R/ 又は /（V）V/ を認めないとするのは、単独の V が二つ連なったと考えればよいことになる。しかし、そうなると④ BJ と⑫ GmjS の欄の * 印の箇所のように矛盾するようなことが起こって来はしないだろうか。すなわち、表２にあるとおり、④も⑫も単独の母音が二つ連なったとする double vowels ではなく、短母音と対立させた形で long vowels の存在を認める立場を採っているからである。このような矛盾は、音節と拍（モーラ）の概念を同一視しようとしたところから生じたと思われる。ところが、⑭ BSJ では、表７の教科書群とは全く異なる概念でその矛盾を解決している。

⑭では、まず、long vowels を設定し、その上で 'a short syllable' を設定している。更に、この単音節が１モーラ、長音節が２モーラで、その２モーラ目のところに特殊音節に当たるものを設定している。それらは次のような記号で示される。

S: a short syllable（1 beat or 1 morae）
＝（C）＋ V　{（C）：an optional consonant}
L: a long syllable（2 beat or 2 morae）
＝（C）＋ long vowel or S ＋ n or S ＋ p.t.k.s.h

少しわかりやすく言い換えれば、おおむね次のようになろうか。すなわち、音節には短音節と長音節がある。短音節を S、長音節を L とすると、S はそれ自体１拍（モーラ）分の長さであり、単独母音の場合と子音＋母音の場合がある。L は、いくつかの種類があるが、それ自体２拍（モーラ）分の長さである。その種類とは、単独の長母音の場合、子音＋長母音の場合、S（短音節）＋ n（撥音）、S ＋ p.t.k.s.h（促音）の場合である。その具体例を表８に示す。

表 8

音節数	モーラ数	音節の長短	単語の例
1	1	S	ハ
1	2	L	リョー
2	2	SS	ネコ
2	3	LS	ホンヤ*
2	3	SL	キレイ

* この例で分かるとおり /y/ は子音の一種としている。

5.8　アクセント

⑩ JI、⑫ GmjS にはアクセントに関する説明がほとんど与えられていない。読み中心の教科書だからであるようだが、他の教科書では大なり小なりアクセントに言及している。その大部分のものは、「高低二種類の音節の配列」で説明しようとする「アクセント二段観」によっている。ところが、④ BJ と⑧ FJ だけは「高中低」の三種類の音節による「アクセント三段観」によっている。例えば「アタマガ」をそれぞれ二段式と三段式で示すと次のようになる。

大方の教科書が二段式を採用しているのは、その方が単純で、学習者にとっても覚えやすいからであろう。しかし、三段式も複雑な分だけ現実の姿に近く、イントネーションやプロミネンス等を含めて考えようとする場合には有利な面も認められる。

さて、アクセントに言及している教科書のうち、① JLP では、各課の冒頭部にある基本文型にすべて文節毎にではなく文レベルでアクセント記号を付し、「ひたすら真似る」ことを勧めている。④ BJ も教科書全般にわたって文レベルでのアクセント記号を試みている。

⑨ IMJ では、アクセント表記が各課の発音練習問題にも及んでいる。②

CJはアクセントにイントネーションも含めた表記を試みているが、

Sorewa hon desu ka.

のようにアクセント表記のレベルで不正確な点が惜しまれる。

なお、その他の教科書では、おおむね、二段式によるアクセント型の一覧を示す程度にとどまっている。

5.9　息継ぎ・プロミネンス

記号などを用いて息継ぎを幾分積極的に採り上げようとしているのは①JLPである。前項で触れたように、アクセントを文レベルで示そうとし、加えて、「/、//」のような記号で息継ぎ箇所の視覚化を試みている。

プロミネンスは④BJ、⑨IMJに詳しい。特に⑨では特殊記号「▲」を用い、各課の会話文全体にわたって示している。⑤ICJでは、直接それに触れているとは言えないが、構文の説明の段階でプロミネンスの位置がイタリック体で示されているところがある。

これらは後述するように、文の情報構造とも関わり、音声文法とも直結することであるから、今後のさらなる進展が望まれる。

5.10　イントネーション

最も詳細に説明しているのは④BJである。④では、「Period, Question mark, Rising hook, Low bar, Exclamation point, Asterisk, Comma & Semicolon, Dash」の8項目を設けて用例を示している。①JLPでは、前項で述べた息継ぎの説明の中に若干含める形式を採っているが、④ほど詳しくはない。⑨IMJは、文末が上がるものとそうでないものを扱っているだけであるが、各課の練習問題に含めて扱っている。⑪MJでは「上昇、平板、下降」の3種類を示しているが、教科書全般にわたっているわけではない。

総じて、イントネーションのレベルとなると触れていない教科書が多い。それは、同じ文であっても場面によって変わり得るなど、この種の問題には複雑な要素が含まれていて整理しにくいからである。従って、今のところ、これらの点についてより具体的な指針を与えてくれるものとして考えられるのは音声教材である。が、これは読み手あるいは演出者の柔軟性によるところが大きく、必ずしも教科書による記述のレベルに比例してはいない。近年の研究では、イントネーションは感情的側面と情報的側面に分けて考えられるようになってきているから、さらなる進展が期待できる。

5.11　まとめ

音声を文字で伝えるのは難しい。音声記号、口腔断面図その他表音文字と呼ばれるものなどいずれも万能ではないからであり、ある言語を説明しようとする著者とその未知の言語を学ぼうとする読者との間にどのような共通の基盤が約束されているかについても確たる保証はないからである。その欠けた部分を補うために録音テープやCD教材が用意されていたりもするが、今回調査の対象とした教科書に付けられているものをいくつか聴いてみた限りでは、自然さの面で、決して十分であるとは思われない。また、理想的な(模倣に十分耐え得る)音声教材があったとしても、作る側と使う側の双方に十分な音声学的素養があり、音声上の違いがよく聞き分けられるのでなければ学習効率は上がらない。教科書の音声に関する記述が極端に簡潔であったり、中途半端であったりするのは、結局のところ、そうした作成者側の悩みを回避したことの表れではないかとも考えられる。では、今後、どのような対策があり得るであろうか。これまで種々の教科書を通覧してみて簡単に気付くことは、どんなに詳細な説明がなされたとしても、大方の教科書がそうであったように、巻頭の説明だけですべて間に合わせようというのには無理があるということである。音声は、その性質上、繰り返し注意を喚起しながら練習する必要があって、一度に法則が記憶できたとしても実践できなければ意味がない。実際に発音できるようになるための方法も含めて、否、それ以前に音価の違いをうまく聞きとらせる方法から導入されなければならない。さらに理想を言えば、種々の学習事項が、各課に配分されて積み重ねられていくように、音声訓練の内容も各課の会話文などの内容に応じて計画的な配分がなされるべきであろう。また、その訓練もいわゆるミニマルペアの練習で終わってしまうのでは学習者の緊張と疲労を増すばかりである。ミニマルペアや単語レベルの練習、もしくは同一文中にミニマルペアを配したような練習が学習者にとって最も負担の少ない練習だという保証はないのである。表１の説明の際、⑦ EJ がリズムから音声の説明を始めている点に注目したが、これなどいち早く日本語のリズムに着目し、研究書などに先駆けて教育項目に加えたという意味から、大いに参考にすべきであろう。音声の訓練で過度の緊張はもっとも排除されるべきものであるが、リズムやイントネーションレベルの訓練は各言語共通の要素も含まれているところから比較的リラックスした状態での訓練ができやすいからである。個々の単音が前後の音環境に影響されることは先にも触れたが、リズムやイントネーションなど大枠の音声表現を設定すれば、単音レベルの調音環境もある程度連動して変化し、自然でそれらしい発音をするための条件が一段と整うとも考えられる。その実例については、文末イントネーションの下降現象やひとりごとの段階で言及する。

第3章
一般音声学的視点から考える音声教育の重要性

ここでは、音声教育を考えるためには、学習目標である当該言語の音声だけ採り上げても不十分で、種々の学習者のことを考えれば、一般音声学的視点が重要であることについて具体例を挙げつつその理由を述べる。

1. 一般音声学

音声学には、世界の諸言語を通覧しつつ、人間とは音声器官をどのように使い、どのような言語音声をどのようなルールに基づいて操る、あるいは操る可能性があるものであるかを考える「一般音声学(ordinary phonology)」と、個別の言語について、音声の特長とその運用規則などを詳細に扱う「個別音声学(specific phonology)」「特殊音声学」などと呼ばれるものがある。一般に、声の出し方にはさまざまあって、肺から直接送り出す呼気(肺気流)を利用する場合や、肺から直接ではなく喉頭(一般に喉仏などといわれる部分)を含め、そこから上部の咽頭や口腔内の狭い空間に残された空気を利用し、絞り出すように(放出音)あるいは口腔内に空気が流れ込むように(吸着音)して流れる「非肺気流」を作って利用する場合がある。しかし、すべての言語がそれを意識的に、意味や情意の違いを表すために利用し、使い分けているとは限らない。言語によってその用いられ方は異なるが、いずれも人間が発音上活用している手立ての一環であることに変わりはないから、音声生成活動の全般を体系的に整理しておくことは重要である。とくに音声教育などを考える場合、一般音声学的視点は必要不可欠である。学習者が背景として持っている言語運用能力は一様ではなく、受容にせよ生成にせよ、その要因には、さまざまな可能性があると考えられるからである。では、日本語母語話者を対象とした音声教育ならば、共有知識も多いから、いわゆる「標準的日本語」だけで間に合うのかといえばそうとも言えない。日本語と言えども、方言の中には、世界の他の地域の例に倣えば、一個の独立した言語を名乗ってもおかしくないほどに異なる方言もあるから、日本語内部の異同を考える場合であっても、一般音声学的視点は、実は必要である。そのことを考えずに一方的な見方をしてしまうと、偏った判断をしてしまう危険を伴うことは明白である。

2.　パラメータのレパートリー

さて、朝鮮・韓国語などでは、その発音上の違いを、部分的にではあるが、非肺気流による音声を意味の違いを表すため弁別的にも利用している（一部「濃音」など）が、日本語では、長い患いなどの末に、腹筋や胸筋の働きが弱ったような場合に身体の都合・発声の都合で使われることはあっても、通常の言語音声による意思疎通を図る場合に利用され必要不可欠とされることはない。しかし、一方で積極的に用いられないからといって、軽んじることはできない。音声教育などに援用しようとする場合、Aの言語とBの言語を対照させて、Aにはこの発音はあるがBにはないからBを話す人にはその発音が難しいなどと言うだけでは、実は十分に学習の役には立たない。その違いが学習者にはどのように聞こえ、どのように生成されるのかということに学習者自らが気付き、意識的に把握できているのか、その点に偏りがあるとすれば、どのように偏っているかなどについて十分に検証してかかるのでなければばならない。やみくもにオウム返しをさせるだけでは、真の「応用」にはならない。単に対照させて、目標言語の特徴を伝えるだけでも、学習者には役立たない。その問題点が、学習者にとってどれほど難しいかなどの程度問題を把握することも重要であろうし、ある音声がうまく実現されたとしても、厳密には、それがたまたま生理的に実現されただけなのか、意識的にも安定して実現されているのかなどの習得状況についても十分に検証する必要がある。音声教育を視野に入れて考えるということは、当然、学習者の状況や心的立場に立って考え、学習上の内的・外的障壁を取り除くことも考えて対応する必要がある。そうでなければ形ばかりの練習となってしまい、大きな効果は期待できない。学習目標言語の特徴についての説明を聞いただけですぐ発音ができるようになるのであれば苦労はない。多くは、学習者が背景とする言語の運用様式に偏った勝手な聞き方をし、実現させてしまうからであるが、学習者がどのようなパラメータには反応しやすいのか、逆にどのようなパラメータには反応が鈍いのかなど、学習者のレパートリーも視野に入れて考える必要がある。音声学的知識の単純な流用だけでは間に合わない。また、学習者が抱える問題としては、言語運用上の組織的差異の他に、学習者個々人の思い込みや心的状況などの問題もあることを忘れるわけには行かない。ある音声上の問題が発見されたとして、それが学習者の「能力」によるものなのか、あるいは、「性癖」や「好き嫌い」などの内的要因によるものなのか、あるいは教師や学習者を取り巻く環境によって偏った「教育結果」が生じた場合なども考えてみる必要がある。考えるべき問題の原因は、単純なものばかりではない。内的要因も外的要因もさまざまにあり得る。

先にも述べたとおり、日本語音声教育の対象者は、さまざまな言語あるいはその方言を背景としている。従って、学習者には、日本語の同じ現象に対しても、さまざまな見方や受け止め方があり得ることを考えておかなければならない。例えば、学習者による日本語音声について発表された過去の研究では「何々人の」とか「何々語母語話者」というあいまいな記述が少なくなかったが、注意を喚起し続けた結果、最近では、対象者の母方言にも焦点を当てて研究する事例が増えてきている。

一方、日本語話者が日本語音声について考える場合ならば、個々の音について、ことさら細かな違いにまで言及する必要はないという見方がある。なるほど、ある程度、見方や情報を共有している場合は、それでも構わないであろう。しかしまた、一口に日本語音声といっても地域によってかなり大きな違いもあり、日本語教員もさまざまな方言を背景としているから、実際にその方言音の学習を前提としたような場合には、受容と産出の双方向的学習条件を考えておく必要がある。非母語話者による日本語音声学習を前提にして音声教育を考える場合には、目標言語の実態だけを考えて「ここまでおいで」とだけ言っているわけにはいかないのである。

学習者には、日本語母語話者以上の観察力を備えた人も少なくない。中には、教師以上にさまざまな音声学的要素に気付き、問題意識を抱く場合もある。それらの気付きの中には、日本語の弁別的特長とは認められないものもあるが、それならそれで、心配する必要のないことを伝えなければ、いつまでも余計な問題を抱えたままにしてしまう。だからこそ、問題の根本を的確に判断して伝えるためにも、個別の日本語音声学だけではなく、他言語の音声学的領域をもある程度考慮に入れた一般音声学的視点は必要となるわけである。このような見方は、実は、日本語方言音声の研究にも欠かせないものと考えられる。日本語音声といえども、詳細に観察してみると、地域差や世代差に随分幅のあることが分かるからである。学習者は、日本語母語話者以上に観察し、余分に心配していることも多いからである。

3.　日本語の音声表記についての基本姿勢

日本語音声の代表的姿がどのようなものであるかについては、厳密に考えようとするとなかなかに難しい。例えば、「三代続いた」「東京山の手」「下町」等に生育した人の日本語音声といっても、今やそう多くはないであろう。また、それらの音声を観察して記述する側も、それぞれの受容パタンや考え方の傾向を持っているから、それらの影響を受けていることも考えられる。種々の記述を見ていると、そのような問題が気になる場合もある。音声研究者に同じ音声資料を聴いてもらい、音声の簡易表記を施したテキストに「自分ならばこう書く」という回答を求める実験を日本音声学会による中規模実験として実施したことがある。その結果は、随分と幅のあるものであった。音声を注意深く聴く訓練を経た人々であっても、それをどのように聴き、どのように表記するかについては、基本的にさまざまな考えや方法があるということのようである。従って、音声表記を読み解く場合には、それを書いた人物の立場や主張を前提にしなければならないということであろう。そうでなければ、正確なのかどうかを判断する場合にも困ることになる。筆者は、これまでさまざまな言語及びその方言話者の母語音声やその人々が学習中、学習後の日本語音声をつぶさに聴いてきた。その結果、現実の音声の特徴には、さまざまなタイプがあり、どのパラメータを代表的と考えるかによって、捉え方にもさまざまな影響を与え得ることを学んだ。その立場から言えば、教師にも学習者にもいろいろなタイプがあって、厳密な人から緩やかな人まで幅が大きく、目標設定のレベルも実にさまざまであることを知らされた。その学習者によるさまざまなレベルの要求にも応えられるようにするには、高レベルにも低レベルにも備えるべきであろうと考える。

国際音声記号(IPA)の一覧を見ると、最も詳細に分類されているのが摩擦音である。ということは、調整位置が微妙に変化しただけでも別の音声であると捉えられる可能性が高いということであろう。実例を挙げれば、[ʃ] は日本語音声の一般的記述で、[ʒ] などと共に伝統的によく見られる記号であるが、英語やドイツ語の発音に比べると日本語のそれは大きく異なる。その相違点には、「口唇の形状」、「舌の形状と舌先が接触する調音点」、「後接する母音の音色」などがある。[ʃ] では、広い意味での両唇のすぼめがあり、さらに口角の筋肉に力が込められている。ただし、母音の [o] や [u] の円唇とは異なり、円いすぼめというよりは、四角に近いすぼめである。舌は反り上がり気味で、舌先が上の歯茎に接近して狭めを形成している。しかし、北ドイツ・キール生育のドイツ語教師O氏から観察された方言音では、捲舌音的な響きすら観察され、中国語の「是」を発音するときの [ʂ] に似た音色すら聴かれるが、その [ʂ] よりは音色が暗い。これに対して、日本語の「サ行イ段の子音」は [ʃ] に比べると、口唇の形状は「平唇」であり、唇の出っ張りはない。a：舌先は、下方の歯の裏の方向に「向いている」ため、反り上がりはない。従ってb：後接の母音は、十分な狭口母音 [i] が可能であるが、[ʃ] では、舌の形状から /i/ は [ɪ] に近くなるようである。そこで日本語の場合は、[ʃ] よりは [ɕ]、「ジャ行音の子音」も同じ理由から、[ʒ] よりは [ʑ] が適しているものと考えられる。もし、日本語を学ぼうとする学習者の中に、これらの違いを知っている人がいて、[ʃ] の記号を用いた説明を見聞きした場合には、不審に思うこともあり得る。従って、本書では、そのような混乱を避けるためにも標準的日本語の「シ」や「ジ」の子音には、[ɕ]や[ʑ]の系列を採用することとしたい。

次に、記号による記述には直接反映させられないが「閉鎖の程度」という問題がある。これは、閉鎖の長さだけではなく、強さにも関わっている。閉鎖の仕方の違いによる事項としては、ベトナム語の[p]などに見られる「軟音」、朝鮮・韓国語の「濃音」などが知られているが、日本語の中にも、地域によっては軟音のように閉鎖に力が込められていないものや力が込められているものなどがあって、実に豊かである。この点は、鼻音の閉鎖にも関わっており、それらが開放を伴うかどうかによっても影響されて異なる。

このような互いの違いを知ることは、必ずしも差別化や閉鎖性・排除性を意味するものではない。互いの違いを認め合い、対等に対処することによって、むしろ感情を排した公平な見方を養うことにつながるものと考える。むしろ何か違和感を感じながら客観的に把握できない場合に「感情」の問題が起こり得るものと考えられる。気付いた音色の違いが、単にあるパラメータ実現のための程度の違いから来ているだけだと分かれば、不気味さも解消しよう。その考え方の延長線上にどのようなことが考えられるかについては、後の章で詳しく述べるが、この章の冒頭でも述べたように、一般音声学の発想には、言語の壁を越えて、人間とはどのような音声生成の可能性を持っているものかについて真摯に考える態度も読み取ることができるであろう。

図１に掲げるのは、国際音声記号（IPA）である。この一覧には、同じ「子音」でも「肺臓気流」（上の大型の表）と「非肺臓気流」（左下の小型の表）に分かれる。日本語音声のみを考えた場合、後者の非肺臓気流については、ほとんど触れられることはないが、例えば、日本語学習者が最も多いとされる中国語話者や朝鮮・韓国語話者のことを考えると、それら発声法の違いについて考えないわけにはいかない。ただ単に「ここまでおいで」とばかりに、闇雲に日本語音の真似を繰り返させるだけならよいかもしれないが、学習者の立場になって考えようとすると、それでは不十分だからである。この章の本文でも述べたように、日本語音声についてより詳しく現実的に考えるためには「音声記号一覧」の中の「その他の記号」についても考える必要があろ

う。実のところ、日本語ナ行音のイ段などを考える場合には、[n] だけでは間に合わないから [n̠] も含めようという考えもあろう。また、伝統的日本語音声の中の「方言音」の有名な記号の中にも、この一覧には含まれない記号([ï] や [ɯ̈]) も想起され、それならばこの一覧の中から考えようとしても議論が分かれることもあろう。研究者によって考えが異なれば、たしかに用いられる記号も異なるということもあるが、その前提を説明するためにも、レパートリーは広めの方がよいであろう。とくに、音声学習に熱心な学習者がいて、さまざまな言語を背景とした学習者の音声について検討する場合には、中間的な音もあれば、どちらか一方に傾いた音もあり得るから、少なくとも教師には知っておいてもらいたいものと考える。その上で学習者に説明するのであれば、一歩も二歩も学習者への接近が図れるはずだからである。今のままでは、音声習得の判断を下す場合であっても、その基準がはっきりしていなければ、それがどういう意味合いも持つものか、実のところはっきりしていないと言えるであろう。

図 1

IPA（国際音声記号） 2005 年改訂版

子　音（肺臓気流）

	両唇音	唇歯音	歯　音	歯茎音	後部歯茎音	そり舌音	硬口蓋音	軟口蓋音	口蓋垂音	咽頭音	声門音
破裂音	p b			t d		ʈ ɖ	c ɟ	k ɡ	q ɢ		ʔ
鼻　音	m	ɱ		n		ɳ	ɲ	ŋ	ɴ		
ふるえ音	ʙ			r					ʀ		
はじき音				ɾ		ɽ					
摩擦音	ɸ β	f v	θ ð	s z	ʃ ʒ	ʂ ʐ	ç ʝ	x ɣ	χ ʁ	ħ ʕ	h ɦ
側面摩擦音				ɬ ɮ							
接近音		ʋ		ɹ		ɻ	j	ɰ			
側面接近音				l		ɭ	ʎ	ʟ			

記号が二つ並んでいるものは、右が有声音、左が無声音　　網かけは調音が不可能と考えられる部分

子　音（肺臓気流以外）

吸　着　音	有声入破音	放　出　音
ʘ 両唇	ɓ 両　唇	ʼ 例：
ǀ 歯	ɗ 歯（茎）	pʼ 両　唇
ǃ （後部）歯茎	ʄ 硬口蓋	tʼ 歯（茎）
ǂ 硬口蓋歯茎	ɠ 軟口蓋	kʼ 軟口蓋
ǁ 歯茎側面	ʛ 口蓋垂	sʼ 歯茎摩擦

母　音

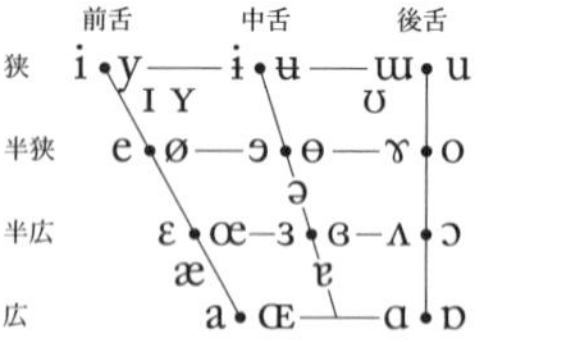

記号が二つ並んでいるものは、右が円唇、左が非円唇

その他の記号

ʍ 無声両唇軟口蓋摩擦音
w 有声両唇軟口蓋接近音
ɥ 有声両唇硬口蓋接近音
ʜ 無声喉頭蓋摩擦音
ʢ 有声喉頭蓋摩擦音
ʡ 喉頭蓋破裂音
ɕ ʑ 歯茎硬口蓋摩擦音
ɺ 歯茎側面はじき音
ɧ ʃ と x の同時調音

二重調音と破擦音は、必要があれば二つの記号を次のように結合させて表すことができる

k͡p t͜s

超　分　節　音

ˈ 第 1 ストレス
ˌ 第 2 ストレス ˌfoʊnəˈtɪʃən
ː 長い eː
ˑ 半長の eˑ
˘ 特に短い ĕ
| 小（フット）グループ
‖ 大（イントネーション）グループ
. 音節境界 ɹi.ækt
‿ 切れ目のない

補助記号　下に伸びた記号にはその上に付けてもよい　例：ŋ̊

̥ 無声の n̥ d̥	̤ 息もれ声の b̤ a̤	̪ 歯音の t̪ d̪
̬ 有声の s̬ t̬	̰ きしみ声の b̰ a̰	̺ 舌尖で調音する t̺ d̺
ʰ 帯気音化した tʰ dʰ	̼ 舌唇の t̼ d̼	̻ 舌端で調音する t̻ d̻
̹ より丸めの強い ɔ̹	ʷ 唇音化した tʷ dʷ	̃ 鼻音化した ẽ
̜ より丸めの弱い ɔ̜	ʲ 硬口蓋化した tʲ dʲ	ⁿ 鼻腔開放の dⁿ
̟ 前寄りの u̟	ˠ 軟口蓋化した tˠ dˠ	ˡ 側面開放の dˡ
̠ 後ろ寄りの e̠	ˤ 咽頭化した tˤ dˤ	̚ 開放のない d̚
̈ 中舌寄りの ë	~ 軟口蓋化あるいは咽頭化した ɫ	
̽ 中央寄りの e̽	̝ より狭い e̝	（ɹ̝ ＝有声歯茎摩擦音）
̩ 音節主音の n̩	̞ より広い e̞	（β̞ ＝有声歯茎接近音）
̯ 音節副音の e̯	̘ 舌根が前に出された e̘	
˞ r 音色の ɚ ɑ˞	̙ 舌根が後ろに引かれた e̙	

トーンとアクセント

平　ら	曲　線
e̋ または ˥ 超高平ら	ě または ˩˥ 上がり
é ˦ 高平ら	ê ˥˩ 下がり
ē ˧ 中平ら	e᷄ ˦˥ 高上がり
è ˨ 低平ら	e᷅ ˩˨ 低上がり
ȅ ˩ 超低平ら	e᷈ ˧˦˧ 上がり下がり
ꜜ ダウンステップ	↗ 全体的上昇
ꜛ アップステップ	↘ 全体的下降

第4章
日本語音声に見られる諸現象の実態

ここでは、日本語学習者に「教室での日本語は分かるが教室外での日本語は分からない」と言わしめている原因の一つとして考えられる「自然な日本語音声の実態」の一環である縮約現象に焦点を当て、具体的に調査・研究した結果について詳述する。もちろん、音声言語の理解に関わる領域は「音声」だけによるものではないが、まずは、その一角について正面から取り込もうとするものであり、この種の問題に取り組んだ研究の先駆をなすものである。初出の論文に音声記号その他について加筆訂正を加えた。

1. 教養番組に現れた縮約の諸現象

日本語の自発発話[1]に現れる現象の中に、縮約がある。その現象が起きた場合、話者が思い描いている発音とのずれが生じることが多いが、得てして話者本人には気づかないことも少なくない。それでも母語話者にとっては簡単に了解できるのであるが、学習者にとってはまったく別物と受け止められることが多く、理解の妨げになることが多い。にも関わらず、話しことばの実態についての情報は十分ではなく、教科書で縮約形式について詳しくふれているものは少ない。ある程度触れているものを読んでみると、一般的に縮約形は「インフォーマルな場面に於て、速く話す時に使われる。」というようなことが言われているようである。筆者はこの点に着目し、それでは正式な場面では縮約がどのような現れ方をするものか、また、縮約の出現回数と話す速度とは比例するものであるかどうかを確かめてみることにした。

さて、正式な場面といってもいろいろあるであろうが、筆者がその観察対象として選んだのは、次のものであった。

――昭和50年3月21日、午後8時～9時放送、第3チャンネル(東京)、NHK教育テレビジョン、『教養特集・話し方半世紀』――

これを選んだ理由は、

（1） ラジオ番組よりはテレビ番組の方が場面や話し手の態度がより精密に観察できると考えたこと。
（2） 数あるテレビ番組の中でもNHK教育テレビの教養特集に於ける場面は、その内容、話し手のいずれをとってみても「正式な場面」と呼び得ると判断したこと。
（3） 殊にこの『話し方半世紀』は、話題も「公の場での話しことば」そのものに関していること。
（4） 話し手自身も、それぞれHY(国語学者)、TS(英文学者)、MI(放送タレント)で、日頃から「ことば」の問題に関与している人々であり、司会役のHEアナウンサーも教養番組を多数担当しているところから、4人とも、正式な場面に於けることば遣いや話し方にも慣れているであろうと判断したことなどである。

なお、この番組では歴史上の人物の演説や街頭録音の声、それに制作担当者がインタビューした研究者や若いディスクジョッキーの声なども紹介されていたが、それらは通時的に扱われていたところから観察の対象から除いた。従って観察材料となった部分は正味35分であり、それを幾度となく場面別に観察してみた。話し手は必ずしも東京出身ばかりではないが、いずれも公的場面での発言に慣れている人々であり、今回は生育地までは限定しなかった。また、文中では、主として縮約形ではなく縮約という用語を用いる。それは、縮約形とした場合、縮約した形式がほぼ一般的に書き方も含めて普及しているもの(「では→じゃあ」など)と考え、縮約は、一般化しているとまでは言えないものの、実際に現れる現象全般として考えられるからである。

2.　どんな縮約が現れたか

まず、全体として現れた縮約を形式別に整理してみると、おおよそ次のようになる。なお、縮約のかぞえ方は、例えば「トユーモノ」→ tɪɯmono の場合、tɪɯ の部分で一つ、また ɯ の部分の短音化で一つというふうにした。それから次のデーターの中で、例えば(H×3)と書いたのは「HY がこの種の縮約を3回使った」という意味である。(HE は、He)後の表も同様。

1–1　子音の縮約〈[ ]は省略、(i̥, ɯ̥)は母音の無声化〉

①m：　「イラッシャイマス」→ iɾaççaɪasɯ̥(M×1)
　　　「ワタクシドモニ」→ watakɯ̥çidoõni(T×1)
②b：　「ツタワレバイイ」→ tsɯ̥tawaɾeaii(H×1)
　　　「サモナケレバ」→ samonakeɾea(T×1)
③w：　「マワッテ」→ maatte
　　　「ウカガワセテ」→ ɯkaŋaasete
　　　「デワナクテ」→ deanakɯ̥te(H×24、T×9、M×17、He×10)
④d：　「カンガエカタデシタ」→ kaŋŋaekataeçi̥ta(M×1)
⑤n：　「ソノー」→ soõ:
　　　「トユーコトニタイシテ」→ tojɯ:kotoĩtaɪçi̥te(He×2)
⑥ɾ：　「ソレデ」→ soede、「ケレドモ」→ keedomo、
　　　「ミルトネ」→ miɯtone(H×11、T×10、M×11、He×3)
⑦dʑ：「イチジカン」→ itçiikã(M×2)
⑧j：　「ユーヨーナ」→ jɯ:ona
　　　「ソーユーコト」→ soɯ:koto
　　　「アダヤオロソカニ」→ adeaoɾosokani(H×3、T×12、M×11、He×3)
⑨k：　「ワタクシ」→ wataɯçi
　　　「ダカラ」→ daaɾa
　　　「キキカタ」→ çi̥çiata(H×3、M×2、He×1)

⑩ ŋ：　「ナゲテ」→ naete

「トコロガ」→ tokoɾoa（H×4、T×4、M×4）

⑪ h：　「ヤハリ」→ jaaɾi（T×1）

1–2　母音の縮約

① i：　「ダイイチ」→ daitɕi

「キイテオリマス」→ citoɾimasɯ

「テイル」→ teɾu（H×23、T×17、M×16、He×6）

② e：　「ナルベク」→ naɾɯbkɯ

「ジダイデネ」→ dʑidaidne（H×6、M×8）

「デス」→ dsɯ（H×24、T×4、M×12、He×6）

˜dsɯ（H×4、T×2、M×1、He×1）

tsɯ（H×9、M×1）

「デショー」→ dɕo:（H×3、M×1）

③ ɑ：　「ソノバアイワ」→ sonoβaɪwa

「ワタシドモ」→ watɕidomo

「アマリ」→ ɑmɾi（H×2、T×3、M×1）

④ o：　「トオモイマス」→ tomoimasɯ̥

「デスケドネ」→ desɯ̥kedne

「ソノ」→ sno（H×5、T×6、M×2、He×3）

⑤ ɯ：　「ロンズルト」→ ɾondzɯlto（H×1）

1–3　長音の縮約

① o:：　「トユーヨーナ」→ tɪɯjona

「デショー」→ dɕo

「ヒジョーニ」→ çiʑoni（H×1、T×9、M×3、He×5）

② ɯ:：　「コーユーフーニ」→ ko:jɯɸɯni（M×1）

「トユーコト」→ tɪɯkoto（H×35、T×13、M×17、He×11）

[tɪɯ] には多くの場合長母音 [ɯ:] の縮約が伴う。なお、これに似た例として次のものがあった。

「トユーモノ」→ temono（H×1）

「ツヨカッタヨーニ」→ tsɯjokattɪɯni（He×1）

1-4　母音の融合による縮約

① [e] + [i]　:「ソレデイイノデワ」→ soɾedindʑa（He×2）

② [e] + [o]　:「カンガエテオリマシタ」→ kaŋŋaetoɾimaçi̥ta

「ヤッテオリマシタ」→ jattʲoɾimaçi̥ta（M×5）

③ [o] + [i]　:「トオモイマス」→ toomʲmasɯ̥（H×1、T×3）

④ [o] + [u]　:「オモウノデス」→ omondsɯ（H×1、T×1、M×1）

⑤ [u] + [i]　:「アルイワ」→ aɾiˑwa

「ワルイカ」→ waɾiˑka（H×1、He×2）

⑥ [u] + [o]　:「オンガクヲ」→ oŋŋakoˑ（M×4）

1-5　子音＋母音の縮約

ɾo：「トコロト」→ tokoto（H×2）

1-6　先行する拍の母音とそれに続く拍の子音との縮約

①　「デワ」→ dʑa（H×8、T×9、M×2、He×4）

「テワ」→ tɕa（H×1）

「ニワ」→ nja（H×1）

「レバ」→ ɾja（M×1、He×1）

②　「コレワ」→ koɾa

「ソレワ」→ soɾa（M×5、H×1、T×1）

「ボクワ」→ boka（H×4）

③　「トユー」→ tɪɯː（H×3、T×2、M×1、He×2）

→ tɪɯ（H×28、T×13、M×11、He×3）

1-7　複合的変化による縮約

①　「トユーノワ」→ tena

→ tenowa（H×10、M×5、He×3）

「トイイマスカ」→ temasu̥ka（H×1、T×3）

②「トユーヨーナ」→ tʲona（H×1、M×1、He×1）

1-8　撥音に関する縮約

①母音に融合

「ヨンデ」→ jõde

「キブン」→ cibɯ̃

「カンシンワ」→ kã·ɕĩwa　（H×9、T×9、M×19、He×7）

②ナ行音の撥音化

「レコードニナッタ」→ ɾeko:donnatta

「オヤリニナッテ」→ ojaɾinnatte（H×28、T×5、M×7、He×4）

「ナサルノダカラ」→ nasaɾundakaɾa

「トオモウノデス」→ toomondsɯ（H×30、T×15、M×21、He×7）

「ナラヌト」→ naɾã^{n}to（H×1、M×1）

③その他の撥音化

「ワカラナイ」→ wakannaɪ（H×3）

「ナドトユー」→ nantɪɯ（H×2、M×2）

「イロイロナ」→ iɾonna（H×2）

1-9　促音に関する縮約

①促音の不全

「ケッカテキニ」→ kekatecini

「ジッキョー」→ dʑicco:（H×1、M×2、He×1）

②母音の脱落の結果、語中に現れる促音

「サッキョクカ」→ saccokka

「ヨクキイテ」→ jocciite（H×1、T×3、M×2、He×4）

1-10　その他

「コチラカワデ」→ kotɕiɾaãde（H×1）

「ナドトユーコト」→ nantkoto（M×1）

「ナルカトイッタラ」→ naɾɯkattaˑ(M×1)
「ソレワナンデカト」→ soɾeandeat(H×2)
「ナイワケデス」→ naiwaktsɯ̥(M×1)
「デアッテデスネ」→ deattsɯne(H×1)
「ナイノデスネ」→ nain̥ne(H×4)
「ソーデゴザイマスネ」→ hoːdeaˑmsne(M×1)
「～ガアリマスヨ」→ ŋaaɾimsjo(T×1)
「ナドトイッテモ」→ nantsɯ̥temo(H×1)
「～カトオモイマスネ」→ katoomm̥sɯne(H×1)

なお、この 1–10 で挙げたものは、話し手がそれぞれ結論、またはそれに近いことを自信をもって述べる時に現れるという傾向が認められた。

3.　場面別に見た縮約の現れ方

観察の材料としてとりあげた部分の番組を場面別に見ると、まず次の三つに大別される。

（1）　1 人の話し手が視聴者である不特定多数の人々に語りかける場面
（2）　2 人の話し手がかけあいで語り合う場面
（3）　4 人が座談会形式で語り合う場面

筆者はこれらを番組の構成、あるいは会話の進行によってさらに（1）の場面を 6 段階に、（2）の場面を 7 段階に、（3）の場面を 12 段階に分けた。

なお、表 1–1 から表 1–4 の場面内容略号の意味は次のとおりである。
導＝導入、**解**＝解説、**語**＝語り合い、**全**＝全員で

表 1–1

場面		縮約形	A–1				A–2				A–3				A–4				A–5				A–6				A–7				A–8				A–9				A–10				A–11			
			[m]				[b]				[w]				[d]				[n]				[r]				[dʒ]				[j]				[k]				[ŋ]				[h]			
番号	内容		H	T	M	Hr	H	T	M	Hr	H	T	M	Hr	H	T	M	Hr	H	T	M	Hr	H	T	M	Hr	H	T	M	Hr	H	T	M	Hr	H	T	M	Hr	H	T	M	Hr	H	T	M	Hr
1–1	Hr	導																																														
2	H	解																																														
3	〃																																															
4	〃																						1																									
5	〃																																															
6	〃																						1			1																						
2–1	Hr, H	語																					2																1									
2	H	解																																														
3	Hr, H	語									2																																					
4	H	解									2																												1									
5	〃																																															
6	〃																																															
7	Hr, H	語																																														
3–1	Hr	解												2																																		
2	T	語																						3								3								1								
3	Hr, M	語											1	2			1								2	1																						
4	〃												5												3								1								2							
5	〃				1								3	2											4								3								1							
6	H, Hr, M	語									6		1										2								2			1	1													
7	Hr, T	語										4																				4																
8	全	語										4	2									1		3	2	1									1		2	1					1					
9	Hr, M, T	語											1	1										2	1							1								1								
10	Hr, H, T	語					1				6		1	2									3						2		1								1									
11	H, M, T	語									1		3										1									3																
12	全	語		1				1			4	1											1	2								1							1	2	1							

表 1–2

場面＼縮約形			B–1				B–2				B–3				B–4				B–5				C–1				C–2			
			[i]				[e]				[a]				[o]				[u]				[o:]				[u:]			
番号	内容		H	T	M	Hr	H	T	M	Hr	H	T	M	Hr	H	T	M	Hr	H	T	M	Hr	H	T	M	Hr	H	T	M	Hr
1–1	Hr	導																												
2	H	解																												
3	〃																													
4	〃						4																							
5	〃																										1			
6	〃						2				1				1															
2–1	Hr, H	語				1	1								1			1									4			1
2	H	解																												
3	Hr, H	語				1	5																				4			1
4	H	解	1				2																				1			
5	〃						2												1											
6	〃						1																				1			
7	Hr, H	語					1				1																			
3–1	Hr	解																1												
2	T	語		1												1								2						
3	Hr, M	語							1	1																			4	1
4	〃				4				6				1																4	1
5	〃				2				5	1																			1	3
6	H, Hr, M	語	1				7								1								1				8		1	1
7	Hr, T	語		3		1																						2		
8	全	語		2	2		3	1	3	1		1		1	1	3	1										4	9	6	
9	Hr, M, T	語		4	2	3		3	3	2		1					1	1						7	3	4				
10	Hr, H, T	語	3		1		5		1	1					1												4		1	2
11	H, M, T	語	18	6	4		5		3							1														
12	全	語		1	1		8	2	1	1		1				1											8	2	1	1

表 1–3

場面＼縮約形		D–1				D–2				D–3				D–4				D–5				D–6				E				F–1				F–2				F–3			
		[e]+[i]				[e]+[o]				[o]+[i]				[u]+[i]				[u]+[o]				[u]+[o]				[ro]				[e]+[wa]+[i]+[wa]				[kora]・[boka]				[tɯ]			
番号	内容	H	T	M	Hr	H	T	M	Hr	H	T	M	Hr	H	T	M	Hr	H	T	M	Hr	H	T	M	Hr	H	T	M	Hr	H	T	M	Hr	H	T	M	Hr	H	T	M	Hr
1–1	Hr　導																																								
2	H　解																																								
3	〃																																								
4	〃																																								
5	〃																																					1			
6	〃																																					1			
2–1	Hr, H　語																																					2			1
2	H　解																																								
3	Hr, H　語																																					1			1
4	H　解																																								
5	〃									1																												1			
6	〃																																								
7	Hr, H　語																																								
3–1	Hr　解																																1								
2	T　語										2																				2										
3	Hr, M　語							2																2																2	
4	〃																															1				1					
5	〃							1													2															1				1	2
6	H, Hr, M　語																													1							1	5		1	
7	Hr, T　語				1																										1								2		
8	全　語							2			1			1										1						1	1			4		2		1	4	2	
9	Hr, M, T　語				1										1	1								1							2	1	4			1			5	1	
10	Hr, H, T　語																													4		1						2		1	1
11	H, M, T　語																	1								2				2	1				1			10	2	3	
12	全　語																													2	2							7	2	1	

表 1–4

場面 番号	内容	縮約形	G–1 [tena] H	T	M	Hr	G–2 [tjona] H	T	M	Hr	H–1 v+n → ṽ H	T	M	Hr	H–2 n+v → n H	T	M	Hr
1–1	Hr	導												1				
2	H	解																
3	〃																	
4	〃														5			
5	〃														1			
6	〃														1			
2–1	Hr, H	語													1			2
2	H	解																
3	Hr, H	語													12			
4	H	解													5			
5	〃		1												3			
6	〃														2			
7	Hr, H	語													1			
3–1	Hr	解												1				1
2	T	語		2								3				4		
3	Hr, M	語			2	2							6	3			3	3
4	〃												5				2	
5	〃												2				8	1
6	H, Hr, M	語	3		1	1					2				5		2	
7	Hr, T	語														2		
8	全	語			2						2	1	4	1	2	2	6	
9	Hr, M, T	語		1								3	1			8	5	3
10	Hr, H, T	語	1			2	1		1	1	1				10		2	1
11	H, M, T	語	1								4				4	1	1	
12	全	語										2	1	1	7	3		

場面 番号	内容	縮約形	H–3 [r-]・[d-] → n H	T	M	Hr	I–1 ʔ → × H	T	M	Hr	I–2 cy̥ → ʔ H	T	M	Hr	J その他 H	T	M	Hr
1–1	Hr	導																
2	H	解																
3	〃																	
4	〃																	
5	〃																	
6	〃														1			
2–1	Hr, H	語								1								1
2	H	解																
3	Hr, H	語													2			
4	H	解													1			
5	〃																	
6	〃																	
7	Hr, H	語																
3–1	Hr	解																
2	T	語																
3	Hr, M	語							1								1	
4	〃								1									
5	〃																	
6	H, Hr, M	語	3															
7	Hr, T	語														1		
8	全	語	1		1		1					2			2	1	1	
9	Hr, M, T	語										1	2				1	
10	Hr, H, T	語	1								1			1	1			
11	H, M, T	語													1			
12	全	語	2		1									2			1	

以上がこの番組に現れた縮約である。この正味 35 分程度の番組をできるだけ精密に観察するために、上記のとおり 25 の場面に分けて観察を進めたのであるが、その中で縮約が全く認められなかったのは、場面 1–2（40 秒）と場面 1–3（13 秒）だけであった。いずれも番組が始まったばかりの場面であり、視聴者一般に解説するというところであった。表でみると、場面 1 や 2 に見られる解説調の場面よりも参加者の多い場面 3 の方で縮約がより多く

使われたことが分かる。1人よりは2人、3人と集まった方が話しやすくなるのであろうが、かといって人数がふえたことによって場面が急にインフォーマルに変わったとは考えられない。話の内容も、話し手の態度も場面1や2で見せたものとはっきり対比される程に変わりはしなかったからである。その中でこれだけの縮約が使われていたという事実を無視することはできないと思われる。

さて、これまでの観察によって、縮約が現れるのは必ずしもインフォーマルな場面とは限らないということはある程度理解できた。ここで、今ひとつ残された問題は、話すときの速度と縮約の使用頻度のことである。この問題についての手がかりを得るために筆者は次のようなことを試みた。

（1）　場面の中で行われている各人の発話についてすべて初めから終わりまでストップウォッチを使って正確に秒数を計ること。
（2）　その発話では拍数にしてどれだけのものが使われているかをできるだけ忠実に数え上げること。
（3）　その拍数と秒数から発話のスピードを割り出すこと。

などであるが、これらの作業によって次のような表にすることができた。

この表について二、三の説明をつけ加えると、(速度)とあるのは、その場面で話されたその人の全ての拍数を、その人が話した文の時間数(秒)で割ったものである。例えば場面1–1に於て、Hrは、1秒間に約6.2拍の速さで話したということになる。また、(使用頻度)というのは、全ての拍数を、その場面でその人が使った縮約の総数で割ったものであり、これによって、その人が何拍につき一度の割合で縮約を使ったかを知ることができ、これら双方から縮約の使用頻度と発話の速度の関係も推測できるように試みたものである。ちなみに、Hrは、場面1–1に於ては約177.5拍に一度の割で縮約を使い、場面2–1に於ては約20.7拍に一度という割合で使っていたことが分かり、更に単純計算で考えるならば3秒弱という間隔を置いただけで次の縮約を次々と使い始めていたということになる。

次ページに表 2 を示す。

これによって「話すスピード」と「縮約形使用頻度」との関係を考えてみると、一概に「速く話した時に縮約形が多く使われる」とは言えないようである。例えば、場面 3–6 の H の話と場面 3–8 の同氏の話とを比べた場合、3–6 の方が速さに於ては勝っているはずなのに、頻度の方は逆に低くなっているであろう。また、3–3 の Hr の例などと比べてみてもやはり同様のことが言えるであろう。調査は、文系の個人的研究にコンピュータなどを用いて計測の精密性を得るようなことのできなかった頃のものではあるが、かといって、現れている一定の傾向を否定することはできないものと考える。

以上の点から、速度と頻度に「比例関係」を見出すことは難しいと言えるであろう。

4.　まとめ

これまでの試みによって、「縮約現象が正式な場面には現れない」とか、「話す速度をあげた時に生じる」などということが現実の日本語の姿とは必ずしも一致しないということがある程度言えるようになった。

正式な場面にも縮約現象の存在することが認められるということは、日本語学習者が現実に直結した学習目標としなければならぬことが、今一つはっきりと確かめられたとは言えないであろうか。

例えば、日本語学習者のうちのかなりの数の人たちは日本の大学や大学院に進学している。その人たちは、当然のことながら日々の講義で大学教授の日本語、それも日本人相手の日本語を聞かなければならないであろう。その日本語が如何に正式な場の日本語であったとしても、その時に使われる縮約現象は教養特集番組などの比ではない。それに立ち向かわなければならぬ学習者に対する日本語教育というものを考えた時、少しずつではあっても早い時期から縮約現象も聴かせる必要があることに気付くであろう。

少なくとも、ある一定の頻度の高い縮約現象を、型式別にまとめたものを学習者に聞かせ、少しずつでも縮約現象を聞くことに慣れさせる程度のことならば、すぐにでも始められるものと考える。学習段階によっては、生成と

表 2

場面＼人物		H		T		M		Hr	
番号	内容	（速度）拍数/秒	（使用頻度）拍数 / 回数	（速度）拍数/秒	（使用頻度）拍数 / 回数	（速度）拍数/秒	（使用頻度）拍数 / 回数	（速度）拍数/秒	（使用頻度）拍数 / 回数
1–1	Hr 導							6.2	355/2=177.5
2	H 解	6	250/0						
3	〃	6	78/0						
4	〃	5.9	649/12=54.1						
5	〃	6	250/3=83.3						
6	〃	5.8	261/7=37.3						
2–1	Hr, H 語	8	271/11=24.4					7.6	228/12=19
2	H 解	6	223/22=111.5						
3	Hr, H 語	7.4	736/28=26.3					7.5	97/3=31
4	H 解	6.8	390/16=24.4						
5	〃	6.4	277/6=46.2						
6	〃	7.6	358/4=89.5						
7	Hr, H 語	6.8	170/3=56.7					8.5	76/0
3–1	Hr 解							7.6	190/7=27.1
2	T 語			7	325/24=13.5				
3	Hr, M 語					7.5	254/28=9.1	7.8	174/13=13.4
4	〃					9.8	342/36=9.5	8.3	54/1=54
5	〃					7.3	452/34=13.3	7.1	103/12=86
6	H, Hr, M 語	8.1	854/53=16.1			8.1	81/6=13.5	9.6	67/4=16.8
7	Hr, T 語			6.1	517/20=25.9			6.3	75/2=37.5
8	全 語	7.7	352/25=14.1	7.2	518/36=14.4	8.1	570/40=14.3	7.5	128/6=21.3
9	Hr, M, T 語			6.7	689/40=17.2	8.1	340/25=13.5	6.6	259/19=13.6
10	Hr, H, T 語	7.1	473/48=9.9			6.8	160/9=17.8	9	45/11=4.1
11	H, M, T 語	6.3	670/51=131	7.4	299/16=18.7	8	232/14=16.6		
12	全 語	7.3	612/40=153	6.7	396/22=18	8.2	148/9=16.4	6.8	146/5=29.2

受容共に同じレベルという訳には行かないにしても、聞いて分かる程度の情報であれば、かなり初期の段階からでも導入は可能であろう。

学習者の発話がまだ十分に流暢でないからといって、受容能力までが同じレベルであるとは限らないことは、我々が他言語を学習する際の経緯を思い起こしてみれば納得できるはずである。

注

1　「読み上げ」が台本などの文字情報に従って声を出すのに対して、「自発発話」は台本などに頼らず自発的に声を出すことを言う。原稿を目の前に置いてあったとしても話すことを忘れない程度に時折チラチラ見ながら話す場合は、自発度が高いことになる。

第５章
日本語リズムの研究

第４章までは、分節音レベル及びその集合体の諸現象に焦点を当て、その実態について考察したが、ここからは、超分節音レベルの問題点を取り上げる。

本章の目的は、改めて話しことばのリズムの問題を採り上げ、より現実的に見ようとするものであるが、以下のような手順で考察する。

1. 序 ―リズムの定義―

ここで言う「話しことばのリズム」とは、原則として、次のような考えによるものである。

ことばのリズムは個々の言語や方言の音声的特性によって基本的に異なった現れ方をするが、とくにアクセントの性質と密接に関わっている。例えば、英語などのように強さアクセントを持つとされる場合には、強弱のリズム形式で現れ、日本語のように単語高さアクセントを持つ場合は、多音節語を構成する音節の数の配列による「音数律」で構成される。

従って、日本語のリズムについて考えようとすると、音節の区切り方の問題を避けて通ることはできない。とりわけ、促音や撥音など、いわゆる「特殊拍」あるいは「モーラ音素」などと呼ばれるものが実現された場合の扱いについては種々の考えがあり、複雑である。これらの諸説には、大きく分けて、音韻論的音節の立場によるものと音声学的音節の立場によるものがある。

もとより音韻論と音声学は車の両輪のような関係（服部 1971）にあって、どちらが正しいなどと言えるものではない。ある音声の現象を音声学的に、細大漏らさず厳密に観察しようとすれば大掛かりになるし、これらの現象を整理して一定の規則性を抽出しようとするには音韻論的手法が必要とされるからである。ただ、これらの学説を教育に応用しようとした場合、それぞれの立場や性質をよく読み取った上でなければ、問題を複雑にし、いたずらに学習者を惑わすばかりである。これまでの日本語教育や国語教育で広く採用されてきた、いわゆる「拍の等時性」を基調とした方法論が、古くから行われているにも関わらず、必ずしも成功を見なかったのには、それなりの理由があった。すなわち、当事者の多くは、音韻論的解釈がそっくりそのまま音声学的に実現されるかのように無批判に思い込み、学習者が実際耳にする現実の聞こえの現象に正面から向き合わなかったからであろう。この問題はまた、教師が学習者に対して話しかける際の口調にも、場合によって大きな影響を与えているものと考えられる。

2.　考察のとりかかり―定型詩リズムの二面性―

日本語のリズムについて論じられたものの多くは、和歌や俳句のような定型詩、あるいはわらべうたなどを主な題材として検討したものである。これらは、日本語のリズムにのっとって作られているものであるから、リズムの一つの典型を現しているには違いない。しかしながら、いずれも一定の、限られた形式に従ったものであるだけに、ある程度デフォルメ化されたところがあって、通常の話しことばの例と全く同じように考えるわけにはいかない側面もある。

例えば、俳句や定形式の語りで文を作ろうとする場面で、我々は五七調や七五調の形式実現のために、声を出しながら、ゆっくり一音節毎に指折り数えるというようなことをする。これなどは、いわば、たてまえの音声としての形式通りの発音で、おおむね次のようになる。(表記は現代語の発音に従う)

A：さ、み、だ、れ、を、「」、あ、つ、め、て、は、や、し、「」、も、が、み、が、わ、「」(芭蕉)
B：ひ、と、あ、し、ご、と、に、「」、き、え、て、ゆ、く、「」、ゆ、め、の、ゆ、め、こ、そ、「」、あ、わ、れ、な、れ、「」(近松)

一方、これらの文言を朗々と声に出して詠み上げた場合には、次のように観察される。

C：さ み だ れ　を「」　あ つ め て は や し「」　も が み が わ「」
＼／＼／　＼／　＼／＼／＼／＼／　＼／＼／＼／
D：ひ と あ し ご と に「」き え て ゆ く「」　ゆ め の ゆ め こ そ「」
＼／＼／＼／＼／ ＼／＼／＼／　＼／＼／＼／＼／
あ わ れ な れ「」
＼／＼／＼／

(上のC、Dに付した記号のうち、＼はいわばタクトの振り下ろし、／はその振り戻しを示す。ただし、実際に種々のジャンルの詠法を観察してみると、殆どの場合、C、Dを基本としているが、義太夫節などを観察したところではBの形式のままのようである。また、俳句などの場合は、音楽で言われる「シンコペーション」のようなものが実現されることもある)

なお、本書では，音節構造などを説明する便宜上、「拍」の概念を用いることはあるが、基本的姿勢としては、聞こえ方から考えられていてより現実的な「音節」の概念に従う。「音節」と「拍」との概念の違いは、おおむね次のようである。

〈音節〉　　　　　　　　〈構造の類型〉
短音節(S)：　母音(V)
　　　　　　　子音＋母音(C V)
　　　　　　　半母音＋母音(SV V)
　　　　　　　子音＋半母音＋母音(C SV V)　｛＝１拍／１モーラ｝
長音節(L)：　上記の各短音節＋撥音(N)、促音(Q)、長母音の長く引いた部分(R)｛いわゆる「特殊音節」｝
　　　　　　　-ai, -oi, -ui の i　｛＝２拍／２モーラ｝

さて、先の用例 A、B の例は、仮名一文字分毎に区切っているもので、すべての「拍に該当するもの(特殊音節も含む)」は時間的にほぼ同じ長さで発音されるという仮説、いわゆる「拍の等時性」を直接実現させているかのようである。この「拍の等時性」は、いわば「つもり」の音声、つまり音韻論的記述であって、現実の音声の姿を忠実に表したものではない。すなわち、これらの音声の長さを音響学的に調べてみると、母音では狭口母音より広口母音の方が、同系列の子音では無声子音より有声子音の方が実際は長い。さらに、アクセントの高さが配置された音節の方が、配置されていない音節より長くなるなどの差があることが分かる。これらの点は、注意深く聞いていれば、ある程度は、機器に頼らなくても気付くであろう。それを、一般に我々が聞いてほぼ同じであると感じるのは、日本語話者として主観的かつ音韻論的に聞いて判断しているからであり、モーラ言語ではなくシラブル言語である日本語方言の話者(例えば、津軽方言話者など)や他言語話者が聞いても同じように聞こえるとは限らない。

C、D の例は、いわゆる２音節分(詳しくは２短音節分、以下同様)を一まとめにして発音することを基調としているが、この方がより自然に聞こえ、実際の発音の仕方に近いであろう。そのように聞こえる原因については、現実の諸現象の中から証拠となるような現象を丹念に拾い集める必要があると考える。

これまでに言われていることの一つは、日本語の多音節名詞の中で圧倒的に多いタイプが4(短)音節語であること。それは4(短)音節語が日本語として最も発音しやすいからであり、その理由こそが2(短)音節を一まとめにしたものが二つ並ぶという最小限度の安定した姿を示しているからだ(別宮1977)というものである。

他に考えられることは、「童謡」や「応援の掛け声に付きものの手拍子」である。

E:「ハー　ルヨ　コイ、ハー　ヤク　コイ、アー　ルキ　ハジ　メタ　ミヨ　チャン　ガ…」

F:「フレ　フレ　コー　ベ」「ガン　バレ　ガン　バレ　コー　ベ」

いずれも、2(短)音節一まとまり(2モーラ・フット)を基調としており、全体の速さに応じて一まとまり毎、あるいは二まとまり毎に一度手拍子が入る。

敬称や愛称などの略語法もリズム解明の手掛かりになろう。略称にせよ愛称にせよ、一定の長さのものを圧縮する課程では、最も無理のない、発音のしやすい方向で作られるはずだからである。

G:古いものでは
「モボ(モダンボーイ)」「ベア(給料のベースアップ)」
「ハイ　カラ」「ゼロ　セン(零式戦闘機)」
「団　菊(「ダンキク(祭)」:団十郎と菊五郎)」
「お茶大(お茶の水女子大)」「国　研(国立国語研究所)」
比較的新しいものでは
「ワー　プロ」「パソ　コン」

「ドリ　カム(DREAMS COME TRUE)」
「チャゲ　アス(チャゲ&飛鳥)」「ミス　チル(Mr. Children)」
「シー　エム(Commercial Message)」「ハイ　テク」「京　セラ」
(この中で、歌い手のグループ名などは、今後どれほど言い習わされ続けるものかは定かでないが、これほど流行り廃りの激しいものであっても、一定のルールに従いつつ、生き生きとして作られ続けるものであるところから、採り上げた)

以上の例は、いずれも定型詩やコーラスによる掛け声など、リズムが明確に打ち出され、具体例の一環として、比較的観察しやすいものであるが、これらの例から、少なくとも次のような規則性が確認できそうである。

Ⅰ：日本語のリズムの基本的区切りは、2短音節(2拍/2モーラ)分一まとまりである。ただし、文節、連文節等の前後では、1短音節だけ取り残されることもある。

しかし、これだけでは連結された2音節の内訳について説明されていない。すなわち、2音節といえば第1音節目と第2音節目が考えられるが、どんな音節でも、無原則に前後で連結し得るのかということである。例えば、A～Dの例では和語ばかり用いられているところから、そこに登場する音節の種類も、単独の母音/V/、子音+母音/C V/、半母音+母音/SV V/などと限られていて、さしたる問題はない。しかしながら、E以降の例になると、漢語や外来語の例も加わり、いわゆる「特殊音節」(撥音、促音など。「特殊拍」「従属音節」などとも呼ばれる)も参入してくる。実のところ、現代日本語の話しことば一般のリズムについて説明できるようにするためには、この点を避けて通ることはできない。

3.　話しことばのリズムの基礎理論

3.1　2 連音節の内訳

まず、各地で行った簡単な実験結果を示す。実験場所は、東京、名古屋、大阪、福岡の各地で、被験者は合計 224 名、各人の生育地は北海道から九州に及ぶ。方法は外来語と和語のいくつかを仮名文字で提示し、「それぞれの語の発音を考え、一か所だけ区切りを入れるとすればどこで区切るか」を答えてもらったものである。以下は設問に使った語の一部である。

［外来語］

①ティシュー　②ティッシュ　③ロサンゼルス　④ニュージーランド

⑤ユーゴスラビア　⑥ウラジオストック　⑦サンタクロース

［和語］

①まばたき　②いねむり　③ざぶとん　④おうどん　⑤おでん

このような調査の場合、外来語と和語とでは、和語の方が調べるのに不利である。具体的な理由は後述するが、被験者は和語の語構成について何らかの知識を持っていることが多く、その知識が妨げとなって音声面からだけの意識の様子を窺い知ることができにくいからである。その点、外来語ならば比較的有利である。原語によほど詳しい人でない限り、語構成までは考えが及ばないことが多く、音声面での意識に限って観察しやすいからである。日本語の音声を考えるのに外来語とは、と不審に思う人もいるであろうが、ひとたび日本語の中に「外来語」として取り込まれ日本語の音声形式に馴染んだものは、もはや外国語とは言えないものと考える。ただし、その外来語も、ある一定の型にはまった知識に馴染んでしまった人の場合には、その「知識」が妨げとなり得る。（→［外来語］⑤、⑥、⑦など）

調査の結果は以下の通りであるが、/ / 内の数字がそこで区切ると答えた人の数である。

1）　ティ / 208/ シュ / 16/ ー

2）　ティ / 23/ ッ /201 / シュ

3）　ロ / 14/ サ /3 / ン /205 / ゼ /2 / ル /0 / ス

4）　ニュ / 0/ ー /17 / ジー /118 / ラ /0 / ン / 2/ ド　（これは計 137）

5）　ユ / 3/ ー /0 / ゴ /75 / ス /139 / ラ /6 / ビ /1 / ア

6）　ウ / 0/ ラ /1 / ジ /9 / オ /121 / ス /5 / ト /4 / ッ /4 / ク（これは計 144）

7）　サ / 0/ ン /6 / タ /117 / ク /92 / ロ /9 / ー /0 / ス

これらのデータは、被験者の解答状況をそのままの件数で示したものであり、現実に被験者の一人ひとりがどういうつもりでこのように回答したかを各地に散らばる 224 名について追跡調査をしたわけではない。しかしながら、それでもなお「ここで区切る」と答えた箇所は特定のところに集中しており、ある傾向の事実を物語っているものと考えられる。

1）「ティシュー」と 2）「ティッシュ」の回答例で特徴的なのは、区切りの集中している位置が 1）では第 1 拍目「ティ」の直後、2）では第 2 拍目「ッ」の直後となっている点である。ここで既に「2 拍一まとめ」の法則性が崩れたかに見えるが、原因は明らかである。即ち、1）で冒頭から「ティシュー」の 2 拍を一まとめにしようとすると、「ー」の直前で区切らなければならなくなる。そこに区切りを入れた人も全くないではないが、全体的に見れば極めて少ない。

2）の「ッ」の直前に区切りを入れた少数派の場合も同様である。このような傾向は 3）以下についても言えることである。

3）「ロサンゼルス」でも冒頭の 2 連音節をまとめようとすれば、「ン」の直前に区切りを入れざるを得ないが、ここでも大多数はそういう事態を避けていて、区切りは「ン」の直後に集中している。（「ロ」と「サ」の間に区切りを入れた人は、通常「ロス」アンゼルスの表示に馴染んでいて、かなり迷った末の選択だったのではなかろうか。）

4）「ニュージーランド」では、原語構成の知識を優先させた人（17 名）もいたようではあるが、結局は区切りが「ランド」の直前に集中し、3 カ所もある「特殊音節直前」の位置はいずれも避けられる傾向にある。

5）「ユーゴスラビア」でも「ー」の直前で区切る人はほとんどいない。

ここでは「ユーゴ」という名称を知っている人が「ゴ」の直後で区切っているが、「ス」の直後で区切った人はその2倍に近い。

6）「ウラジオストック」の場合、一般には原語本来の区切りとは違った区切り方が浸透しており、「ウラ　ジオ」と二つめの2連音節の直後に集中している。

7）「サンタクロース」でも「特殊音節」の直前は避けられているが、一般に知られた「サンタ」の意識が強いためか、その直後と二つめの2連音節直後の2カ所に大きく分かれている。

以上のことから勘案すると、2連音節の内訳については、次のような規則性が導き出される。

> II：「特殊音節」は、原則として一般の短音節に後接する。また、先行音節に従属して長音節を形成するが、長音節の中途に区切りが来ることはない。

3.2　語構成を超えた区切り意識

上で見てきたことは、外来語によるものであった。先にも述べたとおり、外来語では一般的に語構成が正確には意識されにくいから、音声上の区切りなどに目的を絞って調べるのには都合がよい。事実、New-Zealand は、[ニュージー／ランド]、Vladi-vostok は［ウラジオ／ストック］、Los-Angeles は［ロサン／ゼルス］であった。それでは、和語ならば語構成を知っている可能性が高いから、リズムの区切りも語構成に大きく左右されると言えるのであろうか。

和語で調査した結果は次のようであった。

1）ま /48/ ば /163/ た /13/ き

2）い /68/ ね /149/ む /7/ り

3）ざ /51/ ぶ /173/ と /0/ ん

4）お /75/ う /148/ ど /1/ ん

5）お /135/ で /89/ ん

上記のとおり、和語の例は外来語の例ほどには区切りの集中度がはっきりしていない。しかしながら、全体としてみると、おおむね3対1程度の割合で、語構成よりも2連拍毎の区切りの方が優先されている。語構成がまったく無視されるという程ではないが、やはり2連拍の中でも「特殊音節/拍」を後部連結させることの方がいち早く実現される傾向にある。また、5)「おでん」の例で見られるように「特殊音節/拍」の後部連結が2連拍一般より優先される点も例外とはなっていない。

ただ、「おでん」の例で「で」と「ん」の間に区切りを入れた人が89名もあったということについては、もう少し考えてみる必要がある。それは、3)「ざぶとん」にしても4)「おうどん」にしても、また外来語の例にしても、区切りを入れる位置についてはもう少し選択の余地があったということ。それともう一つ、「ん」それ自体は母音ではないが、母音に次いで楽音(声道内部でとくに狭めなどによって邪魔されることなく、きしみ音などを伴わずに一定の時間持続して出される音)であり、音節主音になり得るということもあるため、安心して単独切り離しができたのであろう。さらに、この89名中72名までは近畿方言話者であったということも、アクセントなどとのからみで何らかの関連があるのかもしれない。近畿方言は、特殊拍が単独でアクセント核を担うこともある程の「モーラ言語」だからである。

以上のことから、リズムの区切りと語構成の関係については、次のようなことが言えるであろう。

Ⅲ：単語連結やいわゆる文節(連文節)内部にあっては、音声上の区切りが語構成より優先され得る。

(ここで単語連結や連文節などというのは、それらが一続きに発音された場合をいう。また「内部にあって」と限定したのは、単語連結にせよ連文節にせよ、その末尾の区切りは、文字通り語構成的な区切りそのものであるから、音節構造の条件によっては、音声上の区切りと微妙に異なり得るからである。)

4. 応用につながる記述への追究

本章の冒頭部でも述べたように、従来の、リズムに関わりのある教育では「拍の等時性」という、いわば音韻論的音節の概念を基調としたものがほとんどであった。わずかに、教育科学研究会秋田国語部会・文字指導部会の報告資料の中に長音節、短音節の概念を導入した実践例（教育科学研究会秋田国語部会 1965）が見られるのみである。この実践例の注目すべき点は、学習者が「シラビーム方言（＝シラブル方言）話者」であり、大方の日本語教育の条件とかなり似ているところであるが、説明が単語レベルの例にとどまっている点が惜しまれる。『発音・聴解』（土岐・村田 1989）は、日本語教育に長音節・短音節の概念に基づく具体的練習法を提示した最初のものであろうが、音節構造の複雑な擬声語・擬態語の扱いについては不十分である。（後に、楽音ときしみ音の概念を導入することで、その不足を補うこととなった。）

そこで、これまでに得られたⅠ～Ⅲ、及びその周辺の知見を基に、記述の仕方を今少し拡大発展させてみたい。

① 同一リズムの及ぶ範囲

リズムは、文頭から文末まですべて同じ速さで続くわけではない。文の情報構造に応じて、大切なところはゆっくりめに、そうでないところは速めに発音される。その「大切なところ」や「そうでないところ」の範囲毎にリズムの微妙な違いが実現するものと考えられる。最も短いものとしては「自立語＋付属語」の文節や一気に発音された場合の連文節がその「リズム・ユニット」に該当し、前後にはポーズが現れる。

例：てん　きは／　これ　から　あす　のあ　さに　かけ　て／　こ
　　さ　めが　パラ　つき　はじ　める　そう　です。

② 基本は２短音節連続

上の例からも分かるように、リズムの基本は２短音節連続であるが、「特殊音節」が混入すると不都合が生じ得る。

例：いや　なも　んで　すよ　って/　いわ　れて　も/ちょっと。
〈これに、長音節不分離の原則などを導入すると〉
いや　な　もん　です　よっ　て/　いわ　れて　も/ちょっと。
〈そこで③の原則が提示される〉

③　長音節の優先
2短音節連続よりは長音節のまとまりが優先されるが、そうすると短音節が孤立することもある。
例：どん　な　もん　で　しょう　かっ　て/　いっ　て　まし　たけ　ど。

④　短音節孤立の条件
長音節間の短音節、長音節とポーズ、ポーズと短音節に挟まれた短音節は孤立する。
例：どう　やっ　て　かん　がえ　た　かっ　て/　いい　ます　と/…
お　とう　と　だっ　て/　ひっ　し　だっ　たん　で　しょう。

⑤　拡大長音節(城田 1993)による「特殊音節の重なり」
長音節のまとまりは後接部の性質によって分解可能な場合がある。長母音の長く引く部分、発音、-ai, -oi, -ui の i はいずれも楽音で、音節主音となり得る性質を備えているところから、遊離して次の音節とまとまり得る。

この⑤は、とくに外来語、擬声語・擬態語などの例を考える際に有用である。

例：グー　ンと　おと　く…　　シー　ンと　した…
クイッ　ク　ター　ン

ワ　イン　を　キュ　ーッ　と　いっ　ぱい

なお、上の「ク　イッ　ク」「ワ　イン　を」例のように、本来の「特殊音節」後続のまとまりは -ai　-oi　-ui のまとまりより優先される。

⑥　縮約後のリズム：縮約後は簡略化されるが、上記の基本原則を踏襲する。

例：あり　が　とう　ご　ざい　まし　た。　たべ　てし　まっ　た。
　　あり　　がと　　　　ざい　まし　た。　たべ　　ち　まっ　た。
　　なん　だ　ろう　とお　もっ　て。　　　たべ　　ちゃっ　　た。
　　なん　　だろ　　と　　もって。
　　おは　よう　ご　ざい　ます。
　　おは　よご　　　ざい　ます。

なお、長母音、同母音連続などはとくに圧縮されやすい。

5. まとめ

まとめとして、長音節（L）、二連短音節（SS ＝ L’）、拡大長音節（L+）の内訳及び基本となるリズムの類型を示す。

〈L の種類〉

L ＝ S ＋ {N ／ Q ／ R}　L’ ＝ { ø ／ C } ＋ { -ai ／ -oi ／ -ui }　〈短音節＋特殊音節〉

L’ ＝ SS , S ＝ { V ／ CV ／ SV V ／ C SV V }　〈短音節×2〉

L+ ＝ L ＋ {N ／ Q ／ R}　〈長音節＋特殊音節〉　{ドーン、キューッなどで、1 音節とする}

〈リズムパタンの類型〉

便宜上、上記の L ～ L’ を L とし、短音節の孤立を S として分類する。

LLLL 型：ファックスですから、練習なんです、どうしてそうなの

SLLL 型：50 歳代、危険ですから、若いようです、すごいそうです

LSLL 型：パンは買わない、今度やります、全部できない、何を食べたの
LLSL 型：いつでも遅い、やっぱりうまい、もうすぐ来そう、本当でしょう
LLLS 型：大事な調査、帰れるようだ、何とかなった、今しかないよ
SLLS 型：痛いところ、見たいテレビ、2 回程で、ご飯ですよ、払いました
SLSL 型：5 分位、休んでよう、故障でしょう、払いません、旅行したい
LSLS 型：行きませんか、割とできた、もう困った、やっと着いた

以上、できるだけ日常の話しことばの例を用いて類型別に示してみた。紙幅の都合で割愛したが、これらの他にも漢語ならば簡単に個々の例を見つけることができる。このようにさまざまなタイプに分類したりすると、あるいは一層複雑に見えるかもしれない。しかし、これらの基本原則は、いずれも上記の、とくに①〜⑤の域を出るものではない。個々の文の区切り毎に①〜⑤の原則を当てはめていけば、無原則にいろいろな現れ方をするのではなく、自ずと上のように類型化できるという意味である。これらは単に「日本語らしさ」を記述するためだけに考え出したのではない。国の内外を問わず、基本的に「シラブル言語」を話す人々は、いわゆる「特殊拍」の有無の知識に自信がなく、日本語を話したり書いたりする度にいつもためらいを感じる人が多い。また、全国共通語の普及した今日の子供の中にも存在することを知り、問題の軽減を目指そうとするものである。

第6章
日本語音声の縮約とリズム形式

ここでは、縮約とリズム形式の両側面からの考察を試みる。音声の諸現象を分析する場合、実際は複合的に現れるのであるが、当該パラメータを集中して分析・考察するためには、他のパラメータは排除して分析を進める方が分かりやすい。しかしながら、中には双方を睨みながら考察せざるを得ない問題もあり得る。縮約とリズム形式の問題などは、まさにそれである。よって、ここでは、2項並列的に考えたい。

1. 序

ここでいう「縮約(contraction)」とは、ある言語の発音上の経済性や言い習わしによって音節間に融合や省略が生じ、その結果として、言語形式の短縮化、すなわち「音節数」が少なくなる現象を言う。この現象は、しばしば一つの形態内部だけにとどまらず他の形態との結合となった場合でも生じ得る。また、詩歌などでは、韻律を整えるために縮約されることもある(「友よつらかろ、せつなかろ」)。さらに、わずかながら縮約形式の書き方として定着した場合も見受けられるが、そこまで意識化されていない場合も多い。

日本語の場合、一部はスピーチスタイルによって使い分けられるとされるものの、多くはフォーマル・インフォーマルの別なく使われている。また、一部を除いて、縮約は原形に復元可能である。

かつて、この縮約が現れるのは「くだけた場面で早口で話されたときに生じる」とされたが、土岐(1975、本書第4章として改訂)では、教育テレビの教養番組による改まった話し方を、独話、対話、鼎談などのような形式から場面ごとに区切って分析し、原則として、縮約は話し方の「速さ」よりは「その場面での話し合いに対する話者の参加意識の積極性」によって発生する。また、独話よりは対話、多人数での活発な話し合いの方が生じやすい傾向を明らかにしている。このように、縮約は、いわばオーラル・コミュニケーション活動に、より活発に参画しようとした場合の話し方の効率化に貢献しているとも言えるが、日本語話者同士の話し方ではほとんど問題にされることはない。単なる「音声学的現象」として扱われているに過ぎないからであろう。しかし、リズムの観点などから言えば、もっとさまざまな側面から検討されるべき問題である。また、日本語学習者にとっては、縮約の知識がなければ、復元形も思い付かず、異なる未知の語句を新たに学習するのと同じようなことになってしまう。場合によっては、話し方のスタイルの変換もうまく行かないということにもなりかねない。

2.　縮約の範囲・タイプ

日本語の縮約について考える場合、音韻論的な「拍」の概念を適用するか音声学的な「音節」の概念を適用するかによって微妙に異なるから注意を要する。また「ノダ」と「ンダ」というふうに対比しようとすると文体的に違和感を覚える人もいるかも知れない。「ン」は形態の一部ではあっても、いわゆる非音節主音的であって、頭子音のような現れ方はせず、必ず子音+母音の後に付くものであるから「ン」で始まるような切り取り方は馴染まない。そこで「アルノダ」と「アルンダ」で見てみることとし、「拍」の概念で分けてみると「ア・ル・ノ・ダ」:「ア・ル・ン・ダ」でいずれも4拍になる。しかし、これを「音節」の概念で分けてみると「ア・ル・ノ・ダ」:「ア・ルン・ダ」で4音節：3音節ということになり「音節数が短縮された」ことになる。

　ところが、「ツラカロウ」と「ツラカロ」を拍で数えてみると「ツ・ラ・カ・ロ・ウ」:「ツ・ラ・カ・ロ」で5：4であるが、音節で数えると「ツ・

ラ・カ・ロウ」:「ツ・ラ・カ・ロ」で4：4と同数になってしまう。このように「拍」で数えるにしても「音節」で数えるにしても、どちらが「便利」であるかは、一概には言えない。しかし、どちらが多いか少ないかという数量的捉え方以外に、いわゆる(2モーラ)フットを基調とした「リズム」の概念(土岐1995、本書第5章として改定)を適用して、リズムの括り方のパタンで見てみると、いずれも違った形式で捉えることができる。

ここでは'/'によってリズムの括り方の境界を示す。例えば、「タ/タン/タ/タン」のようなリズムのとり方に当てはめてみると、Lは長音節で「タン」、L'は短音節二つ分で「タタ」、Sは短音節一つ分が、いわば取り残された「タ」の形式になったものである。

アル/ノダ：ア/ルン/ダ(L' L'：SLS)、
ツラ/カ/ロウ：ツラ/カロ(L' SL：L' L')

これは「ア・ル・ダ・ロ・ウ」:「ア・ッ・ダ・ロ・ウ」(いずれも5拍)、「ア・ル・ダ・ロウ」:「アッ・ダ・ロウ」(4音節：3音節)などの例でも言えることである。しかし、この「アッダロウ」の例には、その現れ方を聞いて書き留めようとするときなどに、はたして、基の形とは違った書き方をするところまで定着しているかという、別の見方も考えられる。

「アルノダ」と「アルンダ」では、このように違った書き方をするところまで来ていると言えるであろう。小説の台詞の部分などでもかなり以前からよく使われている。しかし「アッダロウ」についてはどうだろうか。「ソノヘンニアッダロ」と聞いても「ソノヘンニアルダロウ」と書く場合が、一部のマンガ・劇画を除けば多いのではないだろうか。「アリガトザイマス」と聞いても「アリガトウゴザイマス」と書くであろう。このように縮約形式には、別の書き方まで採用し得るほどに馴染んだものと、そこまでは行かないけれども、実際は広く行われているものがあることも明記すべきであろう。

ここでは、音声学的に短縮化されたものまで含めて、幅広く考えることにし、縮約のタイプとして次のようなものがあると考える。

A：縮約形式の書き方まで定着しているもの（英語の「I'll」、日本語の「それじゃ」）

B：広く意識化されているとまでは考えにくいが、音声学的には頻繁に現れるもの

3.　縮約の諸相

上記、土岐（1975、本書第4章として改訂）のデータの他、新たに日常の会話などから得られたデータを加えたものを基に観察してみると次のようなことが言える。（例示は、見やすくするために単純化し、訓令式ローマ字表記に準じた表記法を用いる）

〈母音の縮約〉

1）長母音が縮約される場合

to/yu:/yo:/na ～ toyu/yo:/na ～ toyu/yona（SLLS：L'LS：L'L'）

de/syo:/ ～ desyo（SL：L'）、　hi/jo:/ni ～ hijo/ni（SLS：L'S）

o/to:/to ～ oto/to（SLS：L'S）、 o/to:/san ～ oto/san（SLL：L'L）

これらの例で見ると、長母音は第2音節目以降に現れたときに縮約されやすいが、それは、語の形式を最小限に保証しつつ、リズムをより単純な形式に整えるための現象であると考えられる。

2）先行音節の末尾母音と後行音節の先頭母音が同じ場合

[i + i]： dai-/iti ～ dai/ti（LL'：LS）

yui-/itu/no ～ yui/tuno（LL'S：LL'）

[a + a]：sono/ba-/ai/wa ～ sono/bai/wa（L'SLS：L'LS）

[o + o]： to-o/moi/masu ～ to/moi/masu（L'LL'：SLL'）

oo-/oka/yama ～ oo/kaya/ma（LL'L'：LL'S）

[u + u]：suru/uti/ni ～ suru/tini（L'L'S：L'L'）

この場合、後行の要素を単独で発音すると、多くの場合、頭部の母音の直

前に声門閉鎖音もしくは「母音間のくびれ」とでも言える現象が実現される。それが先行形態と接合することによって、まず、声門閉鎖がなくなり、次いで母音自体が縮約されるものと考えられる。しかし、これだけでは、V_1V_2（先行母音、後行母音）のうちのどちらが縮約されたのかがはっきりしない。そのため、V_1V_2 がそれぞれ異なる母音の例で見る必要がある。

3）先行音節の末尾母音 V_1 と後行音節 V_2 の先頭母音が異なる場合

[e+i]：　sore/de-/i:/node/wa 〜 sore/din/dya（L'SLL'S：L'LS）、
tabe/te/i: 〜 tabe/ti:（i に先立つ t は口蓋化せず）（L'SL：L'L）
〈この「いい」は自立語的、下記の「(〜て)いる」は付属語的〉
*tabe/te-i/ru 〜 tabe/teru（L'L'S：L'L'）

[e+o]：　kan/gae/te-/ori/masi/ta 〜 kan/gae/tori/masi/ta
（LL'SL'L'S：LL'L'L'S）
yat/te-/ori/masi/ta 〜 yat/tori/masi/ta（LSL'L'S：LL'L'S）

[o+i]：　to-o/moi/masu 〜 tomi/masu（L'LL'：L'L'）

**[o+u]：　omo/un/desu　〜 o/mon/desu（L'LL'：SLL'）

[u+i]：　a/rui/wa　〜 ari/wa（SLS：L'S）
wa/rui/ka　〜 wari/ka（SLS：L'S）

[u+o]：　on/gaku/o 〜 on/gako（LL'S：LL'）

これらの例で見ると、殆どの例で V_1 が縮約され V_2 が残る形になっている。

しかし、これだけでは、上の * と ** を例外とせざるを得ない。ところが窪薗（1999）の母音融合規則を適用すれば、これも解決する。すなわち、母音の弁別素性を下記のように考え、二つの母音が融合すると、V_1 の①、V_2 の②③の素性を持つ母音となって実現される。従って、e + i → e、o + u → o となる。

	①	②	③
i ：	+ high,	− low,	− back

e　：－ high,　－ low,　－ back
a　：－ high,　＋ low,　－ back
o　：－ high,　－ low,　＋ back
u　：＋ high,　－ low,　＋ back

4）単独の母音が弱化〜縮約する場合
[e]　：ji/dai/dene 〜 ji/dai/dne（SLL'：SLS）
desu 〜 dsu（L'：S）
desyo: 〜 dsyo（SL：S）
[o]　：desu/kedo/ne 〜 desu/kedne（L'L'S：L'L'）
sono 〜 sno（L'：S）

これらは、いずれも、自立語ではなく非自立語のケースである。「ソノ」は指示語ではなく「ひとりごと」的な間投詞の方であって「際立たせ」の対象にはならず、弱化も起こりやすい環境にあると言える。また、縮約された母音に先行する頭子音は、いずれも有声子音であることも誘因の一つかも知れない。この現象は、対象が小規模であるから、これだけ見ると縮約して全体に与える影響もさほど大きくはないように見えるが、出現頻度が高いだけに無視はできない。

単独の母音が縮約されるのと同じように、子音もまた縮約される。しかし、子音が縮約されたとしても音節の根幹たる母音が残れば、音節数に大きな変化はもたらされないから、リズムのパタンも母音の縮約ほどの影響は受けないものと考えられる。ただ、聞こえの印象が変わり得るため、少しだけ触れておくことにする。

実例としては、次のようなものがある。([　] 内が縮約された子音)

「ワタクシド [m] オニ」「ツタワレ [b] アイイ」「デ [w] アテナクテ」「カンガエカタ [d] エシタ」「ソ [ɾ] エデ」「ケ [ɾ] エドモ」「イチ [ʑ] イカン」「アダ [j] アオロソカニ 」「ナ [g] エテ」

これらはいずれも有声子音ばかりである。そして多くは、アクセント核からはずれた箇所で起こっている。

では、無声子音のケースが皆無かといえばそうではない。「ダ [k] アラ」

「ワタ [k] ウシ」「ヤ [h] アリ」などがそれである。しかし、これらはいずれも、母音間で [ɣ] や [ɦ] に有声摩擦音化し得るものばかりである。生成のプロセスとして「いったん有声化〜縮約」という経緯が考えられる。

5）子音＋母音の縮約

[ro]： toko/roto 〜 toko/to (L'L' : L'S)
toko/roka/ra 〜 tok/kara (L'L'S : LL')

2番目の例は、「トコロカラ」〜「トコカラ」〜「トッカラ」(母音の脱落による促音のような現れ方)という経緯が考えられる。

6）先行音節の母音とそれに続く音節の半母音の縮約

[e＋w]：dewa 〜 dea 〜 dya (L' : L' : S)
tewa 〜 tea 〜 tya (L' : L' : S)
kore/wa 〜 kore/a 〜 korya
kora (L'S : L'S : L' 又は L')
[i＋w]：niwa 〜 nia 〜 nya (L' : L' : S)
siwa 〜 sia 〜 sya (L' : L' : S)
ari/wa 〜 ari/a 〜 arya (L'S : L'S : L')
naki/wa 〜 naki/a 〜 nakya (L'S : L'S : L')
[e＋b]： are/ba 〜 are/a 〜 arya (L'S : L'S : L')
ake/ba 〜 ake/a 〜 akya (L'S : L'S : L')
[u＋w]：yoku/wa 〜 yoku/a 〜 yoka (L'S : L'S : L')
boku/wa 〜 boku/a 〜 boka (L'S : L'S : L')
[o＋y]： to/yu: 〜 te/u: 〜 teu (SL : SL : L')
(このtも口蓋化してはいない。口蓋化した「チュー」は西日本方言形か)

この [o＋y] については、yがiに近い素性を持つことから、前述の母音融合規則を適用し、o+i→eと考えられる。

7）撥音もしくは撥音もどきに関わる場合

A　母音との融合による鼻母音化

yon/de ～ yõde（LS：L'）

ki/bun ～ kibũ（SL：L'）

kan/sin/wa ～ kãsĩ/wa（LLS：L'S）

B　ナ行音の撥音もどき化

re/ko:/doni/nat/ta ～ re/ko:/don/nat/ta（SLL'LS：SLLLS）

oya/rini/nat/te ～ oya/rin/nat/te（L'L'LS：L'LLS）

nasa/runo/daka/ra ～ nasa/run/daka/ra（L'L'L'S：L'LL'S）

to/omo/uno/desu　～ to/omo/un/desu ～ too/mon/desu ～ to/mon/desu

（SL'L'L'：SL'LL'）　　　　（L'LL'：SLL'）

ただし、撥音それ自体「楽音」であるから、結果的には母音が残ったのと似たような状況になり、リズムの形式を大きく変えることにはならない。

C　その他の撥音もどき化

waka/ra/nai ～ wa/kan/nai（L'SL：SLL）

nado/to/yu: ～ nan/teyu（L'SL：LL'）

iro/iro/na ～ i/ron/na（L'L'S：SLS）

8）促音もしくは促音もどきに関わる場合

A　促音それ自体の縮約

kek/ka/teki/ni ～ keka/teki/ni（LSL'S：L'L'S）

jik/kyo:/o ～ jikyo/o（LLS：L'S）

B　母音の脱落による促音もどきの生成

sak/kyoku/ka ～ sak/kyok/ka（LL'S：LLS）

sen/taku/ki ～ sen/tak/ki（LL'S：LLS）

9）複合的縮約

to/yu:/nowa ～ toyu/noa ～ teu/na ～ tena（SLL'：L'L'：L'S：L'）

to/i:/masu/ka ～ toi/masu/ka ～ tema/suka（SLL'S：LL'S：L'L'）

to/yu:/yo:/na ～ toyu/yona ～ teu/yona ～ tyona（SLLS：L'L'：L'L'：L'）
（t は口蓋化せず歯茎音のまま。「チョナ」のようにはならない。）

10）その他
koti/ra/gawa/de ～ koti/ra:/de（L'SL'S：L'LS）
nado/to/yu:/koto ～ nan/tkoto（L'SLL'：LL'）
naru/kato/it/tara ～ naru/kat/tara（L'L'LL'：L'LL'）
sore/wa/nan/deka/to ～ sore/an/deat（L'SLL'S：L'LL）
nai/wake/desu ～ nai/waktsu（LL'L'：LL'）
de/at/te/desu/ne ～ dea/tsune（SLSL'S：L'L'）
nai/no/desu/ne ～ nain/tsune（LSL'S：LL'）
so:/dego/zai/masu/ne ～ so:/dea/msune（LL'LL'S：LL'L'）
…ga/ari/masu/yo ～ ga/ari/msuyo（SL'L'S：SL'L'）
nado/to/it/temo ～ nan/tsute/mo（L'SLL'：LL'S）
…kato/o/moi/masu/ne ～ kato/moi/msune（L'SLL'S：L'LL'）

これらは、いずれも、１）～ ８）で述べたことの諸要素が複合的に現れたものである。詳細なプロセスまでは書きにくいため、現実に生成された姿を注意深く観察し、可能な限り詳述した。

なお、msune の m が楽音であることを考えれば、msu/ne（L'S）と考えることもできよう。

4.　まとめ

以上、縮約の概念を幅広くとらえ、縮約が実現されることによってリズムがどのように変化するかという点に着目し、実現段階に応じて検討してきた。

例として示したものは、いずれも典型的と思われる部分を短く切って取り出してあるから、もっと長いスパンで変化の過程を書き表した場合には、少し違ってくることも十分考えられる。

例えば、実例の先頭部分もしくは末尾の「S：単独の短音節」が取り残されたような形で残されているところなどは、その前後の単音節と結びついて

2モーラフットを形成し、L’（Lは純粋な長音節もしくはそれに準じるもの）となる可能性がある。

縮約の形式は、基の形式と1対1で存在するものばかりではない、むしろ、段階的にいくつかのプロセスが考えられる。そして、それぞれの段階に応じてリズム形式も微妙に変わり得るのであるが、それらは、自動的に決定され実行に移される。

今回のデータから垣間見られた縮約促進の傾向は次のようなものであった。

1）母音は、同じものが隣接すると一方に併合される。
2）長母音は、よく短母音になる。また、第2音節目の長母音は、リズムを整えるため、とくに短くなりやすい。
3）異なる母音が隣接された場合には、後者の母音が残存し、前者の母音に先行していた子音と接合するケースが多い。
4）子音が縮約する場合は、有声子音のケースが多い。無声子音の場合は、母音間で一旦有声化した後に縮約したと考えられる場合が多い。
5）子音の縮約はまた、アクセント核の来ない音節で起きる傾向も考えられる。
6）有声破裂音は閉鎖性が解除されて摩擦音化し、鼻音は前後の母音を鼻音化させるなどの段階を経て語の時間的・形式的縮約へと移る。
7）撥音または撥音もどきに関しては、母音に融合して鼻母音化したり、ナ行音が撥音もどきに変化したりする。
8）促音または促音もどきは、母音の脱落などに連動して起こることが多い。
9）複数の音節が複合して縮約されることも多いが、それらは、非自立語の場合に多い。また、イントネーションによるフォーカスの当たらない箇所、抑え込みが実現される箇所に多く現れる。
10）基の形式と縮約後のリズム形式を比べてみると、全体として短くなるのは勿論であるが、縮約することによって、リズム形式は、より単純化の方向に向かう。例えば、中途に挟まれた「S」をできるだけ統合して、2モーラフットの連続「L'」に持っていこうとするなどの傾向が見られる。

ただし、これらがどのような環境でも出現可能かと言えば、そうではない。可能な環境・不可能な環境についての、個々の場面の構成要素をふまえた記述が今後の課題である。

第7章
アクセントの下げとイントネーションの下げの区分

前の章までは、自発発話に見られる諸現象のうち、単音レベルと音節レベルに関わる問題を考察したが、本章では超分節音レベルの中でも、とくにアクセントとイントネーションの狭間に位置するアクセントとイントネーションの見分けの問題を取り扱う。その理由は、多くのアクセントやイントネーションの記述を見てみると、双方の境界がはっきりしていないのではないかと疑われるようなものが多いからである。日本語の音声では、アクセントもイントネーションも共に「高さ」の変化として現れるから、注意して観測しないと混同してしまう例が決して少なくない。従来の研究では、アクセントはアクセント、イントネーションはイントネーションと、それぞれについてのみ論じられてきたため、微妙な境界的問題事項に触れられることはほとんどなかった。あったとしてもこの点に関しては見落としたのではないかと思われる。

本章の目的は、その足元を見据え、明示的に論じることによって混乱の元を回避しようとするところにある。

1. 序

日本語の音声の主として文末イントネーションを示したものの中に、アクセントによる下げとイントネーションによる下げを混同して述べていると思われる記述を目にすることがよくある。

アクセントもイントネーションも主として喉頭制御による声の高さの変化によって表されるものであるから、その下げがいずれの機能を担って表出されているかで混乱するというのは、ある点からすれば無理からぬことなのかも知れない。しかしながら、日本語話者も、日本語に一定以上の段階まで精通した他言語話者も、現実的使用場面で大きく混乱しているとは思われない。例えば「下降イントネーション」による「納得・了解」などの表現意図を含んだものと、「アクセントの下げ」以外の「上昇」も「下降」も含まないイントネーションによる「報告・意向表明」などの表現を含んだ「平調」の使い分けに問題があるとも思えない。ときおり音声的特徴を取り出した場合などに混乱するような人であっても、具体的な違いに注目するように仕向ければ、やがて問題は解消するものと考えられる。これは、音声教育や学習を目指す人はもちろん、音声研究を目指す人にとっても見落とすことのできない重要な問題であろう。

そこで、あらためて、アクセントと文末イントネーションそれぞれによる下げを識別するためには、具体的にどのような要素が働いているかに着目し、いくつかの音響的分析資料を基に、両者の弁別的特徴は何かを考えてみることにする。

2.　問題の所在

『話しことばの文型（１）―文』(1960)では、文末イントネーションについて、おもに「イントネーションの形を重視して、これを第１次分類原理」とし、①平調、②昇調1、③昇調2、④降調、それに⑤@型類(特殊なものとして)に分けて提示している。

これらのうち、今回注目するのは、主として①平調と④降調、それに⑤@型類の一部である。

平調は、同書によれば「アクセントに従うイントネーション」であり、高さの変化は、そこで使われている単語に備わったアクセント型がそのまま現れているだけで、その他には発話中のいわば生理的な条件による「自然下降」は現れても、イントネーションによる積極的な上昇も下降も伴わない。

平板型、頭高型、中高型、尾高型などのうち、どんなアクセント型であったとしても、「文」の陳述自体には影響を及ぼすわけではない。

アクセントの下げとイントネーションの下げを混同する人は、ともすれば平板型アクセントの実現形や殊更に文末を高く平らに延ばすイントネーションなどを聞いて平調イントネーション、頭高型や中高型のアクセントが実現されただけのものを聞いて下降調イントネーションと判断してしまう傾向があるように思われる。

ここで注意すべきは、たとえ1語からなる「一語文」であったとしても、文として発せられるからにはイントネーション抜きで、アクセントだけで発せられるということは考えられない。そのような場合は、イントネーションによる上昇調でも下降調でもなく、一種の平調で発せられたと見るのが妥当であろうと考える。

『話しことばの文型(1)』(1960)によるイントネーション5種のまとめとして、図1のように示されている。

3. 『話しことばの文型(2)』(1963)によるイントネーションの再分類と(1)との比較

さて、『話しことばの文型(2)』(1963)では、おもに「そのイントネーションが何を表現するかを重視して、第1次分類原理」とし、(1)で提示したものを大幅に再整理して、下降調、上昇調、それに高調、低調としている(表1)。

すなわち、全体を「上昇調」とそれに対立する「非上昇調」とに分け、「非上昇調」の「平調」と「下降調」を弁別するのは困難であるとして「平調」「下降調」を一括して「下降調」、そのマークとして、自然下降も含めたまま「下り矢印」を当てている。そして、「平調」という述語は「ことさらに文末を平らに発音する」音調のためにとっておきたいとしているが、その具体的例についてはとくに言及されていない。

出版物で、とくに音声などの現象を説明する場合、音声そのものを提示するのは困難な場合も少なくはない。ここで話題とされているイントネーショ

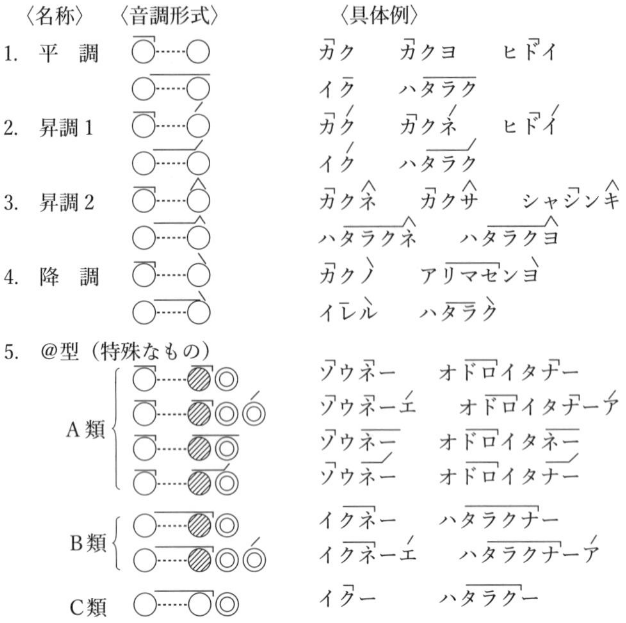
〈名称〉
〈音調形式〉
〈具体例〉
1. 平　調
カク　カクヨ　ヒドイ
イク　ハタラク
2. 昇調1
カク　カクネ　ヒドイ
イク　ハタラク
3. 昇調2
カクネ　カクサ　シャシンキ
ハタラクネ　ハタラクヨ
4. 降　調
カクノ　アリマセンヨ
イレル　ハタラク
5. @型（特殊なもの）
A類
ソウネー　オドロイタナー
ソウネーエ　オドロイタナーア
ソウネー　オドロイタネー
ソウネー　オドロイタナー
B類
イクネー　ハタラクナー
イクネーエ　ハタラクナーア
C類
イクー　ハタラクー

（注）▨は終助詞，◎は附加的長音であることを示す。
（音調としての高低関係は，上下の相対的２段観でとらえた。／・・＼などについては，後の「イントネーション」の章参照。）

図１

ンについても、音声そのものを聞いてみなければ、何とも言えないところが認められたとしても不思議ではないけれども、そのような状況を背景として、名称と記号だけが同書を離れ、一人歩きしてしまった結果、ある種の混乱が生じたということも考えられる。

表１を見る限りでは、アクセントとイントネーションの見分けや取り扱いについてかなり苦慮した形跡が見受けられる。

4. 実験の概要

1980年代の終盤辺りから、コンピュータによる音声分析機器が急激に普及し、その結果として、聴覚印象を裏付けるために、アクセントやイントネー

表1

話しことばの文型(1)	話しことばの文型(2)		
	アクセントに従うイントネーション	意図表現イントネーション	卓立表現イントネーション
平　調　■	(アクセント表記と一致)	下　降　調↘	
昇　調　1　／		上　降　調↗	(一部高調∧)注)
昇　調　2　∧			高　調　∧
降　調　＼			低　調　∨
@　型　┐／∧			

注）純然たる終助詞「ヨ」「ワ」「ゾ」などは、質問の「上昇調」となることはなく、すべて卓立の「高調」となることがあるにすぎない。

ションなどの現象についても数量的にデータ処理し、そこで得られた結果から、音韻論的に分析することも広く行われるようになった。ここでは、それらの手法の一環として、今川・桐谷の「東大録聞見ソフト」を用いた実験結果を基に検討する。

実験の方法としては、以下のようである。

① 発声被験者

東京方言話者2名(Ta：東京都目黒区40代女性、Tb：東京都大田区30代女性)

京都方言話者1名(K：京都府上京区30代女性){他方言話者であっても、標準的日本語での話し方によった場合は、Tのa, bと似たような傾向が見込まれたが、その確認のために依頼した}

合計3名(3名とも、読み上げなどにある音声表現能力が備わっていると考えられ、いわゆる棒読みなどにはならないと判断して依頼した)

ここで得られる音声資料は、ロールプレイの一種であり、純然たる自発発話ではないが、狙いの条件が限定的であるため、この方法によった。

② 読み上げ材料
「雨（頭高アクセント）」「飴（平板型アクセント）」「そう（頭高アクセント）」の一語文である。

③ 読み上げ回数
それぞれについて原則として10回ずつ。ただし、立て続けに読み上げるのではなく、筆者がゆっくり回数番号を読み上げ、十分なポーズの後に次の回の分を読み上げてもらった。

④ 読み上げ方法
それぞれについてとくに感情を込めたりせずに「平調」「上昇調」「下降調」で読み上げる方法と、やや大げさに読み上げる方法の2通りを依頼したが、今回は主として前者の資料について考察する。

⑤ 録音機材
SONY TCD-D10（デジタルデンスケ）、付属DAT用マイクロフォン

なお、読み上げ方の説明に当たっては、

A：あっ、雨。
B：ええ、雨？
A：そう、雨。
B：そうか、雨か。

のような状況説明を行い、それらの発話から「あっ」や「か。」を抜いた形で発音してもらうよう依頼した。

5. 結果の分析・考察

発声被験者が実験用の文をすべて同じように読み上げようとしても、また、とくにそのようには考えずに読み上げたとしても、10回の読み上げの中には当然のことながらピッチ変動の程度に多少の違いがあり得る。それでもなお、基本的な要素は例外なく実現されると考え、その傾向とは何かを見ようとする。いわば、さまざまな異音の中から共通の「音韻的傾向」を探り当て

ようとするのと同じ作業を、短いながらも、文レベルのイントネーションを反映して現れるピッチ曲線の動向を資料として観察してみた。

高さの単位は、この場合Hzであるが、ここでは最も高い部分の数値から最も低く現れた部分の数値を引いて、ピッチレンジ（全体的に現れる高さそのものの変動幅）を割り出し、平調の場合と下降調の場合の差異を中心に検討する。

（1）「平調」の「雨」

〈図2：Ta, Tb, Kそれぞれの平均に近いものの典型〉

[ɑ'me]は、母音[ɑ]の直前に際だった声門閉鎖が伴った場合とそうでない場合とで、ピッチ曲線の現れ方に若干の違いが現れる。前者では高い[ɑ]（直後の[']は、アクセントの下げの「指定箇所」、以下同様）の開始部分から下降が始まり、最後の[e]まで、ほぼ一直線に下降する。しかし、後者は、[ɑ]の開始部に短い上昇が見られ、ピークに到達した後下降する。ただし、この[ɑ]開始部の上昇は、いずれも「声帯振動の静止状態」から「頭高アクセントの実現」に移行するための、いわば生理的な上昇に起因することであって、聴覚印象としてはほとんど無視される部分であり、弁別的特徴などとは関わりのないものである。

ここで見られる「下降」はアクセントによるものであるが、下降の仕方を数値で示そう。ピッチの最も高い部分の数値と最も低い部分の数値の落差で見るとTa、Tb、Kそれぞれの10発話中のピッチレンジ及び発話時間長（sec）の平均は、次のようである。

Ta：102.4Hz（0.34sec）　Tb：90.5Hz（0.36sec）　K：79.8Hz（0.35sec）

これに対して、次の下降イントネーションでは、どのように現れるであろうか。

（2）「下降調」の「雨」

〈図3：Ta, Tb, Kそれぞれの平均に近いものの典型〉

この場合の特徴は、発話者の別なく安定して、ややシャープな「への字型」を描くことである。そして、いずれの場合にも、前半のピッチ上昇開始部に際だった「声門破裂」は見られない。「平調」の場合でも「への字型」を描くケースがあるにはあるが、一見して高さの変動による規模の大きさが異なる。すなわち、ピッチの最高値と最低値の落差、発話の時間長共に「下降調」の方が大きい。また、「へ」の字前半のピッチ上昇は、「平調」の時同様に無視されて、弁別的機能は持たない部分である。にも関わらずピッチ曲線上で目立つのは、「イントネーションの下降調」を表す必要から、ピッチレンジの幅を大きく拡張させるための準備作業が要るためであると考えられる。

3人それぞれの10発話中のピッチレンジ及び発話時間長の平均は、次のようである。

Ta：161.5Hz(0.48sec)　Tb：133.4Hz(0.50sec)　K：157.9Hz(0.44sec)

この数値を対「平調」で比べてみると、

Ta：1.58倍(1.41倍)　Tb：1.47倍(1.39倍)　K：1.98倍(1.26倍)

ちなみに、「上昇調」の場合(含、対「平調」比)は、

Ta：159.3Hz(0.41sec)　Tb：137.0Hz(0.56sec)　K：136.8Hz(0.44sec)

{1.56倍(1.21倍)}　{1.51倍(1.56倍)}　{1.71倍(1.26倍)}

これで見る限り、「下降調」と「平調」、「上昇調」と「平調」の間に際だった差はみられるが、「下降調」と「上昇調」の高さそのものの変動差は全体的にそれ程大きくはない。

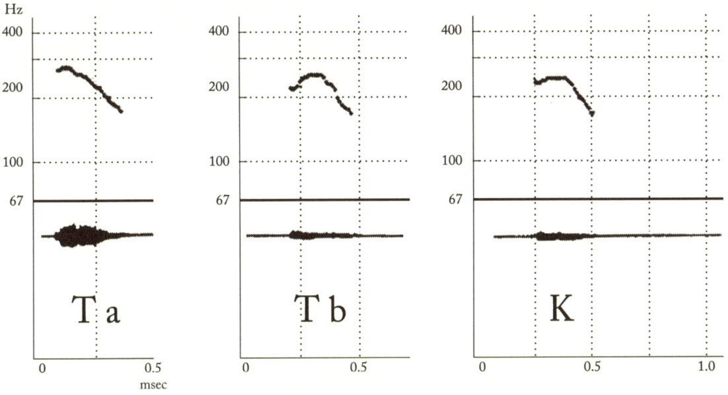

図2　「平調」の [ˈɑˈme]（「雨」）

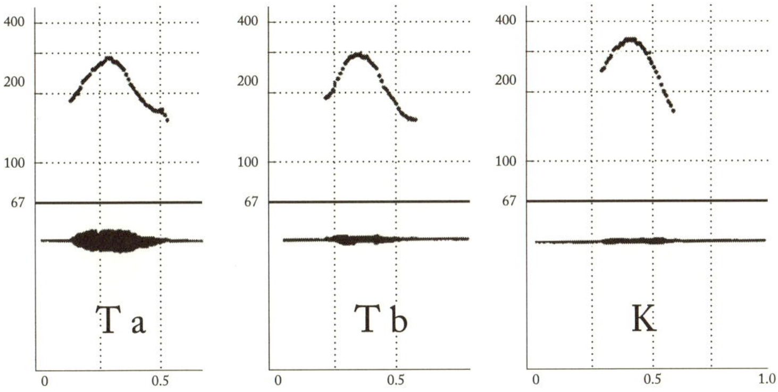

図3　「下降調」の [ˈɑˈme]（「雨」）

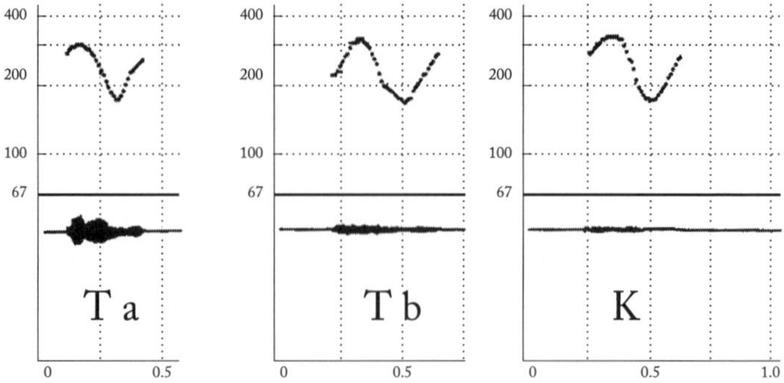

参考　（上昇調の「雨」）

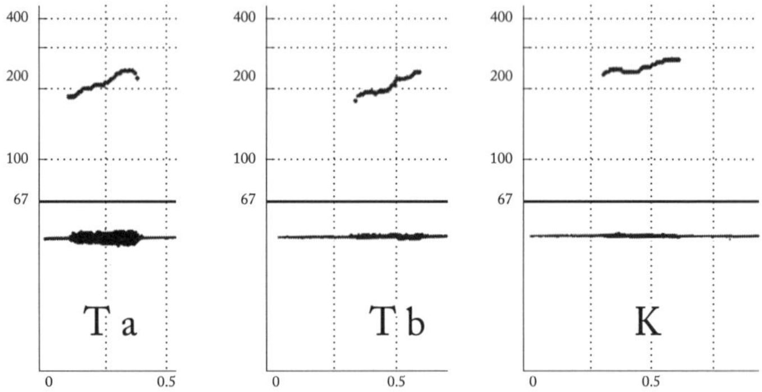

図4　「平調」の [ɑme]（「飴」）

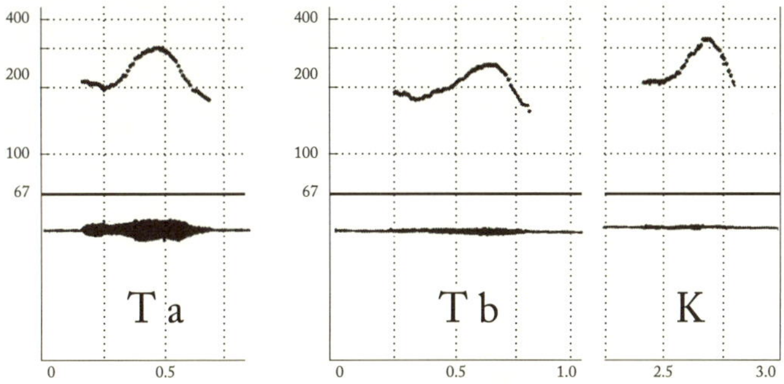

図５　「下降調」の [ɑme]（「飴」）

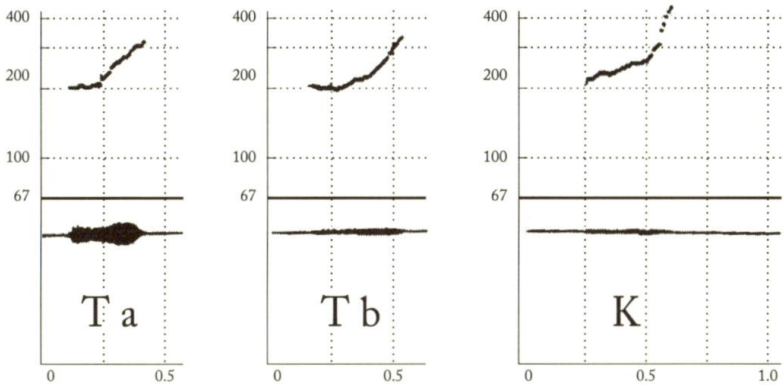

参考　（上昇調の「飴」）

（３）「平調」の「飴」

〈図４：Ta, Tb, K それぞれの平均に近いものの典型〉

[ɑme] は、いわゆる平板型アクセントで、アクセントによる下降は伴わず、ゆるやかな「句音調的上昇」が見られるだけである。上昇イントネーションによる積極的な上昇も加わらないから、ピッチレンジは比較的狭く限定される。上記「下降調」や「上昇調」に比して、ピッチレンジは半分にも満たないのはそのためである。

Ta：49.3Hz（0.33sec）　Tb：48.6Hz（0.39sec）　K：49.9Hz（0.41sec）

（４）「下降調」の「飴」

〈図 5：Ta, Tb, K それぞれの平均に近いものの典型〉

Ta：73.4Hz(0.53sec)　Tb：70Hz(0.75sec)　K：116.6Hz(0.51sec)

ここで、K の数値が際だって大きい点が注目されるが、その理由などについては、資料の数量を増やすなどして確認すべきであるが、やや特徴を強調した可能性が高い。

この数値を対「平調」で比べてみると、

Ta：1.67 倍(1.61 倍)　Tb：1.44 倍(1.92 倍)　K：2.34 倍(1.24 倍)

ここでも、「平調」ピッチレンジ<「下降調」ピッチレンジ、の傾向に変わりはない。

ちなみに、「上昇調」の場合(含、対「平調」比)は、

Ta：190.5Hz(0.40sec)　Tb：149.8Hz(0.50sec)　K：216Hz(0.43sec)

{4.34 倍(1.21 倍)}　{3.08 倍(1.28 倍)}　{4.33 倍(1.05 倍)}

この例で見ると、とくに、アクセントによる下降を伴わない平板型の語句が「上昇調」イントネーションを伴って実現された場合には、ピッチの活動範囲もきわめて簡単に拡張され得ることが窺われる。

(5)「平調」の「そう」

〈図 6：Ta, Tb, K それぞれの平均に近いものの典型〉

Ta：53.2Hz(0.25sec)　Tb：89.4Hz(0.42sec)　K：79.5Hz(0.34sec)

「そう」の場合、第 1 音節の子音 [s] が無声子音であるために、その区間のピッチ曲線は現れない。

したがって、「ぞう」などを読み上げたりした場合に比べると、少なくとも語頭の開始部分に何らかの窺いしれない欠落があっても不思議ではない。しかし、それでもなお、「平調」のピッチレンジより「下降調」のピッチレンジの方が幅広く実現される点に変わりはない。

(6)「下降調」の「そう」

〈図 7：Ta, Tb, K それぞれの平均に近いものの典型〉

Ta：225.3Hz(0.36sec) Tb：118.5Hz(0.62sec) K：162.8Hz(0.54sec)

この数値を対「平調」で比べてみると、次のような結果が得られ、大きさの違いがより鮮明に出ていることが分かる。

Ta：4.23倍(1.44倍)　Tb：1.33倍(1.48倍)　K：2.05倍(1.59倍)

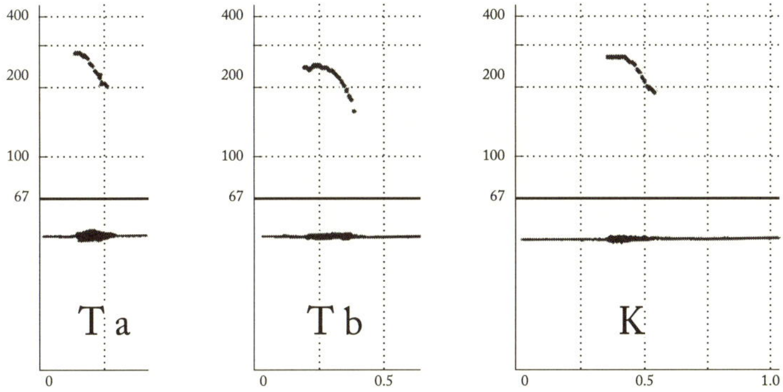

図6　「平調」の [⌈so⌉o](**「そう」**)

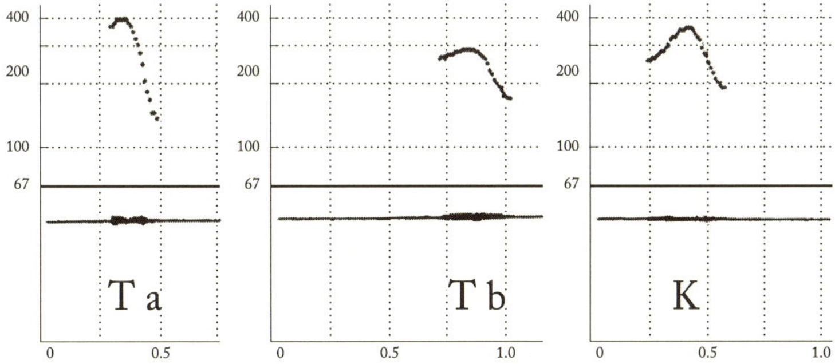

図7　「下降調」の [⌈so⌉o](**「そう」**)

6. まとめ

今回は、[ˈɑˈme]（雨）、[ɑme]（飴）、[ˈsoˈo]（そう）の3種類について「平調」「下降調」「上昇調」の「ロールプレイ」による発話を基に考察した。それによって、アクセント実現における下降とイントネーションにおる下降の現れ方がどのように異なるかをピッチ変動の側面から見てきた。

その結果、アクセント核が実現された場合の下降は、そこにイントネーションによる下降や上昇が共に実現されるのでなければ、下降のピッチ落差は狭い範囲で現れるに過ぎないということが分かった。

裏を返せば、イントネーションの下降や上昇を伴った場合は、ピッチの落差を大きくして、その下降や上昇を表す必要から、ピッチレンジを大きく設定し、上下運動が目立つようにする。それが、アクセントの下げとイントネーションの下げの質的な違いを生み出していることが突き止められたと言えよう。

今後の課題としては、データの数量を充実させることと同時に聴取実験も必要である。つまり、ピッチ曲線の傾斜がどの程度以上ならばイントネーションの傾斜とみなされるのか、どの程度以下の場合にアクセントだけの傾斜、上昇調でも下降調でもなく、平調とみなされるかということ、そしてその見極めには、どのような方言差があり得るのかということである。

ここで、アクセントとイントネーションの基本事項に立ち返って考える必要があったということになろう。忘れてならないことは、アクセントは音韻論的事項であり、イントネーションは、音声学的事項であるということである。従って、アクセントによる高さの位置変化などというものは、あくまでも設計の段階のようなものであって「高さの変化の場所が（あるかないかも含めて）指定」されているだけだということである。つまり、「高さによる変化の幅」などはイントネーションの振る舞い如何によって具体化するのであり、「アクセントだけの発音をする」などということはできない。よく、アクセントの定義で「相対的な高さの配置」などという文言があるが、考えてみれば、それは最早イントネーション領域の振る舞いに踏み込んでしまっている言い方であって、「アクセント（の実現）だけが目立つ」場合というのは、当該イントネーションの振る舞いがそれだけおとなしいものであったからに過ぎない。平坦で一本調子のイントネーションを用いたために、アクセントの変化の場所だけが「高さの変化実現」として目立ったということである。ところが、このような事例を捉えて「下降イントネーション」であるかのような記述をしているものがかなり見受けられるから、注意を喚起したい。アクセントかイントネーションかがはっきりしない場合に「音調」という言葉で曖昧にしてしまうということとも関わっていると考えられる。

第II部

第Ⅱ部では、日本語音声の実態について地域性を加味した調査・研究を展開する。

ここでは、第8章から第14章までとなっている。

第8章は、「音声上の虫食い文補塡の手がかりとなる韻律的特徴」と題して、文レベルのイントネーション形式が整っていれば、たとえ部分的に助詞などが消えてしまっても聞き分けや解釈に支障がないことを立証して、文法とイントネーションの関わりを論じ、日本語学習者に対しても別の気付きの着眼点が提示できるようにしている。

同時に、その実験音源として地域差の観点を加味し、音声生成と受容の双方から考察する。

第9章では、聞き取りの地域差にさらなる接近を試み「東京方言話者と大阪方言話者による同一音声資料の聞き取り結果」と題して、文字通り、音声聴取形式の地域差に関する調査・研究に先鞭を付けている。

第10章は、日本語教育の場が全国規模で大幅に広がり始めた時期の調査・研究である。各地の日本語学習者が直面する問題としては、伝統的方言そのものよりは、むしろ各地の方言を基盤とした標準的日本語であるとの考えから「日本語会話文の音読に見られる各地方言の韻律的特徴―弘前市生育者の場合―」と題する研究により、当該地域の世代差、性差の側面から実施した音声調査の結果について具体的に考察している。

第11章では、第10章の流れを受け、津軽方言話者の「標準的日本語音声」にそのような特徴が現れたり、世代によって特徴が変化したりするのには、具体的にどのような背景が要因として関与しているものかを詳細に考える。筆者の生育地である西津軽の深浦方言を採り上げ、4世代にわたる音声データを詳細に観察・分析した結果について述べる。

第12章からは、戦前の旧植民地で現在も残っている「ミクロネシア・チュークに見られる残存日本語の音声」を扱っている。今から半世紀以上も前に日本語教育を受けた人々の資料であるとはいっても、学習者の音声という点からは、今日にも通じる性質を持っており、学ぶことの多い研究領域である。この種の調査研究は、当時の教育に従事した当事者からは、なかなか明かされることのなかった問題である。当時の学習者も高齢で、調査には緊急を要するものである。

第 13 章は、同じく「ミクロネシア・ポナペ島に残存する日本語の音声」を扱うが、ここでは、日系人と非日系人の比較対照することにより、日本語の運用能力は、日系人かどうかだけでは決め付けられず、当人の学習環境や志向に影響されることの方が重要だという、きわめて当然のことに着目し、具体的データの調査・分析の結果から立証している。

第 14 章は、目を台湾に転じ「台湾先住民ヤミ族に見られる日本語音声―アミ語話者との比較も交えて―」と題するものである。台湾各地の調査で得られた資料を駆使し、残存の質的側面にも注目した調査・研究となっている。この種の研究対象としては実に豊かな研究対象を有する台湾ならではの研究となっており、学習時の人的環境や学習後の台湾内部の社会的力関係にも注目すべきであることを窺わせる。

第 8 章 音声上の虫食い文補塡の手掛かりとなる韻律的要素

イントネーションには、情報を伝える機能と感情を伝える機能があるが、ここでは、情報を伝える機能に焦点を当てて考察したい。しかも、文末イントネーションなどを中心とした表現意図ではなく、イントネーションパタンが持つ「韻律の音韻論的機能」に焦点を当て、全国各地で行った聞き取り実験の結果により実証的に論じるものである。

具体的には、前川 (1991) に習い、「何が」文 {WH (疑問詞) 疑問文} と「何か」文 (YES/NO 疑問文) の助詞「か / が」に該当する箇所を消去した音声資料を作成した。その後、それを各地の日本語話者に聞かせ、元はどちらの文であったかを推測・判定させた場合、その文の発話形式と聞き手の期待する形式との違いによって、補塡能力がどのように違ってくるかを実験によって検証を試みた。また、音声資料としては、東京方言話者による典型的な発話資料と、他方言話者による発話資料を用いたが、その結果、典型例については、助詞そのものは聞こえなくても、それぞれの文のフォーカスの差異などから、消えた部分を十分に補い得ること、「何が」文「何か」文の韻律的差異が不十分であったり、慣れない形式で発話されたものを聞いた場合には、補塡能力も衰えることが確認された。このことは、日本語教育や国語教育の音声教育に占める韻律的特徴の重要性を強く示唆している。

1. 問題の所在

同一条件の音声表現を聞いても、聞く人によって解釈や評価の異なることがある。日本語教育の例で言えば、同じ学習者の発話を一人の教師が可とし、他の一人が不可とすることがある。その評価の違いが、単に一方が厳しく、他方が甘かったというのではなく、どちらもそれなりに厳密に考えようとした結果であっても、あり得ることである。原因は様々なパラメータが絡むことから、複雑で、完全に突き止めるのは容易なことではないが、その有力な原因の一つとして、聞き手個人が背景として持つ地域言語による違いが考えられる。とくに、韻律的な側面が及ぼす影響が大きいと考えられるが、この点に着目して進められた研究は、現在のところ、あまり例を見ない。

ここでは、1)「何が見えますか」2)「何か見えますか」という二つの文を採り上げ、一見、「ガ」と「カ」の子音部以外には、違いなどないかに思われる双方の文に、音声の超分節的要素のうち、とくに文の情報構造とその実現形式としてのプロミネンスによる差異があることを小規模な聞き取り実験によって検証する。また、その重要性と日本語音声教育への応用の可能性を考えたい。

2. 聞き取り・判定の材料

聞き取り・判定の材料として用いた音声資料は、日本語話者（東京5名、大阪5名）、タイ語話者5名、英語話者5名の計20名によって、会話文をできるだけ自然に話すようにしてもらったものである。会話文とは次のようなものである。

A：「何か見えますか？」
B：「はい、見えます。」
A：「何が見えますか？」
B：「お城が見えます。」

上のような「何か」文（YES/NO 疑問文）と「何が」文（WH 疑問文）の違いは、上記会話文の文字列で見る限り、助詞の「か」と「が」だけである。文法構造の面から説明しようとしても、/k/ と /g/ の他には、前後の応答文の違いによって説明する以外に有力な手掛かりは得られないようである。そのため、これらの文の発音指導に当たっては、「か」の無声子音と「が」の有声子音の違いにのみ集中することになり、とくに中国語、朝鮮・韓国語、タイ語話者などのように、音韻論的にこの種の有声音と無声音の区別がつきにくい日本語学習者にとって、これらは受容も生成も苦手な文である。もし、当該子音の性質以外に双方の文の違いを聞き分けたり発音の区別をしたりするものに役立つ方法があれば、大きな福音となり、幅広く応用できるに違いない。

さて、上記の音声資料から、下線の 2 文のみを取り出し、音声分析装置（「東大録聞見ソフト」による）を用いて、それぞれの発話文の「か」と「が」の部分をブランク状態にした。厳密に考えれば、「何」の後半部や「見え」の前半部あたりにも「か」「が」の「予備音」や「残響音」とでも言うべき音が含まれているはずである。従って、ただ「か」「が」に当たる部分を消したからといって、それで充分に厳密な音声資料ができるとは言い難いのであるが、ここでは、他の音声や騒音との重なりなどによって、単なる「弱化現象」以上に「か」「が」の部分が聞こえにくくなったことを想定しての実験であるから、おおむねこれでよしとした。

次に、「何（が）見えますか」20 発話、「何（か）見えますか」20 発話の計 40 発話を用いて、以下のような配列の音声データテープを作成した。

テープ A：40 発話分をすべて無作為に配列
テープ B：「東京」、「大阪」の 20 発話分のみ無作為配列
テープ C：タイ語、英語話者による 20 発話分のみ無作為配列

今回の聞き取り実験に協力していただいたのは、名古屋市及びその周辺在住の方、30 名である。生育地は名古屋市及びその周辺地域が 16 名、その他が 14 名である。その他の内訳は、岐阜 3、京都 2、東京 2、北海道 2、三

重、神奈川、新潟、長野、長崎各１名である。最初の実験としてこの地域を選んだのは、名古屋では、アクセント体系としては東京型に近いものを持っていながら、WH疑問文などは、見方によって大阪型にも似た言い方をするところから、東京型と大阪型双方の発話を聞いた場合、果たして、どのような反応をするものかという点についても調べてみたかったからである。「その他」を北海道から九州までの出身者を含めて一まとめにするのはいささか問題ではあるが、各地域ともあまりに少人数で分散しているため、今回は、詳細に扱うことを控えた。

被験者は、下の図に示すように、それぞれの発話を聞いて、それが「か」を消去したものと考えるか、「が」を消去したものと考えるか、あるいはどちらとも言えぬかのいずれかを示す空欄にチェック・マークを入れて答えるようにした。回答者自身に関するデータは、生育地、性別、年齢(何十代か)だけである。

〈No.1〉	か	?	が
1	＿＿	＿＿	＿＿
2	＿＿	＿＿	＿＿
⋮			
40	＿＿	＿＿	＿＿

図１

もし、正答率が高ければ、「か」と「が」そのものの違いは分からなくても、その他の要素によって「ナニカ」文、「ナニガ」文の聞き分けができていることになる。

なお、タイ語、英語話者双方とも、日本語学習時に聞いたテープ教材などは、主として東京共通語式のものであることを確かめたが、イントネーションパタンの持つ意味などをとくに直接習ったことはない。

3.　実験結果

3.1　〈テープA〉の聞き取り結果

まず、全体がテープAを聞いた結果について述べる。

テープAは、40発話すべてが被験者にとっては初めて聞くものであり、聞き取りの前後に「ナニカ」文と「ナニガ」文の音声表現上の特徴についての説明などを加えてはいない。

東京、大阪、アメリカ(＝英語話者)、タイのそれぞれ5人の発話の中には、いくぶん日本語発話の上手下手もあったが、まずは、それらも含めて全体として比較してみた。もともと「ナニカ」文であったものと、「ナニガ」文であったものをそれぞれ5人分、合計10発話について30人が答えたのであるから、各言語話者のグループについては300回答が得られた。その内訳や正答数、全体に占める正答率などは、次の表1のようであった。

表1　テープAの聞き取り結果

[発話者の言語]：	東京	大阪	英語	タイ語
「ナニカ」文との解釈	144	93	128	97
「ナニガ」文との解釈	115	134	126	128
「わからない」	41	73	46	75
正答数	212	128	170	115
正答率	0.707	0.427	0.567	0.383

表1で見ると、正答率の高さは、東京＞＞英語＞大阪＞タイ語の順である。中でも「東京」が抜きん出ている。これは、多少の上手下手が入り交じった発話を、前後の脈絡なしでいきなり聞くような場合ではあっても、全体として見れば、かなりの高い確率で「か」や「が」の欠落を復元して聞き取れることを示唆している。

「東京」と「大阪」の正答率に大きな開きがあるのは、被験者にとっては東京式に対する馴染み度が大阪式に対する場合よりも高いということ、それに、WH疑問文とYES/NO疑問文とでプロミネンス形式の違いを見た場合、後で述べるが、「東京」式の方が「大阪」式よりもイントネーションパタンの違いがはっきりしているからだと思われる。

次に、英語話者の発話についての正答率が「大阪」より高いのは、多少不完全ではあったとしても、大半は東京式の日本語音声を学んでおり、前者の方が東京式に馴染んでいることであろう。従って、被験者集団にとっては、大阪式よりも幾分分かりやすかったものと判断される。

「タイ語」が「英語」の正答率より低い点については、被験者の英語話者の発話に対する馴染み度の違いの他に、日本語学習期間の違い（単純平均で、「英語」：2.5 年、「タイ語」：1.5 年）、日本語以上に複雑な音調を使い分けるタイ語話者が日本語を学習した場合の、音調についての過度の単純化現象のようなことも影響しているものと思われる。中国語やベトナム語のように、音節内の高さの変化に慣れている学習者が、音節それ自体が高いか低いかで判断する場合と同様である。

3.2 〈テープ B、テープ C〉の聞き取り結果

テープ B、テープ C についてはどうであろうか。

これは、テープ A で 1 度聞かせた 40 発話のうち、「東京」「大阪」の 20 発話を集めたもの (B) と「英語」「タイ語」の 20 発話を集めたもの (C) である。従って、いずれの発話も被験者にとっては聞くのが 2 度目であり、もし、慣れその他の学習効果があるとするならば、正答率も幾分上昇することが予想される。

表 2　テープ B、C の聞き取り結果

[発話者の言語]：	東京	大阪	英語	タイ語
「ナニカ」文との解釈	153	70	173	127
「ナニガ」文との解釈	131	181	107	143
「わからない」	16	49	20	30
正答数	242	147	184	116
正答率	0.807	0.490	0.613	0.387

まず、「分からない」という回答が、発話者別に多少の差はあるものの、次のように、ほぼ半減している。

「東京」: 41 → 16、「大阪」: 73 → 49

「英語」: 46 → 20、「タイ語」: 75 → 30

正答数も「東京」: +30、「大阪」: +19、「英語」: +14、「タイ語」: +1と「タイ語」以外は、いずれもいくらかずつ増えている。

正答率の変化は、次の通りである。

「東京」: 0.707 → 0.807、「大阪」: 0.427 → 0.490

「英語」: 0.567 → 0.613、「タイ語」: 0.383 → 0.387

この数値の変化を χ^2 値によるカイ二乗検定で見てみると、次のようになる。

「東京」: 8.147、「大阪」: 2.424

「英語」: 1.350、「タイ語」: 0.007

χ^2 値は、3.84 ならば 95%以上、6.64 ならば 99%以上の水準で数値の変化が偶然ではないと見ることができる。とくに「東京」を聞いた結果の 8.147 などは意味のある変化であったと言えよう。

テープ A からテープ B、C に移る間でも、被験者には説明など一切していない。にもかかわらず、2 度目に聞いたというだけでこのような 1 種の学習効果が見られるということは、この種の項目を教育目標の一つとして盛り込んで、ある程度意識させれば、大きな効果が期待できるということであろうか。いずれ、同様の調査を外国人学習者の集団に対して実施したらどのような結果が現れるかも興味深い。

4.　正答率の高かった資料と低かった資料の差異

では、資料によって正答率が異なる原因として、どのようなことが考えられるであろうか。もとより、「か」と「が」の部分は消してあるのであるから、それ以外に違いがあるとすれば、韻律に関わる部分である。そこで、聞き取り実験に用いた音声資料（2 度目の文として聞かせたもの）のうち、とくに正答率の高かったものと低かったものを選び出し、先に述べた音声分析装置（「東大録聞見ソフト」使用）によって、基本周波数曲線のパタンを抽出し、観察・分析してみた。

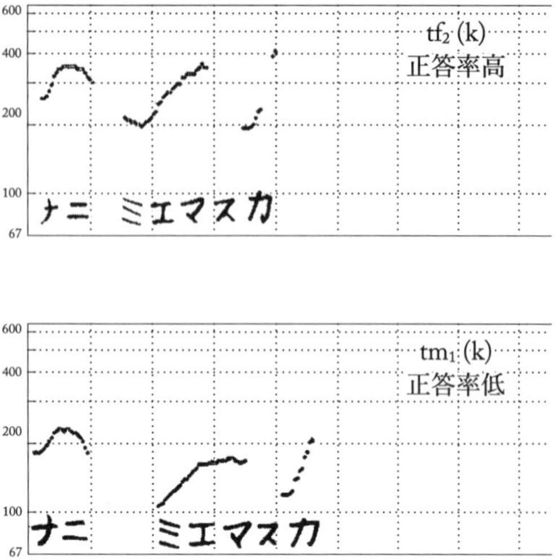

図 2

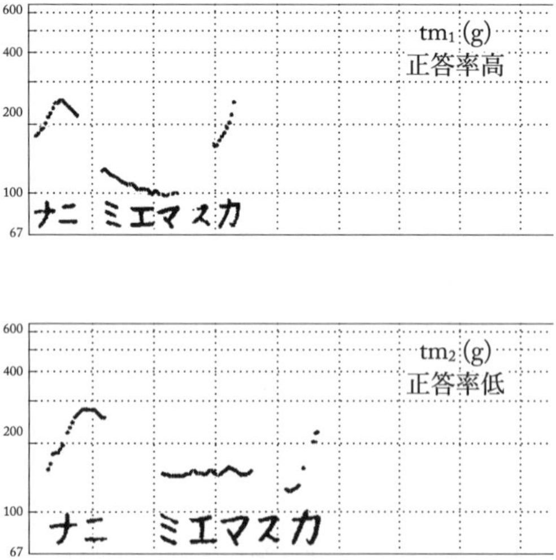

図 3

4.1　「東京方言」

上の図 2 は「東京方言」の「ナニカ」文、図 3 は「東京方言」の「ナニガ」

文である。上段が最も正答率の高かったもの、下段が低かったものである。資料は男性女性双方の音声によるものが混在しているが、同性のものであったとしても個人差があるから、絶対値で比較することはできない。そこで、まず、文末の終助詞「か」の上昇部を除いた部分のうち「なに」と「みえます」双方の最高部の高さ(Hz)を測ってみた。その高さのうち、どちらがより高いかによってプロミネンス実現の位置を確認しようというのである。それぞれの発話について後半部最高値(Hz)で前半部最高値(Hz)を割り、比率を出してみる。

東京方言			[ピーク]	[比率]
「ナニカ」	文	正答率〈高〉(93.3%):	(353 ／ 367)	0.962
		正答率〈低〉(76.7%):	(225 ／ 169)	1.331
「ナニガ」	文	正答率〈高〉(93.3%):	(225 ／ 128)	1.758
		正答率〈低〉(63.3%):	(275 ／ 155)	1.774

この数値で見る限り、正答率が低いとは言っても、60 〜 70%台であるから極端に低いわけではない。しかし、両ピークの比率で見ると、「ナニカ」文は、前半部と後半部の高さがほぼ同等、あるいは後半部が若干高い右肩上がりであり、前半部の高い左肩上がりになると正答率が落ち始めることが分かる。それに対して、「ナニガ」文の正答率が高い方は、2 倍近い隔たりを持って、左肩上がりになっており、その隔たりの縮小と共に正答率が落ちている。

以上のことから、「ナニガ」文と「ナニカ」文には、文内部のフォーカスの当て方とその実現に、次のような運用上の違いが認められる。

とくに「ナニガ」文では、フォーカスが疑問詞を含む文節に限られ、それ以外の文節は逆に高さが抑さえ込まれるが、この「抑え込み」が東京式の特徴の一つになっていると言える。その結果として、「ナニガ」文では、左肩上がりの傾斜が強くなる。(「見えるって、何が」のような倒置文の場合は逆になる。)

「ナニカ」文の場合、フォーカスは疑問詞ではなく、述語を含む文節にかかるという点で異なっている。

このような傾向は、東京式の言い方を聞いて練習した「英語話者」「タイ語話者」の実験結果にも一部に窺えるが、完全に習得・実現されてはいないために、正答率の高いものばかりとは限らない。

4.2　「英語」「タイ語」

			[ピーク]	[比率]
英語				
「ナニカ」	文	正答率〈高〉(96.7%)：	(286 ／ 286)	1.000
		正答率〈低〉(46.0%)：	(169 ／ 138)	1.225
「ナニガ」	文	正答率〈高〉(76.7%)：	(178 ／ 102)	1.745
		正答率〈低〉(13.3%)：	(165 ／ 165)	1.000
タイ語			[ピーク]	[比率]
「ナニカ」	文	正答率〈高〉(53.3%)：	(199 ／ 169)	1.178
		正答率〈低〉(23.3%)：	(312 ／ 231)	1.351
「ナニガ」	文	正答率〈高〉(86.7%)：	(300 ／ 212)	1.415
		正答率〈低〉(20.0%)：	(144 ／ 122)	1.180

まず、「英語」の「ナニカ」文で見ると、ピークの比率 1.00 のものが、正答率 96.7%と極めて高い。逆に、これとピークの比率では同率の「ナニガ」文は、13.1%とふるわない。そして、「ナニカ」文前半、後半のピークが同等の線を越え、左肩上がりの傾斜を増すに連れて、正答率が落ちて行く。左肩上がりのパタンは「ナニガ」文で、ピーク比率 1.745 をマークした「ナニガ」文の正答率が 86.7%である。

「タイ語」はすべて左肩上がりである。その傾斜の比較的急なものが「ナニガ」文にあり、もっとも高い正答率(86.7%)となっている。比率 1.178(「ナニカ」文)、と 1.180(「ナニガ」文)は、共に類似しているが、正答率は「ナニカ」文の方が 33.3%ほど上回っている。しかし、いずれも十分に安定した正答率を得ているとは言い難い。「ナニカ」文で正答率の低い場合のピーク比 1.135%でも不十分である。

ところが、「英語」「ナニカ」文の低正答率分(46.0%)のピーク比率は 1.225 であるのに対して、「タイ語」「ナニカ」文の低正答率分(23.3%)のピーク比率は 1.135 である。これでは、ピーク比率が 1.00 に近いほど「ナニカ」文としての正答率が上がるかに思われたこれまでの傾向に矛盾するから、他のパラメータも考えてみる必要があろう。この件については 5 で言及する。

4.3 「大阪方言」

大阪方言			［ピーク］	［比率］
「ナニカ」	文	正答率〈高〉(46.7%)：	(312 ／ 225)	1.387
		正答率〈低〉(23.3%)：	(332 ／ 231)	1.437
「ナニガ」	文	正答率〈高〉(76.7%)：	(199 ／ 312)	0.638
		正答率〈低〉(60.0%)：	(282 ／ 332)	0.849

大阪式は、上で見てきた 3 例と比べれば、基本的に異なっている。Pierrehumbert and Beckman (1988) によれば、大阪式には、東京式のような、いわばフォーカスの一極集中や抑え込みはないようである。従って、被験者がその方式を知らず、東京方式を期待して聞いたのでは少なからず戸惑うはずである。「ナニカ」文のピーク比率は、いずれも浅い左肩上がりで、正答率の高かったもの(46.7%)でも 1.387 で、「東京」の低かった方 1.331 に似ている。「ナニガ」文は、いずれも右肩上がりで、東京式とはちょうど逆である。ただし、大阪式内部でよく比べてみると「なに」のアクセントを聞いただけで区別がつく。すなわち、大阪式では［ナニ˹ガ˺］と［ナ˹ニ˺カ］になるから、「が」や「か」を消したとしても「何」のアクセント実現「低低」対「低高」で簡単に判別できることになる。この 1 点が学習できていれば正答率ももっと高かったことであろう。それはまた、日本語話者の聞き取りに限ったことではないと考えられる。

5.　持続の長さによる測定

試みに、「何」の持続の長さを測り、「何」から「見えますか」までの間に占める、「何」の区間の割合を出してみる。

文の全長、及びその全長内での「ナニ」の占有率

東京方言

「ナニカ」文　正答率高〈全長〉0.9599sec〈ナニ〉0.2047sec(21.33%)
　　　　　　　正答率低〈全長〉1.1775sec〈ナニ〉0.2559sec(21.73%)
「ナニガ」文　正答率高〈全長〉0.8191sec〈ナニ〉0.1855sec(22.65%)
　　　　　　　正答率低〈全長〉1.1455sec〈ナニ〉0.2495sec(21.78%)

英語

「ナニカ」文　正答率高〈全長〉1.1199sec〈ナニ〉0.2495sec(22.28%)
　　　　　　　正答率低〈全長〉0.9343sec〈ナニ〉0.2559sec(27.39%)
「ナニガ」文　正答率高〈全長〉0.9151sec〈ナニ〉0.2047sec(22.37%)
　　　　　　　正答率低〈全長〉1.1839sec〈ナニ〉0.2367sec(19.99%)

タイ語

「ナニカ」文　正答率高〈全長〉1.0047sec〈ナニ〉0.2175sec(21.65%)
　　　　　　　正答率低〈全長〉1.3375sec〈ナニ〉0.3135sec(23.44%)
「ナニガ」文　正答率高〈全長〉1.4335sec〈ナニ〉0.3647sec(25.44%)
　　　　　　　正答率低〈全長〉1.1647sec〈ナニ〉0.2431sec(20.87%)

大阪方言

「ナニカ」文　正答率高〈全長〉0.9855sec〈ナニ〉0.2175sec(22.07%)
　　　　　　　正答率低〈全長〉1.1647sec〈ナニ〉0.2047sec(17.58%)
「ナニガ」文　正答率高〈全長〉1.0751sec〈ナニ〉0.2175sec(20.23%)
　　　　　　　正答率低〈全長〉1.0111sec〈ナニ〉0.2367sec(23.41%)

「ナニ」の絶対的長さに注目してみる。全体的に「東京」「英語」では、正答率の高かったものについていえば、「ナニガ」文の「ナニ」の方が「ナニカ」文の「ナニ」より短いことが分かる。これは、「ナニガ」文の話題のフォーカスの方がより明確に「ナニ」の方へ絞り込まれていることから、話し方にも「ナニ」に一種の勢いがついているためであろう。全長に占める割合では、「東京」では、正答率の高低に関わらず「ナニガ」文の「ナニ」の

方が幾分高めである。ところが、「英語」では、正答率の高い方は「東京」と同じ傾向を示しているのだが、低い方は逆転しており、その差も大きい。フォーカス外の抑え込みによる「手短さ」が、「東京」では正答率に関わらず実現されているが、「英語」では「正答率高」でのみ実現されたということであろう。

「タイ語」の場合、「ナニ」が最も長いのは「ナニガ」文の高(正答率)で、当該文全体に占める「ナニ」の占有率も高い。「ナニ」が短いのは「何か」文の「正答率高」の方であるが、占有率の最低は「ナニガ」文の「正答率低」で一定しない。「大阪」の場合は、正答率の低い場合に限って、「ナニガ」文の「ナニ」の占有率が他より幾分長めで、占有率よりも高かった。正答率が高い場合、「ナニ」の占有率は「ナニカ」文の方が幾分高いが、絶対的長さは同じであった。

以上のことから、ある文を聞いて何らかの判断を下す際には、発せられた音声表現のうち、当該区間の音声の長さ、及びその長さが全体に占める割合も何らかの関わりを持つものと考えられる。

いずれ、この点についても、他の言語話者同様、より豊富なデータを用意して詳しく検討したい。

6.　まとめ

「何が」文と「何か」文から助詞の「が」や「か」を取り除いても、元の文がどちらであったか分かるということを小規模な実験により明らかにした。「が」と「か」の助詞以外には、二つの文の違いを示す手掛かりがないかに見えるこれらの文ではあるが、イントネーションパタンのうちとくにプロミネンスの現れ方などに明らかな違いがあって、その現れ方に注目すればかなり正確に判別できることが分かるであろう。また、そのプロミネンスの形式を学習するのは、さほど難しいことではない。何の説明も与えず、2 度目を聞かせたというだけで、正答率に変化が現れ、その変化も計量的に意味のあるものであった。ただ、上記のような音声表現形式が不完全である場合、完全に近いものではあったにしても聞き手にとって馴染みの薄い形式であったりした場合には、当然のことではあるが判別能力が落ちることも確認されたが、それらを検証する過程で、当該区間における音声の持続の長さについても考慮すべきことが認められた。聞き取り判断の具体的なパラメータとして、このような要素の重要性が改めて提示されたことは、音声教育全般に対しても具体的な方策を考える手掛かりとなり得るであろう。従来、音声教育といえば、ともすれば単音や語アクセントの実現形式など「意味の伝達領域」に偏りがちであったが、さらに、文の表現意図によって表されるイントネーションの違いなど、より広範なレベルで、体系的に拡大できる可能性を示唆しているものと考えられる。

謝辞

音声資料の収集は、筆者の他に名古屋大学日本語学科の非常勤教員の方々(当時の研究協力者)によるものである。音声資料の分析・合成は、今川博・桐谷滋両氏による「東大録聞見ソフト」を使用した。実験データの集計・数値の処理などに当たっては、大阪大学文学部の宮島達夫氏(当時)にご協力いただいた。また、聞き取り実験では、名古屋YWCA日本語教育セミナーの方々にご協力願った。改めて感謝申し上げる。

第９章
東京方言話者と大阪方言話者による同一音声資料の聞き取り結果

前の章では、イントネーションには、その文型に備わったパタンがあり、それが正確であれば、文法とイントネーションの繋がりから、助詞を除去した音声資料からでも助詞の復元が可能であることを実証的に述べた。そこから、同じ文であっても聞き取る側が異なる言語や方言を話す人であった場合、反応も微妙に異なるということがあるのではないかと考えた。そこで、背景とする言語や方言が異なれば、期待されるイントネーションパタンにも違いがあるのではないかとの仮説を立て、実験を試みることにした。

本章では、まず、東京方言話者と大阪方言話者の２グループによる聴取実験をした結果を見ることで、「地域差」は音声の生成面のみならず、聴き方にも明確な違いがあるということを立証しようとするものである。この種の聴取実験による研究として、また、伝統的に東京語中心主義に偏りがちな日本語教育に地域言語の現実的視点を導入しようとした点でも先駆け的な研究であろう。

1. 問題の所在

教師が学習者の日本語音声を聞いて評価する場合、教師によって評価が分かれることがある。

それは、教師が音声学的訓練を受けたかどうかの違いによることも多いが、教師自身が背景としている地域言語の影響も十分に考えられる。

我々が何か聞き慣れない話し方を耳にしたり、騒音などによって聞き取りに不都合が生じた場合、自分に馴染みの深い言い方に引き寄せて予測や補足をしながら聞こうとする傾向が認められる。それがどのような規則性にのっとって行われるものかについては、聴覚音声学などの研究をしてみなければならないが、この領域は、現在のところ、音声学の諸領域の中でも未開発な部分の最も多い領域である。どのように聞いたかという資料を得るのは、良質の談話資料などを得る以上に条件が複雑になるからであろう。

ここでは試みとして、東京生育者と大阪生育者（共に音声学的訓練はあまり受けていない）に同じ音声資料を聞き取ってもらい、反応にどのような違いがあるかを調べた。

2.　音声資料

はじめに、聞き取り資料の内容を説明する。資料は、外国語話者（タイ語話者5名、英語話者5名）と日本語話者（東京方言話者5名、大阪方言話者5名）に、下記のような文をできるだけ自然に読んでもらい、デジタル録音による良好な音質で得られたものである。それを、はじめに筆者の聴覚印象と、音響学的に抽出した基本周波数曲線（F0、「東大録聞見ソフト」使用）によって比較・分析した。文全体の中で、前半部の頂点と後半部の頂点とでは高さがどの程度違うかを計り、前半部を1とした場合の比率を出してみた。

今回資料とした文は、次のようなものである。

例文1.「何を　買いました　か？」
例文2.「何が　見えます　か？」
例文3.「何か　見えます　か？」
例文4.「あの人は　誰？」
例文5.「ええ、あります　あります。」

なお、これらの文を読み手に提示したときには、その文の表現意図が明確に現れるよう、前後の発話文も同時に示した。

分析や聞き取り実験では、主として下線の前半部後半部のいずれが際立っているかについての判断傾向を見た。なお、例文3、4は、例文1、2とは性質上異なっている。

それが、他の文とどのように違って現れるか、例文５の反復文と併せて見ることにした。

3.　音声資料の内容分析

基本周波数曲線のF0値で文中の際立て方の違いを観察するに当たっては、次のような方法を用いた。

a：　文末の、イントネーションによる上昇部は除外する。

b：　例文は下線の引き方で示したように前半部と後半部に分け、双方の区間のピッチ曲線について平均値(Avg)、最高部の値(Max)、最低部の値(Min)を周波数 'Hz' で抽出した。

c：　発話者が女性の場合、声が全体的に高く、そのまま男性の数値と比べることはできない。そこで、前、後半部双方の最高部の値から最低部の値を引いて「差」をHzで出してから「対前半部の曲線変動幅の比」を求め、男女の際立て方が対等に比べられるようにする。

d：　それぞれの例文について、各言語話者５名による「差」と「対前半部比」を求めた後、最大と最小を示した例のデータを除外し、より典型的な３名分の「比」の平均値によって各言語話者間の比較・検討を行う。

上記のようにして得られた数値は次の通り。

例文１：「何を　買いました　か？」

タイ語話者 Th）の例：

Th　男女(m, f)典型的３人の '対前半部比' 平均：<u>0.79</u>

アメリカ英語話者(Am)の例：男女 (m, f) 典型的３人の '対前半部比'

平均：0.39

日本語東京方言話者(Jt)の例：男女（m, f）典型的 3 人の ‘対前半部比’

平均：0.26

日本語大阪方言話者(Jo)の例：男女（m, f）典型的 3 人の ‘対前半部比’

平均：4.13

以上 4 例の ‘対前半部比’ 平均を比べると、

Jt（0.26）< Am（0.39）< < Th（0.79）< < < Jo（4.13）の順で大きくなっている。

数値が小さければ小さいほど、前半部より後半部が低く、逆に 1 より大きいか 1 に近くなれば、後半部が高いと聞きやすくなる。これで見ると、前半部と後半部の高さに大きな開きがあるのは、Jt と Jo である。Jt は前半部が際立ち、後半部は目立たぬように大きく抑え込んでいる。逆に、Jo は後半部が大きく際立っている。東京と大阪には、連文節レベルでのアクセントの違いなどの他に、文の焦点の際立たせ方に大きな違いがある。すなわち、とくに WH 疑問文などの場合、東京では、疑問詞を含む文節を際立たせ、他は低く抑え込む傾向が強いが、大阪ではその抑え込みはない。このような正反対とも言える際立ち方の差異が現れたものと思われるが、にも関わらず、双方共に際立たせた方が大層明瞭に出ている。際立たせとその逆の部分の差が明瞭に出るのは、ネイティブ・スピーカーがイントネーションレベルで話す場合の強みであろうか。

それに対して、Th も Am も、前後半部間の差はあまり大きくはない。基本的には Jt 型寄りになっている。しかし、Jt と比較してみると、Jt では後半部の高さが前半部の 26 パーセントしかないのに対し Th は 79 パーセント、Am は 39 パーセントである。前後半部の差の大小を決定する線が何パーセントあたりにあるかについては問題が残されているにしても、Jt よりは前後の差が接近している。それだけ、際立ち方が不十分になる。

ところで、この数値からすると、Th と Am の間にも、ちょうど 2 倍ほどの差が見られるが、Jt に近い Am による日本語イントネーションの方が Th の 2 倍ほど上達していると簡単に言えるのであろうか。

次の図を見てみよう。これは、各言語話者のうち典型的な発話者 3 人の中で、平均値に最も近いもののピッチ曲線をそのまま示したものである。これによって、「比」で明瞭に示されたこと以外の差異を具体的に見ることができよう。

図１の Thm2（タイ、男性２番）では、前半部「ナニヲ」の「ヲ」で一旦下降が終わって文節の区切れに入っている。一方、「カイマシタ」の「カ」の母音部*も前半部「ヲ」の終了部とほぼ同じ高さから始まっている。これに対して、Amm3｛アメリカ、男性３番｝では、前半部「ヲ」で下降が終わった後、矢印①の終了部よりかなり高い矢印②の位置から後半部「カ」の母音部が始まっている。聴覚印象で双方を観察した時に、Th より Am の方に後半部の際立ちが感じられたのは、この「句頭の上昇」があったためだと考えられる。

*（子音部は無声音であるから F0 曲線は現れず、途切れる。）

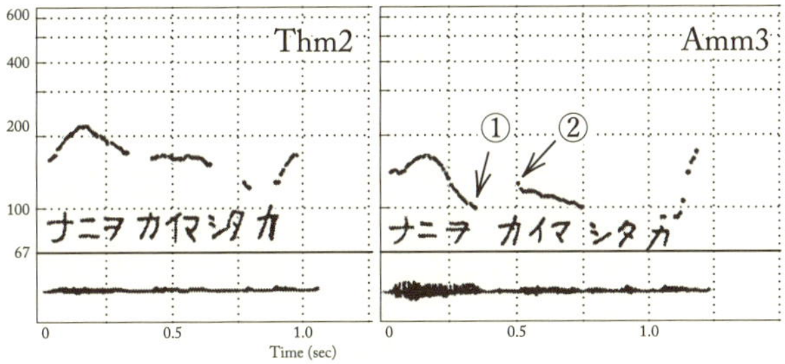

図１

次の図２は、Jtf1｛東京、女性１番｝と Jof4｛大阪、女性４番｝のものである。

先に、図１の Th も Am も、基本的には Jt 型だと述べた。確かに、Th のピッチ・パタンは、Jt のものとよく似てはいるが、前述の「比」でも示したように、Th では Jt ほど深く下降してはいない。「ナニヲ」の下降部も Th は Jt よりもなだらかである。一方、Jo と Jt を同様の見方で観察する限り、ちょうど正反対（Jt「左肩上がり」、Jo「右肩上がり」）に見える。聴覚印象による観察では、Jo の前半部「ナニヲ」のアクセントが低く平らに、そしてやや強さを伴って続き、後半部に入って「カイマ」が高く平らに続く。Jo のピッ

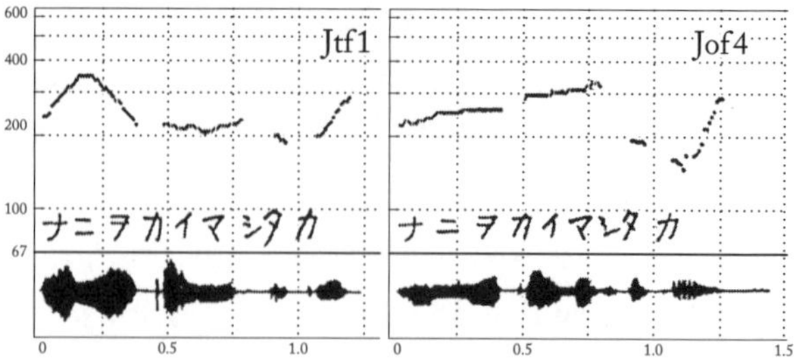

図2

チ・パタンで前後半部の高さの変化の仕方を見ても、前半部には小幅な変化しか見られないが、後半部は大きく変化しており、それだけ際立てが見られる。

例文2：「何が　見えます　か？」
例文3：「何か　見えます　か？」

この例文2と3についても、例文1と同様、典型的3人による対前半部比の平均を出してみた。それを比較するために並べて示せば、下記のようになる。

例文2：Th(0.33) < Am(0.37) > Jt(0.20) < < Jo(1.14)
例文3：Th(0.32) < Am(0.68) < Jt(0.82) >　Jo(0.32)

例文3「ナニカ…」Jtでは(0.82)で、「ナニヲ」文や「ナニガ」文とは大きく異なっている。0.82も1.0以下であるから、実際上は後半部の方が前半部よりも低いが、先に触れた、WH疑問文における「疑問詞を含まぬ文節の音声上の抑え込み」を受けた低さとは大きく違っている。それは、この「ナニカ」文がWH疑問文ではなく、文の焦点はむしろ後半部であることによる。「ナニ」という疑問詞それ自体に際立ちの性質が備わってはいるものの、文全体の性質上、聴覚印象として後半部の方がより際立って聞こえてしまうからであろう。

Joの「ナニガ」文と「ナニカ」文について、ピッチ・パタンで見た限りでは、Jtとはちょうど反対になる。すなわち、例文２では後半部が際立ち、例文３では前半部が際立っているように見える。

Amは、例文２(0.37)：例文３(0.68)の割合からすれば、Jtに似ている。けれどもAmの場合、例文３は例文２の約２倍であるのに対し、Jtの場合は約４倍であり、際立たせ方の比率は大きく異なる。

Thの場合、例文２と例文３とでは、差が0.01しかなく、殆ど同じである。「ナニガ」文と「ナニカ」文とでは構造そのものが大きく違っていて、JtにしろJoにしろ際立たせ方がそれぞれ異なっている。にも関わらず、Thの例文２も例文３もほぼ同じというのは、どちらかと言えば例文３の方に不都合があると考えられる。

ここで、Jt、Jo、Am、Thの順で、「ナニガ」文と「ナニカ」文それぞれの際立たせ方の差異をピッチ・パタンにより検討する。次は、典型的な３人の平均値に最も近い例を選んだものである。

図３の「ナニガ」文と「ナニカ」文を比べると、「〜ガ」の方は前半部が際立ち、「ニガ」の下降の延長線上に後半部が続いている。これに対して「〜カ」の方は、前半部の「ニカ」で一旦下降はするものの、後半部の「ミエマ」で再び上昇し、前半部のピークに近いところまで高くなっている。このため、後半部が際立っているとの「右肩上がり」の聴覚印象に繋がる。

「ナニカ」文(Jo)では、前半部の「カ」の下降の後は再び上昇することなく、後半部は平坦に続いている。その様子は、あたかもJtの「ナニガ」文にも似て、前半部だけが際立っているかのように見える。そして、双方の文の違いは、全体を見なくても「ナニガ」と「ナニカ」に見られるアクセント実現の違いによって判断される。

次の図５(Am)、図６(Th)の「ナニガ」文は、双方とも高さの変化に乏しく、全体的に平坦である。「ナニカ」文では、双方共、高さにはいくらか変化が見られるが、前後半部のどちらが際立つとまでは言いにくい。

「ナニカ」文のAmにもThにも、前半部末尾で一度下降した後、後半部の一部で再び上昇が見られるために、結果として、双方の際立ちが相殺されている。

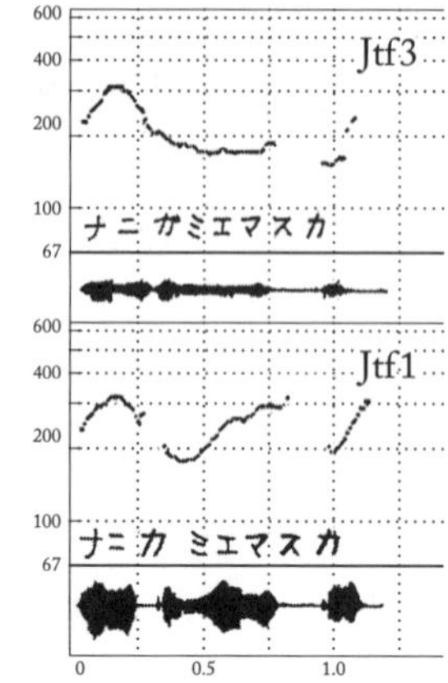

図 3

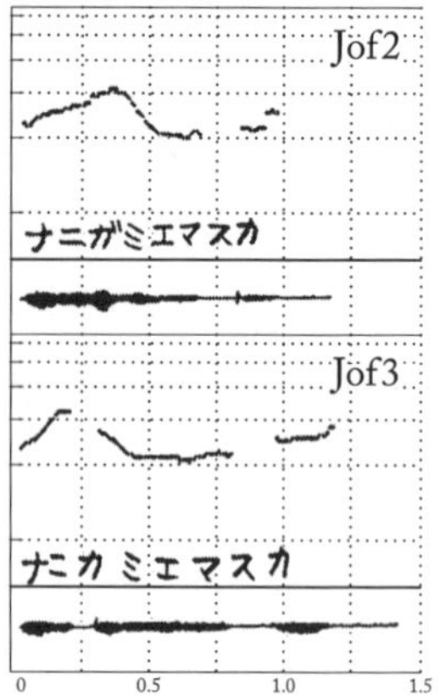

図 4

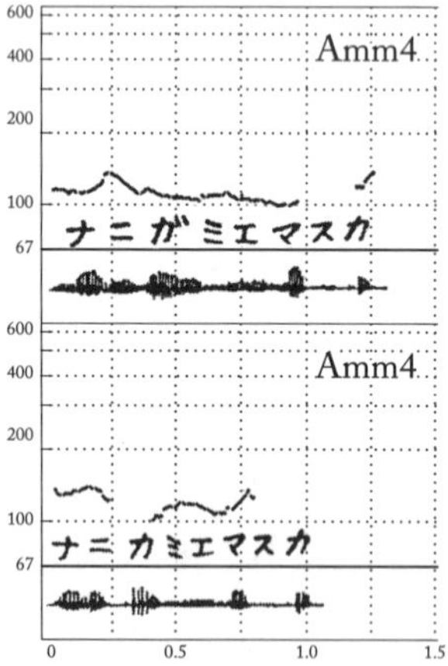

図 5

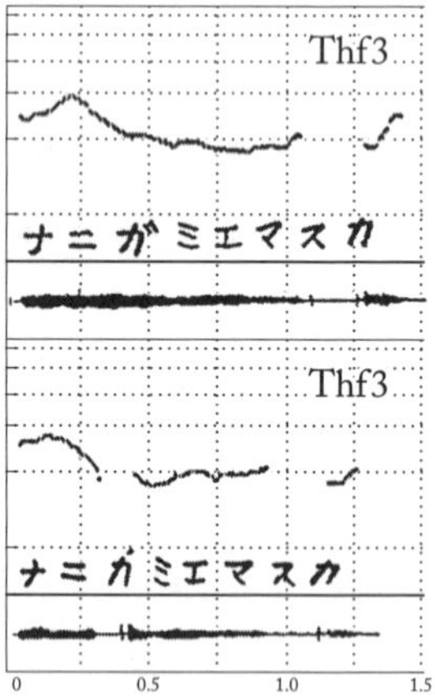

図 6

例文 4：「あの人は　誰？」

次に疑問詞が文末に来るものについて見てみる。

ここでは、各言語話者の典型的 3 人による「対前半部比の平均値」を、その平均値に最も近いとピッチ曲線の例と共に示す。

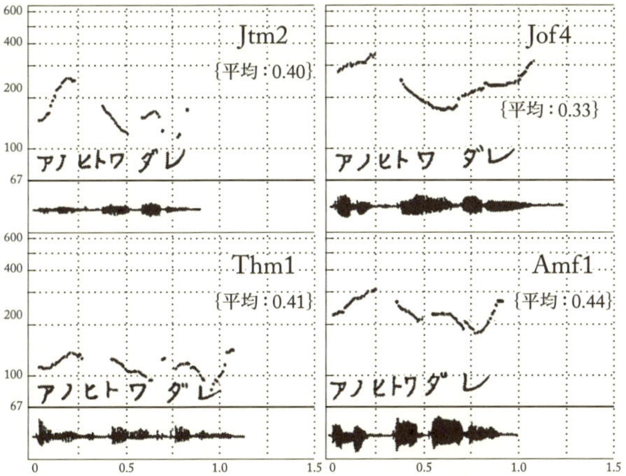

図 7

例文 5：「ええ、あります　あります。」
応答の繰り返し文について見ると、

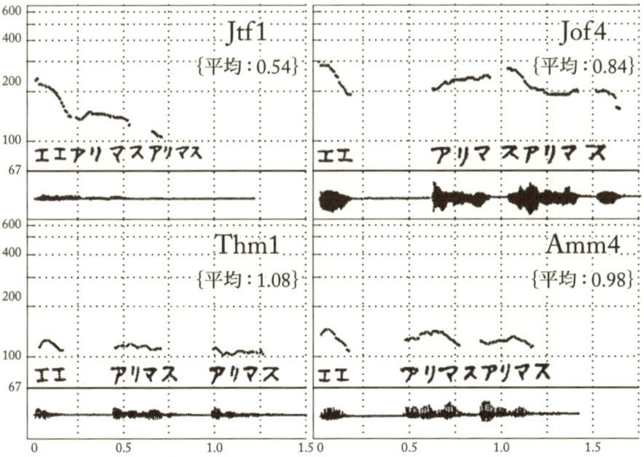

図 8

この反復文などは、高さだけではなく、とくに速さの変化（「あります 1」＜「あります 2」）なども重要である。次に、上記の資料のうち、とくに例文 1、2、4、5 の聞き取り結果について述べる。

4. 聞き取り調査の結果

次の横帯グラフは、各例文とも、上からタイ、アメリカ、東京、大阪の話者によるテープを聞いた結果である。上段の数字が東京、下段の数字が大阪の生育者によるものである。左側の数字は、回答の実数、右側が全回答に占める割合。横帯に書き加えた表1は、大阪生育者が刺激文の前半部後半部とも際立て方が同程度であると答えた人の占める範囲を東京生育者のグラフに重ね合わせたものである。重なり方はグラフによって異なるが、斜線の帯の範囲(「大阪」灰色に該当)によって灰色に見える部分より左外側が刺激文の前半部に、右外側が後半部に際立ちを認めた集団の占める範囲を示す。

表1 例文1「何を 買いました か？」
上段の数値：東京出身者 / 下段：大阪出身者

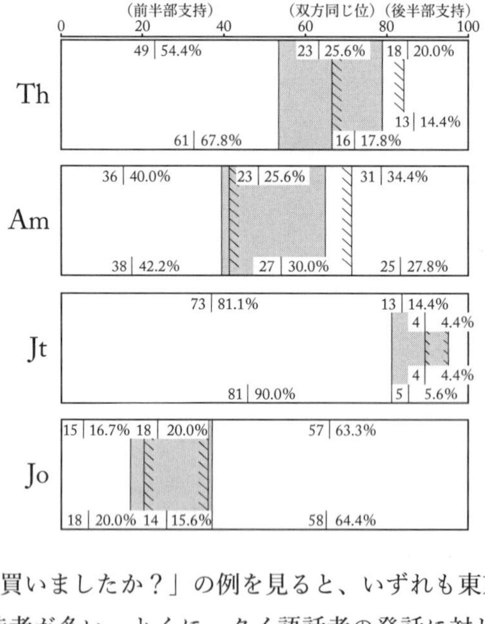

例文1「何を買いましたか？」の例を見ると、いずれも東京よりも大阪の方に前半部支持者が多い。とくに、タイ語話者の発話に対しては例文1、2とも東京との間にかなり明瞭な差が見られる。Joだけが逆転しているのは、大阪の話し方では、前半が低起式、後半が高起式のアクセント実現になっていて、東京、大阪いずれの人々が聞いても、後半の方がより際立って聞こえ

るような点が認められるからであろう。

例文2、例文4をグラフにすると、次のようである。

表2　例文2「何が　見えます　か？」

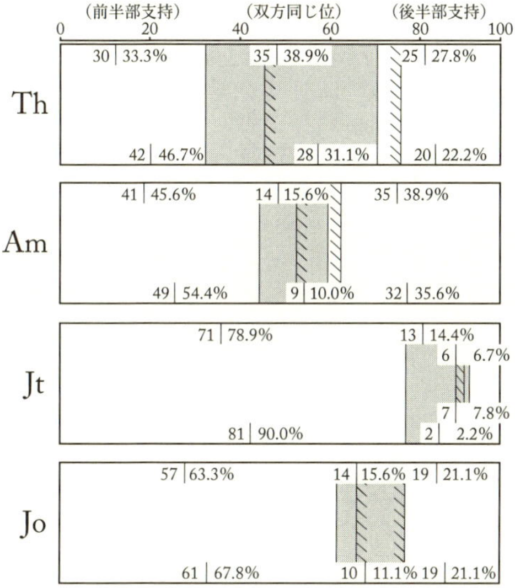

表3　例文4「あの人は　誰？」

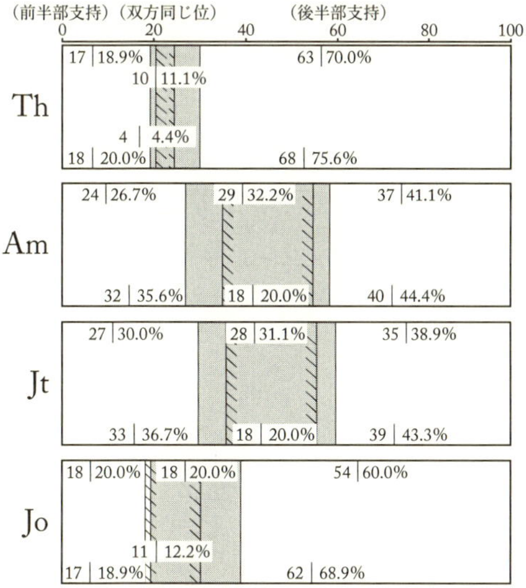

Jtは、例文1の結果と非常によく似ている。いずれも東京式では、前半の際立て、後半の抑え込みと同様の形式で実現されているからである。これとは対照的に、Joでは、例文1が後半支持者が圧倒的に多く、例文2ではほぼ逆転している。被験者の反応も東京、大阪ともに同じ傾向を示している。これは、先に示した図4上段Jof2の例を見れば、おおよそ納得できるであろう。すなわち、「ナニガ」の「ガ」でピークとなり、以後下降を続けて、ついには前半部の最低部よりも低くなっている。

Thについては、「東京」が「前半部」「同程度」「後半部」にわたって30%前後の回答を得、さほど大きな差は認められない。音声資料の際立たせが不明瞭で、被験者の迷いを示すものであろう。ところが「大阪」では、「前半部支持」が約47%と半数近くを占め、残りを「同程度」と「後半部」で2分している。つまり、東京より大阪の方に「前半」支持が多い。

Amは、「東京」「大阪」共に「同程度」は少なく、「前半」40～50%台、「後半」30%台となっているが、「大阪」の「前半」支持が多い(54.4%)という傾向は変らない。

この文は、資料収集に当たって、次の行に「あの人？　あの人は…」という文が続いているものを読んでもらった。「じゃあ、あの人は誰？」のような読み方にならないようにしたのであるが、とくにAmとJtを聞いた場合に、「東京」「大阪」共に「前半部」よりも「後半部」の支持が若干多くなってはいるものの、全体としてみれば「前半」「後半」がほぼ接近しており、被験者の迷いが観察される。その原因の一つとして考えられることは、AmにせよJtにせよ、例文4全体の長さの中で「あの人は」の占める割合が3分の1近くであることと、文全体のピークもここにあること。にもかかわらず、一方ではまた「誰」という疑問詞が独自に持つ際立ちがあって、被験者はその点にも反応した可能性があるということである。

次の表4では、表1～3と違った傾向が見られる。それは、Jtを除いては「前半部」支持者数の点で「東京」「大阪」が逆転しているということである。Jtの音声資料では「アリマス1」の方が「アリマス2」より高さ、長さの面で際立っている。そのため「前半」派は、「東京」が54.4%、「大阪」はそれ以上の65.5%であるから、大阪の前半支持の傾向はこれまでの例と変わらない。ところが、Th、Am、Joの例でみると、「双方同じ位」が「大阪」に多いこと、「前半部支持」がこれまでの例とは逆に、「大阪」が少ないことが観察される。

Joの音声資料では「アリマス2」にくり返し部分による「抑え込み」がないため、「東京」の「前半部支持」「後半部支持」はほぼ同数である。これに対して「大阪」では「前半部支持(33.3%)」の方が「後半部支持(27.8%)」より幾分多くなっている。

表4　例文5「ええ、ありますあります」

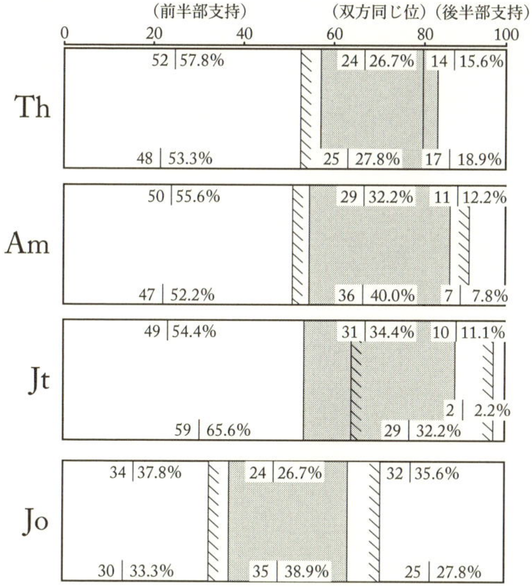

5.　まとめ

一方から見れば、プロミネンスの位置が一定しているような文でも、違った言語を背景に持つ人が読むと必ずしも同じにはならない。また、同じ音声資料を生育地域の異なる人に聞かせると反応が微妙に違うという例も見えてきた。とくに外国語話者による、ある種の「偏りのある日本語音声」を聞いた場合には、判断に迷いが生じたり、結果がかなり違うことがあった。しかしながら、なおも残された問題のあることに気付く。その一つは、前半と後半の差が接近した場合に、その違いが認識される判断の基準などはどのようになっているのかということ、さらに、それは聞き手が背景として持つ言語によってどう違うのかということ、実際にはどんなパラメータによって判断しているのかということである。日本人が外国人による日本語音声を評価する場合などに、評価者自身の生育地などによって少なからぬ違いが生じ得るならば、その実態をより多角的に調べてみる必要があろう。今後は、ある特定のパラメータのみに手を加えたり加えなかったりした音声資料を用意し、それぞれの被験者が実際、どのパラメータに反応したのかを観る必要がある。

この研究は、聞き手の背景とする地域言語によっても聴覚印象による評価が異なり得る点に着目した、ごく初期のものであるが、この種のパラメータに関する日本語受容パタンについてのより詳細な追跡・検討が一層期待される。

第 10 章
日本語会話文の音読に見られる各地方言の韻律的特徴
―弘前市生育者の場合―

ここでは、方言話者の標準的日本語音声について観察・分析を試みる。今日、日本語教育の場は、全国至るところに広がっている。地域が異なれば、そこで学習者が接する人々もそれぞれの地域的特徴を帯びた日本語を話すはずで、その実態を把握することも必要となる。そこで、全国各地で「もし、目の前に外国の人がいて、日本語を教えてほしい」と言われたら、どういう言い方をするか、次の挨拶言葉などを材料にして言ってみてください」と依頼した結果の音声資料を巡って検討するものである。

弘前市生育者が日本語会話の定式表現・疑問文を音読した場合には音調上次のような特徴が見られる。

（1） 標準的日本語では、一続きに発音されるものが、文節ごとに分けて発音される傾向が、年齢層を問わず見られる。
（2） フォーカス外の文節のアクセントが低く抑えられることはない。
（3） 若年層の発話で、標準語形式に近いものであっても、アクセントなどにシラブル方言、昇り核アクセントの特徴が現れる。
（4） 年齢層を問わず、標準語形式の習得は女性の方が早い。

1．研究目的とその背景

日本語教育は、今や全国各地で行われている。各地の日本語教育機関では、他の地域出身の教師が地元で生まれ育った教師と協力して教えている場合が多い。国立大学などの例を見ると、以前から地元在住の非常勤講師が教えているところへ、他の地域から採用された専任教官が配属され、共同して日本語教育に当たるというケースが一つの典型として挙げられる。

当然のことながら、そこでは1時間目の教師の話し方と2時間目の教師の話し方が微妙に異なるということが起こってくる。教師自身、そこに気付いてはいるものの、意識として、単語レベルのアクセントや単音レベルの発音の違いを断片的に把握している程度であるような場合には、学習者に教師Aと教師Bの違いを素朴に指摘されて戸惑うようなこともあり得る。

日頃用いている教材はどうかと言えば、地元の教師が中心になっている場合であっても、意識的にその地域言語の特色を生かした日本語教材が作られたという例は、さほど多いわけでもない。最近、関西方言関連副教材が1～2件出されたが、近畿地方をテーマにした日本語読本付属のテープ教材を近畿アクセントを生かした読み方で製作するよう提案した結果、一部実現したとは聞いている。

識者の間からは、なぜもっとその地域の言語を全面に押し立てた授業をしないのかとの意見も聞かれるが、現在のところ、教師が自信を持って各地域言語の特色を生かした授業をするところまでは行っていないようにも思える。

教師たちは慎重である。それは、日本語社会全体が地域言語での日本語教育を積極的に支持するところまで成熟しているとの確証は、いまだに得られていないからであろう。外国人学習者にいきなり地域的特徴の強い日本語を話させるには、まだ安心材料が十分ではないと考えているからなのであろう。

それならば、皆が皆、現在標準的とされている日本語音声について体系的に習熟し、日本語学習者に対してある程度の段階まで説明できるかと言えば、そういう人は、決して多くはない。程度の差はあれ、自分の話す言葉自体にそれぞれ不安を抱えながら日々の授業に臨んでいるというのが各地の日本語教師に接して得られた印象である。

最も情報が多いはずの「標準的日本語」についてさえ、十分に分析・研究が行き渡っている訳ではないのであるから、各地の地域言語の運用規則などに関する情報の不備は想像に難くない。各地の日本語教師の悩みは、その地域の音声言語の扱いについて明確な解決方法も見出せぬまま推移しているようである。

本調査の目的は、その問題の解決に一歩でも具体的に近付こうとするところにある。

各地の人々が日本語教育の場に遭遇した場合、外国人に対してはどのような日本語を話すものかということについて、一部、実態調査をしてみることにした。各地の特徴が薄れつつあると言われる現在、どこが、今なお特徴的であり、どこが他とも共通するかを知ることができれば、学習者も教師もその異同に注目して地域言語や標準的日本語について考えればよいのであって、ただ漠然とした不安を抱えたままでいることはない。少なくとも必要以上の不安は取り除いた方がよいだろうと考える。

2.　音声資料

資料は、重点領域研究「日本語音声」の全国調査の際、調査項目の中に「日本語教育セクション」を加え、各調査者に収集願ったものである。各地、各年齢層のインフォーマントに対して、日本語教材によく見られる挨拶文や質疑・応答文などを、会話の流れを損なわない範囲で部分的に示し「外国人に日本語を教えるつもりで、できるだけ自然に読んでください」という指示を与えて得られたものである。このような場合、インフォーマントは持てる知識を動員して標準的日本語を使おうとするが、その実態を見ようというのである。1 地点につき 100 名前後のインフォーマントによる協力を得たものだけに、資料の分量はかなりのものである。ここでは、筆者も参加した「弘前」に焦点を絞って考えたい。

3. 分析

3.1 定式表現

外国人学習者にとって、挨拶などの定式表現は日本語教科書の本文について習う以前から耳にし、自然習得できる日本語表現形式の一つである。多くの場合、日本語の授業に出席しないうちから遭遇し、意識し始める可能性も高い。とくに朝夕の挨拶、買い物時の店員や一部の自動販売機から発せられる謝辞などは、日本語学習の意志のあるなしに関わらず、繰り返し聞かされることであろう。一方、各地の日本人もニュースの冒頭やドラマのシーンなどでこれらは頻繁に耳にする。そのことから、挨拶ことばについては標準的音声表現が広く浸透し、発音にも影響を与えやすいと言えるのかどうか興味あるところである。

ここでは、10代から50代までの男女それぞれの音声資料の中から、弘前市生育の調査協力者に依頼して、比較的自然に読んでいると思われる資料を、各年代毎に男女2組ずつ選んだものの分析結果を中心に述べる。

3.1.1 「おはようございます」の例

「おはようございます」の音声表現について、アクセント実現などを中心に聞き比べてみた結果である。

標準的日本語では[LHHHHHHHL](Lは低、Hは高)となるものについて、発話者により、次のような違いが観察された。LやHによる高さの違いは、それぞれ上部の/ /内に位置する音節文字(モーラ)に対応する。

	/ オ	ハ	ヨ	ー	ゴ	ザ	イ	マ	ス /
50代男性：	L	L	H	L	L	L	L	H	L
50代女性：	L	H	H	H	H	H	H	H	L
40代男性：	L	H	H	L	L	L	L	H	L
40代女性：	L	H	H	H	L	L	L	H	L
30代男性：	L	L	H	H	L	L	L	H	L
30代女性：	L	L	H	H	L	L	L	H	L

20代男性：L　L　H　H　L　L　L　H　L
20代女性：L　H　H　H　H　H　H　H　L
10代男性：L　H　H　H　H　H　H　H　L
10代女性：L　H　H　H　H　H　H　H　L

まず、弘前方言の音調上の特色を述べると、音韻論的に有意味なのは、

1）LからHへの上昇(昇り核)だけである。HからLへの下降については句の中の位置によって実現の有無が決定される。
2）「言い切り」ではLへの移行も実現されるが、「言い続け」では文節末尾までHが続く(上野1988)。

上のデータを見ると、標準式に「オハヨーゴザイマス(L H H H H H H H L)」と高く平らにひと続きで発せられるものと、とくにポーズは入らないまでも、アクセントの現れ方から見て「オハヨー(LLHH)」と「ゴザイマス(LLLHL)」に分かれているものがあるが、後者は弘前アクセントで実現されたものであり、「オハヨー(L L H H)」は、上記「弘前方言音調の特徴」の2)の「言い続け」が実現されたものと考えられる。

従って、地域としての特徴が最も強く現れていると思われるのは、20代男性と30代男性／女性による「LLHHLLLHL」であろう。標準式には見られない、文頭の「L L・・」と低い音節が続くのも「上り核」実現の特徴である。

50代男性の場合、「LL・・」で始まってはいるが、「ヨー」は「–HL–」である。これは音読の段階で言い切りの形式を持ち込んだものであろう。

40代になると、文頭はいずれも「LH–」で「句頭の上昇」が現れ、標準式に一歩近付いている。「ヨー」は「H L」「H H」（言い切りでない形式では文節末までHが続く）に分かれる。従って、この「ヨー」の「HL」は,必ずしも標準式アクセント実現とは限らない。

このようにして眺めてみると、10代の男女や20代、40代50代の女性等のように、ほぼ標準化している例も見られるものの、多くは、程度の差はあれ、いまだに弘前アクセントの特色を残し、変化箇所の分散によって、種々のヴァリエーションが存在するということができよう。

3.1.2 「ありがとう」/「ありがとうございました」の例

「ありがとう」と言い切りで発話した場合と「ありがとうございました」と続けて言った場合の異同を見ることにする。標準式で考えれば、「ありがとう」のアクセント実現は、言い切りであろうと、「ございました」を続けたものであろうと変わりはないはずであるが、弘前方言を背景として持つ話者が発した場合はやや異なる。

	/アリガトー/	/アリガトーゴザイマシタ/
50代男性：	L L L H L	L L L H L L L L H L L
50代女性：	L H H L L	L H H L L L H H H L L
40代男性：	L L L H L	L L L H H L L L H L L
40代女性：	L H H L L	L H H L L L H H H L L
30代男性：	L L L H L	L L L H H L L L H L L
30代女性：	L L L H L	L L L H H L L L H L L
20代男性：	L L L H L	L L L H H L L L H L L
20代女性：	L H L L L	L H H L L L H H H L L
10代男性：	L H H L L	L H L L L L H H H L L
10代女性：	L H L L L	L H L L L L H H H L L

単独で「アリガトー」(標準形ではＬＨＬＬＬ)と言い切った場合、20代の男女の間に、標準的なものと地域的特色が現れたものとの一つの境界が見られ、後は飛び飛びに40代と50代の女性が標準形に近くなっている。近いとは言え、「り」で一度「H」になったものが、「ガ」でも下がらず「リガ」共に同じ高さになっている。文頭でLHと標準式で言ってはみたものの、「ガ」まで上がりっぱなしになっている。10代の男子も同様である。これらは、弘前の特色が色濃く出ているものから、標準的形式に移行する段階にあるものと言えよう。

最も伝統的な形式を保持しているのは、20代男性、30代男女、50代男性である。必ずしも年齢層の低い順という訳ではなく、女性がいち早く標準式をとりいれるという傾向が、ここでも見受けられる。

さらに、伝統的形式で「―ゴザイマシタ」が後続する形式を見ると、単独で「アリガトー」と言った際の「トー(HL)」の高さの配置は必ずしも固定されず、「– H H –」となっている。これなどは、前項「オハヨーゴザイマス」の例でも触れたように、シラブル方言の特色、すなわち「トー」の「ー」は、独立性が標準式ほどには強くはなく、「トー」全体で一つに発音され、アクセントの高さが「H L」のようにはならなかったという見方、それと、言い切りではないことからH Hのようになったとの見方ができる。これとちょうど符合するように、「ゴザイマシタ」のアクセント実現もまた、伝統式に続くものは「– L L L H L L」と伝統式に、標準式に続くものは「– L H H H L L」と、標準式でそこだけ単独で言った場合のようになっている。

ところで、前項の「オハヨーゴザイマス」で、ほぼ標準的な言い方をした4名、10代の男女、20代と50代の女性はどうであろうか。

標準式では、後半の「ゴザイマシタ」をとくに強調する場合でない限り、全体では、おおよそ「L H L L L L L L L L」に限りなく近くなっていて、イントネーション上のダウンステップにより「ゴザイマシタ」は実際上、低く平らに続き、単独で「ゴザイマシタ(L H H H L L)」と言った時のようにはならない。わずかに「マ」の直後にアクセント上のかすかな下降が見られるかどうかという程度である。

ところが、弘前の場合は、10代から50代まで、とくに強調しているようでもないのに、後半「ゴザイマシタ」のアクセントが押さえ込まれることはない。これは、文のフォーカスの表し方が標準式よりも大阪式などに近く、文節毎のアクセント形式がほぼ明瞭に現れる傾向があるからであろう。この傾向は、他のインフォーマント全員についても共通して言えることである。前半の「アリガトー(L H L L L)」についても、一致したのは10代の男女だけで、20代、50代の女性は「L H H L L」のようになって、アクセントの現れ方が昇り口は標準式と一致しているが、その後はやや異なり、昇り核実現時の性質が現れる。

3.1.3 「どうも　ありがとうございました」の例

さらに、「どうも―」が先行する例についても検討してみたい。

	ド	ー	モ	ア	リ	ガ	ト	ー	ゴ	ザ	イ	マ	シ	タ
50代男性	H	H	H	L	L	L	H	L	L	L	L	H	L	L
50代女性	H	L	L	L	H	H	L	L	L	H	H	H	L	L
40代男性	H	L	L	L	L	L	H	H	L	L	L	H	L	L
40代女性	H	H	L	L	H	H	H	L	L	H	H	H	L	L
30代男性	H	H	H	L	L	L	H	L	L	L	L	H	L	L
30代女性	H	H	H	L	L	L	H	H	L	L	L	H	L	L
20代男性	H	H	H	L	L	L	H	H	L	L	L	H	L	L
20代女性	H	H	L	L	H	H	L	L	L	H	H	H	L	L
10代男性	H	H	L	L	H	H	L	L	L	H	H	H	L	L
10代女性	H	H	L	L	H	L	L	L	L	H	H	H	L	L

全体として、「ドーモ」のアクセントに、シラブル方言の特色が大きく現れている。もっとも明確に見られるのは、H H Hと高く平らに続いているもので、50代男性、30代男性／女性、それと20代男性に観察される。次いで、特徴的なのが「ドー」全体が高くなっている場合で、これなどは40代女性から20代女性、それに10代男性／女性にまで及んでいる。とくに「ドーモ」が単独に発せられるのではなく、次に何かを続けるつもりで読んだ場合、地域的特徴が一段と明瞭に現れ、標準化がかなり進んでいるはずの10代男女まで「ドー」全体を高くするような地域色の濃いアクセントとなって現れている。

その理由としては二つほど考えられる。

一つは、「ドーモ」と同系の表現は、標準式を意識しない場合でも頻繁に使われているため、似て非なる点には気付きにくいということである。

もう一つは、標準式を意識して発音しようとする場合、短い表現を単独で発するのは比較的簡単にできても、長く続けて発音するとなると、標準式を保とうとするコントロールの持続がなかなかうまくいかず、昇り核アクセントの形式を踏襲したままになったということである。

「ドーモ」と「アリガトーゴザイマシタ」の間には息継ぎがなされているにも関わらず、「ドーモ」が先行する「アリガトーゴザイマシタ」と、単独に発音された「アリガトーゴザイマシタ」では、アクセントが必ずしも同じにはなっていない場合もある。

	/ド ー モ/	/ア リ ガ ト ー ゴ ザ イ マ シ タ/
40代女性：	H H L	L H H H L L H H H L L
		L H H L L L H H H L L
30代男性：	H H H	L L L H L L L L H L L
		L L L H H L L L H L L
10代男性：	H H L	L H H L L L H H H L L
		L H L L L L H H H L L

これでみると、30代男性は「(アリガ)トー」のアクセントに違いが見られる。「ドーモ」に続く場合の「(アリガ)トー」がＨＬ、単独で「アリガトー」と言った場合がＨＨとなっている。この点からすると、「ドーモ」先行の長い方が標準式に一歩近いようにみえるが、とくにはじめの文節で、後続を意識した昇り核アクセントの形式が顕著に現れるという見方もできるであろう（例えば、「ゴザイマシタ」が文頭に来て、「ゴザイマシタノハツオン」となった場合でも、「ＬＬＬＨＨＨＨ・・・・」となるであろう）。いずれにせよ文全体として観察すれば、どちらも地域的特色が強い例であると言える。

注目したいのは、残りの10代男性と40代女性の例で、いずれも「ドーモ」に先立たれない「アリガトー」のアクセントの方が、程度の差はあれ標準式に近付いている。この現象などは、前述の「長く続けて発音するとなると、標準式を保とうとするコントロールの持続がなかなかうまくいかない」という仮説を裏付けるものであろう。

ところで、これまでは、音声資料のアクセントの部分にのみ注目し、高さの違いはHとLだけを用いてきたが、1)「アリガトーゴザイマシタ」と2)「ドーモ　アリガトーゴザイマシタ」における文節間の際立たせ方に注目してみると、次のようなことに気付く。

すべての文節について同じような高さで終わらせてしまう例も見られる一方、1)では「アリガトー」、2)では「ドーモ」のHの部分を最も高く、それ以降の文節のHはいわばM(中の高さ)程度になっている例も目立った。

先にも触れたように、標準式の場合、次のようなことが言える。

1)の「アリガトー」は高く目立たせるが、「ゴザイマシタ」はLLLLLLのように低く抑え込まれる。これが、弘前では「ゴザイマシタ」もL LLMLL、LMMMLL程度には高さの違いが出て、低く抑えられるとは言えない。

2)の標準式は、やはり「アリガトー」がもっとも際立ち、次が「ドーモ」、「ゴザイマシタ」は、やはり低く抑えられる。これに対して、弘前では、「ドーモ」のHが最高で、「アリガトー」のHも「ゴザイマシタ」のHも、現実にはM程度であるものの、確実に実現されるという特徴が観察される。この地域のフォーカスの表し方が見られる。

3.2　疑問文

「何が　みえますか」

	/ナ ニ ガ/	/ミ エ マ ス カ/
50代男性：	H H H	L L H L L(前半のH：H、後半のH：M)
50代女性：	H L L	L H H L L(前半のH：H、後半のH：M)
40代男性：	H H H	L L H L L(前半のH：H、後半のH：M)
40代女性：	H H H	L L H L L(前半のH：H、後半のH：M)
30代男性：	H H H	L L H L L
30代女性：	H H H	L L H L L
20代男性：	H H H	L L H L L(前半のH：H、後半のH：M)
20代女性：	H L L	L L L L L
10代男性：	H H H	L L H L L
10代女性：	H L L	L H H L L(前半のH：H、後半のH：M)

「何か　みえますか？」

	/ナ ニ カ/	/ミ エ マ ス カ/
50 代男性：	H H H	L L H L L(前半の H：H、後半の H：M)
50 代女性：	H L L	L H H L L(前半の H：H、後半の H：M)
40 代男性：	L L H	L L H L L(前半の H：M、後半の H：M)
40 代女性：	H H H	L L H L L(前半の H：M、後半の H：H)
30 代男性：	L L H	L L H L L
30 代女性：	L L H	L L H L L(前半の H：M、後半の H：H)
20 代男性：	H H H	L L H L L(前半の H：M、後半の H：H)
20 代女性：	H L L	L H L L L(前半の H：M、後半の H：H)
10 代男性：	L L H	L L H L L
10 代女性：	H L L	L H H L L(前半の H：M、後半の H：H)

3.2.1 「何が　みえますか？」の例

「ありがとうございました」の項でも述べたように、弘前では、各文節それぞれにアクセントの高さが実現される。そして、標準式のように、フォーカスが実現された文節以外のアクセントの高さが低く抑え込まれるようなことはない。この項で採り上げる「何が見えますか」「何か見えますか」でも、そのような傾向が明らかである。

まず、「ナニガ」文の前半で見ると、言い切りではない /ナニガ/ は「ナ」から文節末「ガ」まで高くなっているものが多い。10 代女性、20 代女性、50 代女性だけが標準式に H L L(ナニガ)である。後半の「見えますか」を見ると、上の 3 例を除いた全員が L L H L L で、「見える(L H H)」→「見えます(L L H H)」のように弘前式が現れているものと考えられる。標準式の 3 例のうち、とくに 20 代女性は L L L L L で標準式の抑え込みまで実現させているように見える。そして、残りの 10 代女性、50 代女性は L H H L L と抑え込みのない標準式であって、アクセント形式までは標準式になったものの、フォーカス実現の方法まで獲得されてはいないと言えそうである。

次に、例文全体として見ると、前半、後半それぞれの高さが異なる。このような例は、先の章で述べた「大阪」のイントネーション状況に似ている。「ナニガ」のＨが最も高く、「見えますか」のＨはそれよりは低いことから、例えば50代男性はＨＨＨ　ＬＬＭＬＬのようになっている。データ横に(　)で示した例では、とくにその傾向が顕著であった。しかしながら、これを標準式話者に聞かせた場合、土岐(1992b、本書第9章として改訂)で報告したように、前半がとくに際立っているとみなされる保障はない。抑え込みを「期待パタン」として持っている人の耳にはＬＬＭＬＬと言えども、依然として前半、後半の上げ方の差が小さく受けとめられることであろう。(ダウンステップはいずれにも現れるが、下げ幅の期待値には差があるということであろう。)

3.2.2 「何か　みえますか？」の例

これは「ナニガ」文ほどには安定していないが、前半の「ナニカ」に注目すると、おおよそ3種類に分けられる。そのうち2種類は方言形がよく現れているものである。そのうち一つは、ナニガ文の場合と同じ、ＨＨＨ(20代男性、40代女性、50代男性)である。50代女性は、Ｈ Ｈ Ｌとなっているが、次いで明確なポーズを置いているため、言い切りの形と言い続けの形の中間のように発音され、一時的とはいえ、終わりの音節「カ」でＬになったものと考えられる。

方言形のもう一つは、[ナニカ]の[カ]だけが高いＬＬＨで、これは10代男性、30代女性／男性、40代男性の例に見られる。後半の「見えますか」(ＬＬＨＬＬ)は、どちらも共通しており安定している。[ナニガ]はＨＨＨと安定しているのに、[ナニカ]にはＨＨＨとＬＬＨが並行して現れるというのはどう考えればよいのであろうか。[ナニガ]と[ナニカ]が助詞の違いによりアクセント形が異なって現れる例は、大阪などでも[ナニガ]ＬＬＨ、[ナニカ]ＬＨＬのように、見受けられる傾向である。助詞のアクセントに与える影響が違うようである。

この点について、その他の観察例や筆者の内省も交えて考えてみると、日常会話の中で使われるのは、ＨＨ　ＬＨＬ「ナニ　ミエル？(「ナニガ」文に相当)」とＬＬＨ　ＬＨＬ「ナニガ　ミエル(「ナニカ」文に相当：「ガ」有声音は、意味的には助詞の「カ」に対応している。助詞の「ガ」に対応するのは「ガ行鼻音」である。)」であり、「ナニカ」文はＬＬＨである。その点から考えると、ナニカの２形式のうち、一方が「ナニガ」と同じだったという点についてはどう説明すればよいのであろうか。「ナニカ」文の場合、「カ」は有声破裂音で発音されるのが日常の姿であるが、それを無声破裂音の「カ」にしようということに注意が向けられたこととも何らかの関わりがあるのかもしれない。一つ考えられることは、/ ナニカ / が標準式では頭高だということは獲得したものの、昇り核式に始めてしまい、「ニ」以下を下げそびれてしまったのではないかということである。これらの件については更に詳しく追求してみる必要がありそうである。なお、津軽方言の日常会話にあっては、とくに助詞の「ガ」は使われないから、それらを抜きにしても「アクセントの実現形式」だけでも弁別可能であることは、大阪方言などと通じるところがある。

次に例文全体としてみると、ここでも前半と後半で高さの異なる例が見られる。アクセントの形はともかく、上げ方に注目してみると、10 代女性、20 代男性、20 代女性、30 代女性、40 代女性では、前半 [ナニカ] の高い部分が M、後半の高い部分が H と、「ナニガ」文とは逆のパタンを示すことが観察された。50 代男性、50 代女性は前半後半同程度で大きな違いは見られなかった。ただ、40 代男性だけが前半の「カ」をことさら高くし、後半の「マ」を中程度にしていたが、これはとくに前半を強調して発音したように観察される。全体として見れば、「ナニガ」文では後半をそれなりに際立たせている傾向が見られる。

4.　まとめ

弘前市の出身者が標準的な日本語会話文の一部を話した場合、韻律的特徴としてどのような異同が現れるかについて、主に、定式表現と疑問文について調査・分析を試みてきた。とくに定式表現は、テレビやラジオなどで標準式の言い方を頻繁に耳にするものばかりであり、意識しやすいと考えたからである。

「おはようございます」の標準形がＬＨＨＨＨＨＨＨＬとひと続きに発音するのに対して、弘前生育者は全ての年齢層にわたってこれを「オハヨー」と「ゴザイマス」の二つに分けるかのように発音する傾向が見られた。その典型は、ＬＬＨＨ　ＬＬＬＨＬであるが、「オハヨー」の「ヨー」がＨ Ｈになる点については二つの側面から説明できた。一つはシラブル方言の特徴である。「ヨー」は全体が１音節として高く発音され、基本的に特殊モーラは持たないため、中途に高さの切れ目は来ない。もう一つは、昇り核アクセントの特徴で、とくに「言い続け」を意識した場合、ひとたび上昇したら文節末まで高く続けるというものである。

「ありがとう」「ありがとうございました」「どうもありがとうございました」では、表現形式が次第に長く複雑化した場合、同形の部分がはたして発音も同じように表れるものかどうかということに注目し、観察した。全体として、20代男女の間に標準的なものと地域的な特色の強いものとの境界が見られたが、標準式に近い若年層のものであっても、依然、方言的特色は見られた。それは、[アリガトー]の[リ]でＨになっても、「ガ」からは低く降り切れず、Ｌ Ｈ Ｈ Ｌ Ｌなどとなる例が見られた。各年齢層のデータを通して、当然のことではあるが、前半の「アリガトー」が標準式に近いものは後半の「ゴザイマシタ」も標準式になっており、前半「アリガトー」がＬＬＬＨＬ、ＬＬＬＨＨのように方言形に近いものは「ゴザイマシタ」もＬＬＬ Ｈ Ｌ Ｌのように方言形で続いていた。さらに「ドーモ」を先行させた場合、方言形のＨ Ｈ Ｈ、標準形のＨ Ｌ Ｌ、それに中間のＨ Ｈ Ｌに分かれたが、全体的に方言形、標準形同士でまとまりを見せていた。ただ、標準形といえども、すべての文節についてアクセントが明瞭に見られ、標準式のようなフォーカス外のアクセントの抑え込みは、例外的な１名以外には観察されなかった。

疑問文の「何が見えますか？」「何か見えますか？」では、前半対後半の際立たせ方と「ナニガ」「ナニカ」のアクセントに注目した。その結果、「ナニガ」はＨＨＨとＨＬＬ（標準式）ではっきり分かれたが、「ナニカ」はＨＨＨとＬＬＨに分かれた。とくに一方の年齢層に一方が偏ることはなかったが、Ｈ Ｈ Ｈの方は、標準的頭高実現の過程で「言い続け」の形式がでてしまったものとも考えられる。また、例文全体として見た場合、「ナニガ」文では前半に、「ナニカ」文では後半にわずかではあるが際立てが見られた。なお、今回の調査データ全体に、男性より女性の方が年齢層の如何に関わらず、標準式の獲得が早いという傾向が見られた。

第 11 章
青森県深浦方言の音声・音韻
― 4 世代の横断的内部観察資料から―

先の第 10 章では、弘前方言話者が他所の人々に対して標準的日本語を発した場合の諸現象について観察・分析を試みた。では、その方言の音声・音韻とは、元来どのようなものかについて、筆者自身の親族について横断的かつ詳細に調べた結果を中心に述べる。筆者の生育地は西津軽郡深浦町本町で弘前や五所川原とはアクセントなどに部分的な違いは見られるが、前章で観察された諸現象の根本は共通しており、種々の原因が理解できるであろう。

1. 序

青森県西津軽郡深浦町字浜町（深浦本町）の方言について述べる。明治中期生まれ（故人）を始めとして 4 世代にわたる筆者の親族による音声資料から、身内同士のインタビューによる質疑応答方式で収集した音声資料を中心に分析した。また、諸現象の観察に当たっては、日常的に自然談話を観察・記録した資料をも加え、世代間にはどのような共通点と相違点があるかを見ることによって、音韻上の変遷についても併せて考える。

方言の諸現象について説明する場合、よく採られる方法として、標準的日本語との比較対象が挙げられる。標準的日本語をベースラインとして考えれば、読者の多くが具体的にイメージしやすく、当該の方言がそれとどの程度似ていたり、違っていたりするかの規準で考えれば分かりやすいからであろう。このように、ただ対照的に見て比較したり、違いを論じたりするのであれば、なにも問題はない。しかし、それらの中には、ともすれば陥りやすい落とし穴があるように思われる。例えば、説明に「融合」「混同」「脱落」「崩壊」などの用語が散見されることである。端的に言えば、これらの用語には、基本原理として「本来あるべき姿」が設定されてしまっている。「本来は標準語のように別々であるべきなのに、融合してしまっている」、「本来は標準語のように区別されるべきなのに、混同している」「あるべきものが欠落している」というような見方・物差しが、意識するしないに関わらず出発点となっているように見受けられる。その方言自体の古い形がもともと分離していたり、別々に使われていたりしていたことが明らかなのであれば、融合でも混同でもよいであろうが、判断基準が他方言と比べてのことであったとすればそれはいささか筋違いであろう。日本語の説明をするのに、英語などの基準を持ってきて、日本語では /l/ と /r/ が混同していると言うようなものである。日本語話者が英語を話そうとしたときに「混同している」と言われるのなら分かる。しかしながら、ある方言話者にその方言を話してもらおうとする場合、その話者の目標言語は当該の方言であって、標準的日本語を話そうとしているわけではない。その方言の中に、元来は標準的日本語から導入された語があったとしても、使用語彙として定着し、その方言の言い方で発音されているのであれば、それは、その方言独自の性格が備わり、いわば借用語として、その方言の一部になったと考えることもできる。ここでは、そのような見方に立って述べることとしたい。

2.　資料

音声資料の提供者は次のようである。

①　TS（明治 26 年生まれ、女性）（故人、昭和 62 年没）
②　TT（明治 42 年生まれ、女性）［TS の娘］
③　TK（昭和 9 年生まれ、男性）［TT の息子］
④　TM（昭和 33 年生まれ、女性）［TS の曾孫］
（生育地は、TS が 14 歳まで深浦本町から 4 キロ離れた広戸、他はいず

れも深浦町字浜町）

これらの話者を中心として得られた録音資料、その資料を基に筆者が音声記号化したもの、これらの分析に当たって生じた諸点について追跡調査した記録などを統合して述べる。

なお、資料の均質化を図るために話者に対して行った質疑は、都竹通年雄の「日本語諸方言の区分けのための単語集」を中心とし、それによって出てきた問題によって筆者が新たな質問をつけ加えるなどしたものである。

これらの内、故人を除いては、必要に応じて録音後に追跡調査を行い資料を補っている。また、上記の 4 人の他に、現在、東京在住の KN（昭和 15 年生まれ、TT の三女、生育地は深浦）にも、分析結果の確認などのために適宜協力を依頼している。④の TM も現在は東京在住（AM）であるが、録音資料は主として深浦在住の頃のものを用いた。また、とくに調音方法などに関しては、聴覚印象による録音資料の分析の他、筆者自身の内省による分析・照合なども加味し、確認している。

3.　音節一覧

ここに示す音節一覧は、主として老年層の資料から観察できたものである。昭和生まれであっても、戦前生まれまでは明治生まれの老年層とかなりの部分で一致するが、昭和後半生まれとなると一致しないところも増え、二重構造のようになってくるからである。

表は、横軸が子音、縦軸が母音である。その母音と子音双方の組み合わせ CV が可能であると考えられるところに + を、そうではないところに − を付した。表記方法についてはある程度簡略化してあり、（　）内のものは、比較的新しい組み合わせである。なお、N は母音に後接するのみである。

ここで使用する記号の表す具体的音声の特徴的なところについて、少し説明する。

例えば、ï は狭口の前舌寄り中舌母音であり、[z] の噪音（きしみ音）、ü も奥舌寄りの中舌母音であるが、唇歯音 [v] の噪音を伴って観察される音である。ただし、双方とも無声子音に挟まれれば「母音の無声化」が起き、噪音の有声性も同時に失われるが、子音部の破裂後の二重調音的要素としての [s] や [f] は残される {[kï̥ta](来た)、[kɯ̥̈ta](食った)}。

[e̝] も [a̝] も、ここではもっと狭口気味に発せられるものである。

ʃ tʃ dʒ などは、先行研究でも標準的日本語や方言の記述によく用いられているが、深浦方言及びその周辺の方言を観察した限りでは、口蓋音というよりは広域歯茎音とでも呼ぶべきものである。舌の構えは基本的に舌先が上の歯茎の方向に反り上がっており、その形状を保ちながら舌先から前舌部にかけての部分が上顎の歯茎から口蓋皺壁付近にまで幅広く接している。従って、[s] や [z] の下部に [̝] のような補助記号を付けて示す方法も考えられる[1]。

表 1

	k	g	ŋ	kj	gj	ŋj	kw	gw	ŋw	s	ʃ	t	d	tʃ	dʒ	ts	ds	n	nj
ï	+	+	+							+						+	+	+	
e̝	+	+	+							(+)		+	+		+		(+)	+	
ɛ	+	+	+				+	+		+		+	+	+	+			+	
a̝	+	+	+	+	+	+	+	+	+	+	+	+	+	+	+		(+)	+	+
o	+	+	+	+	+	+				+	+	+	+	+	+	+	(+)	+	+
ɯ̈	+	+	+	+	+	+					+	+	+	+	+			+	+
œ	+		+			+				+								+	

	h	f	p	b	χ	pj	bj	m	ᵐm	mj	j	ɾ	ɾj	w	ɴ
ï			+	+				+				+			
e̝		+	+	+	+			+	+			+			
ɛ	+	+	+	+				+				+		+	
a̝	+	+	+	+	(+)	+	+	+	+	+	+	+	+	+	
o	+		+	+	+	+	+	+		+	+	+	+		
ɯ̈		+	+	+		+	+	+			+	+	+		
œ	+			+				+							

では、ここに示された母音や子音について、標準的日本語とは異なる特徴を中心に述べるが、3.3 までの実例では、最後の「吠える」以外、アクセント記号を略す。

3.1　母音

上に示した表1で見ると、単母音だけでも6種類、それに2重母音のœが観察される。

こうしてみると、5母音どころかそれ以上の母音が備わっているのであるから、標準的に日本語の母音体系と重ね合わせてみたとしても、とくに注目すべき点はなさそうに思えるかも知れない。しかしながら、種類の数は揃っていたとしても、表からも分かるとおり分布の仕方も、また個々の音価も標準的日本語とはかなり異なっていて、必ずしもすべてが対応関係にあるというわけではない。

表の冒頭でも述べたように、狭口母音のïもüも、一般的母音の定義では割り切れない「きしみ音」を伴い、「胃[ï]」「鵜[ü]」のように単独でも存在している。「実」や「木」など、子音との組み合わせもある。標準的日本語の[ï]にやや近い狭口母音のẹと、eよりももっと広口のεは、前者ẹが「干セ」（古形：ホヘ）の語末に現れ、後者εは「細（ホセ）」（古形：ホヘ）、「赤い（アゲ）」など、標準的日本語の連母音に対応する形で語末に現れるが、これはとくに老年層に見られる。

「糸」や「イタズラ（ただし、明治生まれの老年層のみ）」の語頭にはïを使い、「井戸」や「いい（人）」の語頭にはẹを使う。後者はまた、「息」や「苺」などの語頭にも使われる。「煤」「獅子」「梨」「茄子」「知事」「地図」「父」「土」の狭口母音は、全てïである。ちなみに、やや特殊な部類に属するが、老年層によるフォーマルな打消しの「イイエ、イイエ」は[ïẹïẹ]となる。

œは、「声」「メンコェ」の語末、「コェグナル（疲れるの意）」（老年層では「コァグナル」、若年層では「コエグナル」もある）などとして現れる（中途でアクセントの高さが変わることはない）。

3.2　子音

子音全般について説明する前に、iとuが子音と組み合わせられた場合のことについて見ておく必要がある。他の母音にはない「噪音含み」という音声的特徴が伴っているからである。『北奥方言基礎語彙の総合的研究』（1982）

の「青森方言」の項などには、i に該当する母音の「単独のとき」に限って噪音（「摩擦音」）の記述は見られるが、ü に該当する母音の噪音についての記述は見当たらない。

3.2.1　母音のきしみと子音のきしみ

子音と母音が組み合わせられると、どのような場合であっても母音は子音の影響を受け、子音は母音の影響を受ける。先にも述べたとおり、ï には歯茎摩擦の有声子音 [z]、ü には唇歯摩擦の有声子音 [v] のようなきしみ音を伴っている。（無声化すると、z は s、v は f として現れる。）また、このような母音の前に、本来の子音が結合した場合には、一種の二重調音の現象が現れることとなる。

[z] も [v] も歯茎かそれより前の位置で調音されるから、第 1 要素と第 2 要素の調音位置が隔たった [k] や [ɡ] との組み合わせが分かりやすい。

[kï]（「木」）も [ɡï]（「柿：カギ」の第 2 音節）も子音の破裂時には母音に含まれる [z] もほぼ同時に聞かれ [ks-] [ɡz-] のように順次 k → s、k → s のように聞かれるものとは異なる。「釘」の第 2 音節 [ŋï] の鼻音による閉鎖解除時も同様である。

3.2.2　ɡ と ŋ の対立

標準的日本語での ɡ と ŋ は、前者が語頭、後者が語中（母音間）と相補分布をなし、同一の音韻に属するため対立はしないが、深浦方言では、いずれも語中はもちろん、例は少ないものの頭子音としても存在する。

ɡa は「蛾」、ŋa は「汝（親しい間柄での呼称、地域や世代によっては na もあり）」、ɡɛ は「かえって余計に」、ŋɛ は「汝が家」である。

語中に現れる場合では、kagḙ「賭け」：kaŋḙ「影」、kagï「柿（低平アクセント）」：kaŋï「鍵」、hagḙ「刷毛」：haŋḙ「禿げ（頭高アクセント）」、tsïgï「月」：tsïŋï「（布の）継ぎ（当て）（低平アクセント）」、sagï「先（低平アクセント）」、「崎（頭高アクセント）」：saŋï「詐欺」「鷺」（アクセントは双方共頭高）、kügï「茎」：kuŋï「釘（低平アクセント）」、mügï「向き」：müŋï「麦（共に頭高アクセント）」などのようになり、「有声破裂音：鼻音」の対立となって実現される。

なお、このɡとŋの併用は、昭和 30 年代生まれの TM にもおおむね共通している。実例を示そう。

「おとがい」：TS [o⌈do⌉ŋɛ]、TT [o⌈do⌉ŋɛ]、TK [o⌈do⌉ŋɛ]、
/ TM [o⌈do⌉ŋe]*

* ただし、4 世代目では母音のɛは使わなくなり、e となっている。以下、単独の / は、世代間に見られる何らかの変化の節目を示す。

「泳ぐ」　：TS [o⌈jo⌉ŋɯ̈]、TT [o⌈jo⌉ŋɯ̈]、TK [o⌈jo⌉ŋɯ̈]、
/ TM [o⌈jo⌉ŋɯː]**

** 4 世代目は、次の「履く」同様、母音ɯがɯː になっているが、これは、次の「履く」同様、発話時のモードによる「母音の伸長」で音韻論的な特徴ではないと考えられる。

「履く」　：TS [haɡɯ̈]、TT [haɡɯ̈]、TK [haɡɯ̈]、/ TM [haɡɯː]（いずれも低平アクセント、同音連続の「掃く」は頭高アクセント）

「魚」　：TS [sagana]、TT [sagana]、TK [sagana]、TM [sagana]（低平アクセント）

3.2.3　母音間のガ行音ダ行音

標準的日本語のカ行音タ行音の子音に対応する部分が母音間ではガ行音ダ行音のような有声破裂音（母音間であっても必ずしも有声摩擦音ではない）で現れ、標準的ガ行音ダ行音に対応する子音が母音間で実現される場合、その有声子音の直前に鼻音が聞かれるという現象は深浦方言にも見られる。とくに前者は 4 世代共通して現れるが、後者の鼻音については 3 世代目までで、4 世代目までは及ばない。

実例を挙げれば、上記の「おとがい」の [odoŋɛ]、「履く」の [haɡɯ̈]、「魚」の [sagana]、それに「大人」の [o⌈do⌉na] などは世代共通であるが、次の例では、世代目から母音や子音に微妙な変化が観察される。

「たたく」　：TS [ta⌈da⌉ɡɯ̈]、TT [ta⌈da⌉ɡɯ̈]、TK [ta⌈da⌉ɡɯ̈]、/ TM [ta⌈da⌉ɡɯː]

「ボタン」　：TS [bo⌈daɴ⌉]、TT [bo⌈daɴ⌉]、TK [bo⌈daɴ⌉]、TM [bo⌈daɴ⌉] / [bo⌈taɴ⌉]

「街」　：TS [madzï]、　TT [madzï]、　TK [madzï]、　/ TM [madzi]*
*TM になると子音 dz や母音 i がある程度実現され、きしみ音を伴った母音の使用頻度は低下する。

ただし、これらの対応関係はすべてに当てはめられるものではなく、中には老年層も含めて次のような例も観察され、明らかに対立する。

「口　küdzï」：「靴　kü̥ˈtsïˈ」、「厚め　adzime̞」：「熱め　atsïˈme̞ˈ」、
「勝ち　käˈdzïˈ」：「(食品の)カツ　ˈkaˈtsï」、「道　mïdzï」：「密　ˈmïˈtsï」、
「茎　küˈgïˈ」：「空気　ˈküˈkï」*
*「空気」の母音 ü は「茎」の母音 ü 以上に長くはないものの、ここで母音の無声化は生じない。

語中の k や t であっても、や無声子音として実現される例には、次のようなものがある。

「蒸かす」：TS [fü̥ˈkaˈsï]、TT [fü̥ˈkaˈsï]、TK [fü̥ˈkaˈsï]、
/ TM [ɸɯ̥ˈkaˈsü]*
* 4 世代目 TM の母音 ɯ に、きしみ音は聞かれない。
「太る」：TS [fü̥ˈtoˈɾü]、TT [fü̥ˈtoˈɾü]、TK [fü̥ˈtoˈɾü]、
/ TM [ɸɯ̥ˈtoˈɾü]
「北」：TS [kï̥ta]、TT [kï̥ta]、TK [kï̥ta]、/ TM [ki̥ta]**
** TM 第 1 音節の母音は i で、きしみ音はない。

なお、上記 3 件の第 1 音節には、記号でも分かる通り、各世代共に母音の無声化が観察される。

3.2.4　語中有声破裂音直前の鼻音

この現象は、ここで扱っている第 3 世代までは安定して実現されているが、第 4 世代からは観察できたりできなかったりする。ただ、個人差、性差によるところもあるようで、TM の弟 TJ(昭和 44 年生まれ)からは、より頻繁

に聞かれる。

「こぶ」　：TS [ko^{m}bo]、TT [ko^{m}bo]、TK [ko^{m}bɯ̈]、/ TM [kobɯ]
「負ぶう」：TS [o$^{m⌈}$bo⌉ɾɯ̈]、TT [o$^{m⌈}$bo⌉ɾɯ]、TK [o$^{m⌈}$bo⌉ɾɯ]、/ TM [o⌈bɯ⌉ɾɯ]
「窓」　：TS [ma$^{n⌈}$do⌉]、TT [ma$^{n⌈}$do⌉]、TK [ma$^{n⌈}$do⌉]、TM [ma$^{n⌈}$do⌉] / [ma⌈do⌉]*

* 鼻音を使用する場合と使用しない場合の「揺れ」があり、この語については変化の途上にあると考えられる。

また、鼻音は使われるものの、すでにその鼻音の機能が変化し「撥音」となっている例もある。

「便所」：TS [⌈ko⌉ga]（古形）/ [be̝$^{n⌈}$dʒo⌉]、TT [be̝$^{n⌈}$dʒo⌉]、TK [be̝$^{n⌈}$dʒo⌉]、/ TM [ben⌈dʒo⌉]*
「粘土」：TS [⌈ne̝$^{n⌉}$do]、TT [⌈ne̝$^{n⌉}$do]、TK [⌈ne̝$^{n⌉}$do]、/ TM [⌈nen⌉do]*

* TM の e は、他の 3 例とは異なり、e̝ のように狭まった母音ではない。アクセントは dʒo が高い。（「粘土」では ne̝^{n}、nen が高い。dʒ の調音点は、いずれも「広域歯茎」音で dʒ̝ とでも書けよう。）

次の「井戸」で、TM の例には、鼻音の不使用と同時に明らかな母音の変化も見られる。ただし、そのような二重の変化があってもアクセント /⌈/（ここでは昇り核アクセントの位置）は変わらない。これは、これまでの例すべてにも当てはまることである。

「井戸」：TS [e̝$^{n⌈}$do⌉]、TT [e̝$^{n⌈}$do⌉]、TK [e̝$^{n⌈}$do⌉]、/ TM [i⌈do⌉]

3.2.5　合拗音 k̯w

「こわれる」：TS [k̯wa⌈ɾe̝⌉ɾɯ̈] / TT [k̯wa⌈e̝⌉ɾɯ̈]*、TK [k̯wa⌈e̝⌉ɾɯ̈]**、/ TM [kowa⌈ɾe⌉ɾɯ]

*TT では、TS と比べると第 2 音節の子音 ɾ が脱落している。
**TK の妹 TN や筆者などは、[ka˹e̞˺ɾɯ̈] となり、合拗音は使わないものの母音の ɯ̈ は使う。ちょうど TK / TM の中間である。

3.3　その他の例に見られる世代間の変化

これまでの例では、音韻上の変化の節目が主として第 3 世代と第 4 世代の間に集中していたが、項目によってはその他の世代間に見られる例、あるいは 2 段階だけではなく 3 段階で変化する例もある。

（1）　母音　ï → e̞ → i、ï → ɯ

「いたずら」：TS [ïdadzïɾa]、TT [ïdadzïɾa]、TK [e̞dadzïɾa]、
/ TM [idadzɯɾa]

ここでは、語頭の ï が 3 世代目で狭めの e̞ に、4 世代目で i に変化している。また、語中 dzï の ï が ɯ に変化している例である。
(ï → i の変化も見られる。「襟」：TS [e̞˹ɾï]、TT [e̞˹ɾï]、TK [e̞˹ɾï]、/ TM [e˹ɾi˺])

（2）　母音　ɛ → e̞ → e

「バカクセ（悔しいの意）」：TS [bagakɯ̥̈˹sɛ˺]、TT [bagakɯ̥̈˹sɛ˺]、
TK [bagakɯ̥̈˹se̞˺] / TM [bagakɯ̥˹se˺]

（3）　半母音 + 母音〜母音　jɯ̈ → e̞ → i

「ゆわ〜いわ（岩の意）」：TS [jɯwa]、TT [jɯwa]、/ TK [e̞wa]、
/ TM [iwa]

（4）　直音〜拗音　とくに　ɾe̞o → ɾjo

「漁師」：TS [˹ɾe̞o˺sï]、TT [˹ɾe̞o˺sï]、/ TK [˹ɾjoː˺sï]*、
/ TM [˹ɾjoː˺ɕi]**

*TK からは拗音も現れるが、依然 ï が使われ、語によっては長母音的操作の参入を窺わせる。
**TM からは、長母音も頻繁に現れ、最終音節には標準的日本

語に近い口蓋音の çi が使われている。

（5）　摩擦音の調音点の移行（ハ行）

「東」　：TS [sïŋaˈsï]、TT [xe̜ŋaˈsï]、TK [xe̜ŋaˈsï]、/ TM [çiŋaˈçi]

「吠える」：TS [ˈχoe̯ˀɾɯ̈]、TT [ˈχoe̯ˀɾɯ̈]、TK [ˈχoe̯ˀɾɯ̈]、/ TM [hoˈeˀɾɯ]

4.　アクセント

深浦アクセントの特徴は、青森や弘前と異なり、低く平らな型を備えていること。それ以外では、言い切りの形で言った場合、1 音節だけ高くなるが、それは東京アクセントなどのように、どこから下がるかではなく、どこから上がるかが重要な「上げ核」（上野 1975 などによる）を認めることができる。

例えば、「苺」（ˈイˀジゴ）は、単独で言い切りのように言えば、●○○のように第 1 音節だけが高くなるが、「苺食た」では●●●○●のようになる。「朝日」は、単独言い切りで、○●○であるが、「朝日出た」（アˈサヒˀ出ˈダ）では、○●● ○●のようになる。つまり、言い切りと言い続けでは高い部分の範囲に違いが出るものの、どこから高くなるかという点に関しては一定不変であることから、/ˈ/ が重要なポイントであると考えられる。

深浦方言のアクセント体系を簡略化して示せば次のようになる。

深浦方言のアクセント体系（名詞）

○	柄、血、実、名、葉、日、毛
ˈ○ˀ	絵、木、手、根、火、目、歯
○○	飴、口、鳥、鼻、石、音、川、皺、こぶ、街、北、西 つり
ˈ○ˀ○	息、箸、針、秋、春、猿、汁、屑、粕、菓子、夜、禿げ 夜具

○⌈○⌉	雨、足、雲、花、山、傘、空、種、窓、腹、襟、杖、井戸ブナ(木)、汗、咳、熱、喉、坂、切手、影
○○○	机、昔、小豆、桜、鮑、力、オナゴ、明かり、上り下り、案山子、ハガギ(葉書)、山田(名字)
⌈○⌉○○	苺、鯨、エンチコ、ホウズキ、ダンブリ(トンボ)、僅か丼(ドンブリ)、吾妻(地名)、ト(ン)ネル
○⌈○⌉○	欠伸、緑、小麦、紅葉、朝日、命、兎、鳥、薬、オドゲ(顎)、マナグ(眼)、夜風、根雪、テレビ、アンテナ
○○⌈○⌉	男、頭、ワラシ(こども)、袴、アワセ、着物、曇り、袋話、メガネ、風呂場、光、広戸(地名)
○○○○	杯、筍、鶏、腰巻き、金槌、洗エモノ(洗濯もの)、友達マギギリ(旋毛)、働き、ワガママ
⌈○⌉○○○	書くもの、読むもの、取る人、来る時、待つ人、ある物見るもの
○⌈○⌉○○	紫、山形、福島、川崎(地名＝名字)、横浜、長崎、鹿児島、神奈川、品川、金沢、荒川
○○⌈○⌉○	鶯、九つ、鉢巻、八戸、盛岡、春雨、アメユギ(雨雪)コナユギ(粉雪)、目薬
○○○⌈○⌉	朝顔、剃刀、雷、唐傘、春先、嘘こぎ、楽しみ、苦しみ喜び、耳かぎ、犬かぎ

『北奥方言基礎語彙の総合的研究』の「北奥方言アクセントの型の対応表」などで飴、口、鼻、の項を見ると、青森、五所川原、弘前では○●であるが、秋田、横手は○○である。深浦は後者である。煙、机なども、深浦は○○○で秋田、横手に近い。かつての船による人的交流などがその基本的違いに何らかの影響を与えたものと思われる。先にも述べたとおり、アクセントに関する限り、4世代の間に大きな違いは見られない。

5. まとめ

青森県深浦方言について、世代間による音韻の異同・アクセントの基本的特徴を見てきたが、ここから分かったことを挙げれば、おおむね次のようになる。

1）4 世代を通して、音韻上もっとも大きな変化が見られるのは、第 3 世代と第 4 世代の間であり、その次が第 2 世代と第 3 世代の間である。

2）母音や子音レベルでの違いはあっても、アクセントには一貫して大きな変化が見られなかった。例えば、第 4 世代 TM には、他の 3 世代に比して特殊音節などがより明確に現れているにも関わらず、その特殊音節部の高さは、すべて先行音節の高さに従っていて、独自にそこから高くなったり低くなったりすることはない。アクセントで見る限り、特殊音節にはいまだ独立性が認められない。

3）深浦アクセントの体系には、低く平らなアクセントも含まれるが、これは、津軽平野部など他地域の津軽方言アクセントとは違い、むしろ秋田方言アクセントに近い。

4）単独の母音だけでも 6 種類認められるが、標準的日本語の 5 母音とは、必ずしも対応関係にはない。また、中舌母音には前舌寄りと奥舌寄りの 2 種類あるが、いずれもきしみ音を伴い、環境によっては無声化もする。

なお、今回の資料は同一家族のものを中心に調査したものであったが、内部調査的に詳しく観察できた反面、他の家族についても詳しく見るような量的研究はできていない。

更に、昭和 40 年代、50 年代、60 年代、あるいは平成生まれと追跡した場合、果たしてどのような変化が見られるかについて調査するとなると、今回のように同一家族内だけで調査するというわけには行かなくなる。

注

1　ただし、この説明は、あくまで標準的日本語などについて、従来広く用いられてきた「口蓋音」に準じて説明すれば、ということである。英語やドイツ語のʃやʧは、元来舌先が上顎の歯茎に向いているようである。

第 12 章
ミクロネシア・チュークに見られる残存日本語の音声

ここからは、今から半世紀以上も前に旧植民地で日本語を学習した人々による日本語音声の実態に目を転じてみる。地域は、かつて日本が経営した広大な植民地のうち、ミクロネシアのチューク(英語名：トラック Truk)島民、ポナペ(英語名：ポンペイ Pohnpei)島民、それに台湾の先住民で最大人口のアミ族と最小のヤミ族である。日本側からはほとんど省みられることのなかった人々である。戦前・戦中のこととて、言及を控えた当事者もいることであろうが、その「残存日本語」実態調査中に見られた日本語音声の諸現象の中には、今日、日本語教育を考える場合に留意すべきさまざまな事項があることに気付かせてくれる。

1. 序

1941 年から 1944 年前後(島によって多少の長短がある)にかけて、日本は国際連盟の委任統治を実施すべく、ミクロネシアに「南洋庁」を置き、現地を植民地とした。

この間、島々には島民の子弟に対する初等教育レベルの学校を設立し、日本語教育を施したが、当時学童として日本語を習い覚えた人々は、敗戦により日本人から引き上げてから半世紀以上たった今も、かなり流暢な日本語を話す。中には数十年間日本人には会ったことがなく、日本語を使ったことがほとんどないにも関わらず、当時の写真などを見ているうちにみるみる流暢な日本語を話し始める老女がいて、調査者が驚くこともしばしばであった。人間の記憶力の確かさに感動すら覚えるが、これらの人々の日本語がどのようなものかについての調査は、ほとんど行われてはこなかった。

「戦前」に対する反省やうしろめたさから、誰言うとなく避けてきたのかも知れない。思い出したくない思い出を敢えて記録するようなことはしなかったのかも知れない。とかく「生乾きの歴史」について議論するのは難しいからでもあろう。

しかし、ことの是非はともかくとして、今から半世紀以上も前に、日本が国の責任において南の島々で学校制度を作り、学校を建て、おおぜいの現地児童に日本語や日本文化を教え、言葉が通じなかった島々に共通する言語としての日本語の使い手を多数生み出した。また、そのことと連動して、現在の現地語自体にも多数の語句が「借用語」として入り込み、今日、日本語とは無縁であるはずの世代でさえ、それとは気付かずに使い続けているという客観的事実がある。これらの事実を真摯に受け止め、可能な限り私情を交えずに記録することは、「今なら何とか間に合う時期」に居合わせた私達の義務であると考え、調査を行った。

1.1　調査の概要

調査は、1994 年から 1996 年の 3 年間に実施された。はじめは他分野の現地調査経験者に紹介された人々を訪ねて行ったが、その中から記憶の確かな人、反応のよい人に絞り込むようになった。また、2 年目、3 年目と調査が進むうちには新たな出会いが生まれ、調査者独自で捜し出せるようにもなったが、その間に故人となられた方も 4 名おられる。

被調査者は、主に当時 65 歳前後の男女であるが、全体としてみれば直接インタビューできたのは男性の方が多い。その理由は、当時、現地島民の子弟教育のために作られた公学校へ、さらに補習科へと進学して勉学が続けられたのは男子が多かったからだと聞く。調査の具体的方法としては、あらかじめこちらで用意した調査項目の他、植民地時代の日常生活や学校での生活についての質問に答えてもらい、その様子を被調査者の胸に装着したタイピンマイク（SONY ECM-717）を通して DAT テープレコーダー（SONY

TCD-D7）で録音した。用意した調査項目としては、口頭によるなぞなぞ形式とリピート形式など口頭や図版によるやりとりを中心にした。

調査では、また、50年以上前に学習した人々の日本語の音声と比較的対照させる意味から、現地の高校で現在日本語を学習中の高校生についてもインタビューを実施したが、その結果などについては、今回は含まれていない。詳しくは（Toki 1998、ミクロネシア本国の方々にも読んでいただけるよう英文で刊行したもの）を参照願いたい。

1.2　インフォーマントの条件差

委任統治時代のミクロネシア島民子弟に対する学校制度は、「本科」3年、「補習科」2年、「木工徒弟養成所」1年となっていた。原則として本科入学は8歳からであったが、中には15, 6歳になってはじめて入学したケースも少なくなかったようである。その本科の3年を修了した時点で優秀と認められた上位数名（各公学校から10名以内程度と聞く）の者は、上級の補習科に進むことができた。さらに補習科でも優秀と認められた男子はパラオの木工徒弟養成所に進んで大工の技術を学んだ（女子は少数ながら「研究生」）が、そこでなおも優秀と認められた者は公学校の補助教員や警察官の補助員、あるいは海軍病院や日本人の経営する「南貿」（南洋貿易株式会社の略称）に雇われ、比較的安定した生活ができたという。インフォーマントの話を総合すると、日本はこの地にまである程度の「学歴社会」を持ち込んだようである。

「木工」以上の高等教育はなかったが、どのコースまでを修了したかが彼らの生活基盤を決定づけたらしいことは、個々人の口述から窺い知ることができる。

例えば、本科しか出ていないXの就職先は「パンパン屋（当時の一般呼称）」（売春宿）の下働きであって、補習科や木工を出た人とはかなり異なっている。その職業上の違いは、調査中、時に日本語レパートリーの違いとなって現れた。

その典型的な例は「卑罵語」の類である。Xが「日本人は、何かというとすぐぶんなぐる」と言いながら再現してくれた「ケーネヤロー（この野郎）」

の口調は、単音レベルからイントネーションに至るまで、実に荒くれ男のそれであって、他の「進学組」からは聞き出そうとしてもなかなか聞かれないものであった。学校を出てからの自然習得のインプット・リソースに、その人的環境などから自ずと差違が生じ、日本語のレパートリーに個人差を与えたということであろう。

2.　チューク語の音声、日本語との異同

2.1　音素体系の比較

カッケンブッシュ・知念・寛子氏の博士論文 "STUDIES IN THE PHONOLOGY OF SOME TRUKIC DIALECTS"（The University of Michigan, 1970）によれば、ミクロネシア・チューク州の中心地モエン方言の音素体系は次のようである。

（1）　個々の音素には長短の区別があるが、/r, j, w, h/ は例外で、先行形態素の末尾と後行形態素の頭部で並んだときにのみ音声学的に長く実現される。

例）-r+r-、-j+j-、-w+w-、-h+h-*.

(* ただし、/h/ は、下記の音素体系には見られない)

（2）　重要な最小音節構造は、CVC、CVV である。

（3）　借用語を除けば、異なる母音が連なることはない。

［母音］：

	前舌	奥舌		
		平唇	円唇	
狭口	i	y*	u	(*：y は ɯ に該当し、ɯ と u は
半狭口	e	ʌ	o	音韻的に対立することになる)
広口	æ	a	ɔ	

［子音］：

	唇音					
	軟口蓋化	無変化		歯 / 歯茎		軟口蓋
閉鎖音*	p^w	p		t	c**	k
摩擦音			f	s		

鼻音	m^w	m	n		ŋ
ふるえ音			r		
わたり音(半母音)				j	w

いずれの子音も「語頭」「語中」「語末」で実現される。
(**：/c/ がここでは閉鎖音に分類されているが、次の標準的日本語では破擦音として分類されているものに該当する)

この形式に従って標準的日本語の音素体系を当てはめてみると、次のようになる。

[母音]：

	前舌	奥舌		
		平唇	円唇	
狭口	i	y*		(*：y は ɯ に該当)
半狭口	e		o	
広口		a		

[子音]：

	唇音	歯 / 歯茎	軟口蓋	声門
閉鎖音	p , b	t , d	k , g	ʔ
摩擦音		s , z		h
鼻音	m	n		
破擦音		c		
弾き音		r		
半母音	w		j	

モーラ音素：Q(長閉鎖 /p, t, k /、長摩擦 /s/)、N(長鼻音)、R(長母音)

これらの「音素体系」の比較で分かる共通点として注目されるのは、双方の母音全体、これら一部の子音に長短の区別があることである。この点に関する限り、他の、英語や中国語などを第一言語とする人々よりも日本語の単音～音節レベルの学習には有利であろう。

相違点としては、モエン語の母音が 9 種類であるのに対して、日本語は 5 種類である。ただし、ほとんどの類似音がモエン語に含まれているため、この言語を話す人が日本語を話したとしても母音で通じにくくなることはなさそうである。さらに、日本語教師の発音が u 主流（西日本）か ɯ 主流（東日本）かによって、どちらでも比較的容易に習得できた可能性もある（インフォーマント自身の語りや、彼らが習ったという教員に付いての話から考えると、当時の日本人教員には西日本からの人々が比較的多かったようである）。

2.2　音環境と異音の関係

単音レベルの中では子音に相違点が多い。

1）モエン語には、閉鎖音や破擦音に有声・無声の区別がない。

2）/h/ の頭子音は日本語にはあるがモエン語にはない。

3）/c/ は日本語では歯・歯茎音（/i/、/j/ が続く時は、硬口蓋音で実現される）であるが、モエン語では、硬口蓋音のみである。

4）モエン語では独立した音素として存在する /ŋ/（軟口蓋音鼻音）が日本語では /g/、/N/ の異音として実現されるが、とくに /g/ の異音の [ŋ] が衰退しつつある。

5）日本語の /h/ には、後続の環境 /-i/、/-j/ と /-u/ によって、それぞれに異音として [ç]（ヒの子音）、（フの子音）[ɸ] が実現されるが、モエン語にはない。

3.　音声資料

この調査では DAT テープレコーダーを用い、タイピンマイクで録音し、インタビューに際してはイヤフォンでモニターし、音量などを調節しながら行うなど、できるだけ音質のよい資料を得るよう努めた。お国柄から被調査者が上半身裸であった場合には、首に首飾りやレイをかけてもらい、それにタイピンマイクをつけて行ったが、場所によって人だかりがしたり、近くで話し声がしたりで、幾分困ることもあった。時には、自分たちの宿に来てもらい、できるだけ静かな環境を設定して実施したこともあるが、離島の場合は、電力設備もなく、乾電池に頼るしかなかった。

4.　調査結果

ここでいうモエンとは、かつてトラック(Truk)もしくはチューク(Chuuk)、モエン(Moen)環礁と呼ばれる地域のことである。その中心は現在ウェノ(Weno)と呼ばれる島である。そのウェノを中心に行った調査ではあっても、ウェノ生え抜きのインフォーマントを捜すのは容易ではない。その理由の一つに、婚姻習慣がある。現地では原則的に「入り婿婚」であって、妻の家に夫が移り住むことが多いから、現在ウェノに住んでいるからといってウェノで生まれ育ったとは限らない。むしろ、他の離島でウェノ出身者が見つかることも少なくない。今回の資料を提供してくださった次の4名は、厳密には、ウェノ環礁内居住の方々である。

A：1921年　ウェノ生まれ(男)
S：1961年　ウェノ生まれ(男)
J：1927年　ウェノ生まれ(男)
K：1920年　ローソップ島(モエン環礁外)生まれ　(男)〈参考〉

この方々の日本語音声を観察して最初に感じられることは、多少の個人差はあれ、総じて流暢な日本語だったということである。詳細に観察して得られた結果には種々の側面があるが、ここにも他の言語話者による中間言語と同様、正の転移と負の転移が考えられる部分がある。以下、実例を挙げるが、音声表記は簡略表記を採用する。

4.1　単音レベル

〈正の転移〉

1)　5母音

モエンには9種類の母音があり、日本語の5母音は、ほぼ、それでカバーされる。

2)　狭母音の無声化・脱落

標準的な日本語においては、狭母音が無声子音に挟まれた場合、更に、場合によっては文末で無声子音に先立たれただけの場合でも、その母音は無声化して無声摩擦音の伸張だけに変わることもある。これは、他の多くの言語話者の場合、現実が難しいことも多いが、モエン語話者の場合は正確に実現される。これは、モエンの基本的音節構造の中にCVCがあり、その音節末のCには全ての無声子音も実現され得るため、応用しやすい点などがプラスに作用しているものと考えられる。

例：/nihoNnohito/「日本の人」　-[nihonnoçi̥to] i̥で実現
　/sjoRjutukete/「醤油つけて」　-[ʃoːjɯtʃɯ̥kete] ɯ̥で実現
　/－desu/「―です」　-[-desɯ̥] 場合によって ɯ̥で実現

3)　ガ行鼻音の実現：

伝統的な標準語では、ガ行音の頭子音が語中に現れた場合に鼻音化するが、現在では、比較的年配の人々や東北方言話者（年齢を問わず）などの間で行われ、中年・若年層の間ではあまり使われない。しかし、モエン語話者の日本語音声では安定して使われている。

例：/kagami/「鏡」-[kaŋami]、/nokogiri/「のこぎり」-[nokoŋiri]（[r]は全て震え音）/nihoNgo/「日本語」-[nihoŋŋo]、/eRgo/「英語」-[eːŋo]

これらの原因としては、外的要因と内的要因の双方が考えられる。外的要因として考えられることは、当時の日本人教師の中では、まだガ行鼻音の勢力も大きく、奨励されたであろうことである。当時、国内で作られ広く海外へ配布された日本語レコードを聴いて調べたところでも、ガ行鼻音が用いられていたことが分かる。もし、当時の日本語教師の中でも鼻音が衰退していて、[g]で教えられたり、[ŋ]が目立たない現象として認識されていたならば、基本的に有声破裂音を持たない学習者達は、ちょうど現在のタイ語話者の日本語に見られるように、苦労したあげく、語中の[g]や[ɣ]を[k]で代用し、負の転移として実現されたことであろう。

内的要因として考えられることは、軟口蓋鼻音の[ŋ]がモエン語においてはCVCの内の双方のCで実現されることから、頭子音としても、また音節末の撥音としても実現可能なことである。

〈負の転移〉

A：もともとモエン語には有声破裂音や有声破擦音がなく、有声性の認識が十分ではないために同系列の無声子音で代用してしまう場合。

B：同系列であるが、調音点の違う子音で代用される場合。主として口蓋音（詳しくは広域歯茎音とでも呼べるもの）への偏りが多い。

C：代用が考えられず、「空き間」のまま放置され運用に持ち込まれる場合。

D：「負－」とまで言えないが、音価の違う音がそのまま使われ、日本語母語話者に指摘されやすい場合。

具体例は次のようである。

A：これは、個人差に幅あるが、この点に問題を残さない人は、今回採り上げた人以外の場合を見ても、決して多くはない。いたとしても、部分的に有声破裂音や有声破擦音が実現されるだけで、文中のとくに際立たせの伴わない箇所で有声性が現れる傾向がある。

例：多くは /b/、/d/、/g/、/dz/、/dʒ/ などの有声性が失われる。

/b/：　/kibidaNgo/「黍だんご」-[kipitaŋŋo]
/bjoRiɴ/「病院」-[pioiɴ]
/obeNkjoʀ/「お勉強」-[opeŋkioː]

/d/：　/nihoNdekosiraeta/「日本でこしらえた」-[nihontekoʃiraeta]
/wakaitokidake/「若いときだけ」-[wakaitokitake]
/kodomo/「こども」-[kotomo]

/g/：　/geNki/「元気」-[kenki]、/gunziN/「軍人」-[kntʃin]
/gaQkoR/「学校」-[kakkoː]

/z/：　/onazi/「同じ」-[onatʃi]、/niziQpun/「20分」-[nitʃippɯɴ]
/kaNzume/「缶詰」-[kantʃɯme]、/zjuʀmai/「10枚」-[tʃɯːmai]
/zibuN/「自分」-[tʃipɯɴ]

なお、これらの無声音化のほとんどは、単に破裂前に声帯の振動を伴わないだけではなく、帯気性を抑え、破裂後はなるべく早く声帯の振動が起きるような、(中国語話者等に見られる)「無気音」で代用しようとする傾向が観察される。

B：これは主に「歯茎・破擦音」が「硬口蓋音」となって実現されるもので、/z/ などでは無声音化も共に実現され、個人差はほとんど観察されない。

例：/c/(日本語の場合は歯茎音、モエンの場合は硬口蓋音)、/z/(日本語では歯茎音と硬口蓋音があるが、有声性を伴わない例は前述の通りである。)

例 1　/c/：/cuRgakuseR/「通学生」-[tʃɯːŋakɯ̥seː]
(自宅通学生のことで、「中学生」と混同して聞こえる)
/cugino/「次の」-[tʃɯŋino]、
/komacu/「小松(人名)」-[komatʃɯ]
/s/：/taisoR/「体操」-[taiʃoː]、/sukosi/「少し」-[ʃɯ̥koʃi]、
/siNsecu/「親切」-[ʃiɴʃetʃɯ]

例 2　/z/(ここでは歯茎音の硬口蓋化の例として示す)：
/kaNzume/「缶詰」-[kantʃɯme]、
/gozaimasu/「ございます」-[gotʃaimaʃɯ̥]

C：語頭の /h/ が欠落してしまう場合であるが、これには個人差があり、とくにその問題点に気付いた人の中には過剰訂正が目立つことがある。

例 1　/h/(一般的な欠落)：
/harusima/「春島(ウェノ島の日本時代の名称)」-[arɯʃima]
/hoNka/「本科(日本時代の学校の初等コース名)」-[oɴka]
/hataraite/「働いて」-[ataraite]

例 2　/h/ の過剰修正による付加
/asaninaruto/「朝になると」-[hasaninarɯto]
/eNpicu/「えんぴつ」-[hempitʃɯ]

D：/r/ は日本語では弾き音、モエンではふるえ音であるが、これで代用す

る点については個人差がほとんど見当たらない。

例1　/r/ ふるえ音での代用

/siNdari/「死んだり」-[ʃindari]、/irete/「入れて」-[irete]

/kosiraeta/「こしらえた」-[koʃiraeta]、

/jorosii/「よろしい」-[joroʃii]

/hairumaeni/「入る前に」-[airumaeni]

4.2　音節レベル

モエン語には、母音・子音に長短の区別があり、日本語のモーラ音素「長母音」「促音」「撥音」や、それらに準じる「ai」「oi」「ui」の実現には問題が認められない。

但し、「拗音」は「直音化」する。

例：/bjoRiN/「病院」-[pioiɴ]

（戦後制定されたチューク語のローマ字による正書法では “pioin”）

/obeNkjoR/「お勉強」-[openkio]、/kjoʀsitu/「教室」-[kioʃitʃɯ]

4.3　単語レベル

標準的な日本語のアクセントは「音韻論的に有意味な単語高さアクセント」であり、語形が同じであってもアクセント核の位置が違うことのある「移動(自由)アクセント」である。これによって意味が異なるが、モエン語の場合は、韓国語のソウル方言などのような「一型式アクセント」である。形式が一定している「固定アクセント」であると考えられる。試みに、日本語の種々のアクセント形式を聞かせ、その場で繰り返させてみた結果を、日本語のアクセント形式を〈A〉、繰り返されたアクセント形式を〈B〉として示せば、次のようである。(/'/ はアクセント核を示す)(繰り返させたのは、日本文字が読める人は限られるからであり、オウム返しに繰り返したからといって、瞬時に調査者側の発したアクセント実現から学習してしまうようなことはなかったからでもある。)

		〈A〉	〈B〉				〈A〉	〈B〉
/na'ga/	「菜が」	: HL	− HL	,	/ame/	「飴」	: LH	− HL
/ma'do/	「窓」	: HL	− HL	,	/uta/	「歌」	: LH	− HL
/ha'ru/	「春」	: HL	− HL	,	/iro/	「色」	: LH	− HL
/e'ga/	「絵が」	: HL	− HL	,	/ega/	「柄が」	: LH	− HL
/a'me/	「雨」	: HL	− HL	,	/ame/	「飴」	: LH	− HL
/i'nega/	「稲が」	: HLL	− LHL	,	/mura'ga/	「村が」	: LHL	− LHL
/ja'nega/	「屋根が」	: HLL	− LHL	,	/hana'ga/	「花が」	: LHL	− LHL
/usino/	「牛の」	: LHH	− LHL	,	/edano/	「枝の」	: LHH	− LHL

このように、日本語には「平板型」「頭高型」「中高型」「尾高型」など種々のアクセントパタンがあるが、そのどれを聞かせても、繰り返しで実現された結果は、末尾から2番目の音節を際立たせる傾向にある。したがって、上記の「花が」「村が」のようにもともと末尾から2番目が高く発音されるものを聞かせると、結果は一致するが、これは偶然の一致にすぎないとも言えよう。なお、その際立たせ方には「強さ」を用いていると考えられる。

4.4　文レベル

繰り返しによって得られた音声資料を文のレベルで観察してみると次のようである。

音節が二つ以上連なると、標準的日本語ではどちらか一方が際立たせられ、他方は抑制される。その場合、抑制された方のアクセントパタンも圧縮され「低く平らなパタン」に近くなるが、この実験では、そのようなイントネーションパタンを選び、繰り返してもらった。

ここでは、それを単純化してHMLで示す(H：高、M：中、L：低)が、文末のM–Lの高さの違いは、H–Mほど大きくはない。例えば、「かさがある」を[HMMML]と発音した場合、[か—さ]の高低差の方が[あ—る]の高低差より大きく明瞭である。

		〈A〉	〈B〉
/a'megahu'ru/	「雨が降る」	：HMMML	− LHLHL
/a'kigaku'ru/	「秋が来る」	：HMMML	− LHLHL
/aki'gaku'ru/	「飽きがくる」	：LHMML	− LHLHL
/hu'negairu/	「船が要る」	：HMMMM	− HLLHL
/oto'gasuru/	「音がする」	：LHMMM	− LHLHL
/iro'gaa'ru/	「色がある」	：LHMML	− LHLHL
/usigairu/	「牛がいる」	：LMMMM	− LHLLH
/kaogaakai/	「顔が赤い」	：LMMMMM	− LHLLLH

ここで聞かせた日本語〈A〉では、文の中心部となる文節が 1 ヵ所頂点となっており、前後がそれよりも低く抑えられている。ところが、繰り返された方〈B〉には、抑え込みがなく、全体として、文の頂点が 2 ヵ所あるかのように観察される。文節ごとに、終わりから 2 音節目のところで際立たせていて、全体としてどちらの文節も同じような高さで実現されている。ただし、文末が高く平らに終わるものについては最終音節を際立たせて終わる。このことから、インフォーマントによって繰り返された日本語では、文の中心は際立たせ、他は抑え込むという、イントネーションで文の情報構造を示す音声表現は実現されていないように観察される。

5.　まとめ

この調査によって分かったことをまとめれば、次のようになる。

1）　母音は音色、長短、無声化も含めて大きな問題がない。

2）　子音には、(a) 破裂音・破擦音ともに有声・無声の区別が付きにくいこと、(b) 歯茎音の口蓋音（詳しくは広域歯茎音）による代用で実現され、伝統的ガ行鼻音も正の転移として認められる。

3）　音節レベルでは、拗音の直音による代用などが認められるが、モーラ音素等の実現に問題は認められない。

4）　アクセントは、「一型式アクセント」であるところから、多くの場合、末尾から２番目の音節を「強さ」によって際立たせる傾向が強い。

5）文レベルの基本的イントネーションについては、文節ごとに同型のアクセントが同様の強さで現れ、この観点からは文の焦点が定まりにくい傾向が観察された。

この研究は、平成６年から平成８年度の文科省科学研究費補助金（国際科研）による海外調査研究「旧統治領南洋群島に残存する日本語・日本文化の調査研究」（研究代表者：土岐哲）の研究報告の一部である。東京のミクロネシア大使館のジョン・フリッツ氏（かつて筆者が日本語を教えた方）はじめ、調査の準備から実施の期間中ご協力くださったすべての方々に対し、感謝申し上げたい。また、調査期間中に、お会いし、その後亡くなられた方々のご冥福を心からお祈りする。

第13章
ミクロネシア、ポナペ島に残存する日本語の音声

ここでは、旧植民地統治下の南洋群島ミクロネシアのポナペ島で日本語を学習した人々の日本語音声が今日どのような形で残っているかについて、現地調査で収集した自然談話資料を基に観察・分析し考察している。その結果として言えることは、音声項目の性質に応じて種々の条件が働いているものと考えられる。例えば、①学習者の背景にあるポナペ語と、学習目標としての日本語双方の音韻組織などの違いに由来するもの（有声破裂音・有声破擦音の無声化、語頭の /h/ の脱落、拗音の直音化、アクセントの固定化など）、②発音時の生理的もしくは心理的条件に由来するもの（特定箇所の有声破裂音の実現）、③学習環境の条件的違いに由来するもの（かつての日本語話者との接触や日本語の使用頻度など）、④学習者本人の学習目標語に対する関わり方についての条件などが挙げられる。

1. 序

ポナペ島は、現在、ミクロネシア連邦の首都が置かれた島である。周辺の島に比べて広いだけではなく、年間降雨量も多く、胡椒をはじめ作物が豊富なところである。アメリカ合衆国に属するグァム島を起点としてミクロネシア連邦の島伝いに定期運行されているジェット機による航路を東南東へ約3時間弱、トラック島（現地名チューク）の次に着陸する島である。他の多くの島々同様、この島でも、第1次大戦直後からおよそ30年間、それ以前のド

イツに代わって日本が植民地統治を行い、太平洋戦争が激しくなる頃まで現地児童に対して日本語教育が行われていた。その結果として、戦争終結時に約10歳以上であった人々は、今日もなお日本語を話す。現地のポナペ語には日本語からの借用語も多く、若年層・中年層の中には、日本語そのものは話せないものの、日本語からの借用語をそれとは気付かずに使っている。しかしながら、かつて日本語を学んだ人々の日本語が今日どのような形で残っているかについて述べたものは、決して多いとは言えない。

筆者は、1994年から1996年までの3年間に3度ミクロネシアに赴き、ミクロネシア連邦3州（チューク、ポナペ、コシュラエ）のうち6つの島々で残存日本語の調査を実施した。ここで扱う資料は、その際にポナペ島へ2度訪れて収集したもののうち、とくにポナペ島で生まれ育った人々の分について、その音声面に焦点を当て、その実態について観察し考えたところを述べたい。

1.1　音声資料の収録

音声資料の収録に当たって考慮した点は、次のようなことである。

（1）　できるだけ自然な音声談話資料を収集するため、調査に協力していただいた方々には、日本語学習当時のことなどを語っていただき、そこで得られた資料から音声上の特徴を抽出した。そして、分析中改めて疑問が生じた場合には、再度訪問して、なぞなぞなどにより問題の箇所を洗い出すようにし、読み上げなどの方法は避けた。

（2）　その理由の一つには、被調査者が日本時代に受けた教育制度の制約が挙げられる。これらの人々は、どんなに長くても6年程度しか教育を受ける機会が与えられなかった。事実、かなりの能力が認められた場合であっても、最終段階として進学できたのは木工徒弟養成所という大工の技術養成学校であった。一部の限られた人々は、今日、日本語の話し方はもちろん、読み書きに精通している人もいるが、調査に協力してくださった方々のすべてが必ずしも読み書きまで堪能なわけではない。その上、今回調査に応じてくださった方々の中には、日本語を使うのが実に50年ぶりという人も何人かおられた。さらにまた、話すことと何かを読み上げることは、言語運用上大きく異なるから、ここでは、可能な限り自然談話資料による観察を心掛けた。

（3）　談話資料の録音は、DATテープレコーダー(SONY TCD-D7とSONY ECM-717マイクロフォン：タイピン型)によった。調査地によって電源を得るのが困難なところもあり、この種の録音方式は電池の消費量も多いため、収録条件を保持するのは必ずしも容易なことではなかったが、音声分析の条件の段階で、必要に応じて音響分析も可能にするための努力を続けた。

（4）　できるだけ騒音の少ない場所を選び、録音時の環境整備に努めた。

1.2　被調査者

今回観察の対象とするポナペ語話者は、次の方々である。

PL（女性）　1922年生まれ(ポナペ)
PS（男性）　1931年生まれ(ポナペ){日本語教師の経験あり}
MB（男性）　1931年生まれ(ポナペ)
EH（男性）　1933年生まれ(ポナペ){日系}
KH（女性）　1935年生まれ(ポナペ){日系}

ここには、EH、KHという、父親が沖縄は那覇の出身といわれる人で、日本人子弟専用の国民学校に通学したことのある兄妹も含まれている。父とは早くに別れ、ポナペ語話者の母のもとで暮らしたというから、日本語が第一言語と言えるのかどうかは判然としない。また、父親の日本語が方言色の濃いものであったかどうかも推測の域を出ない。非日系人の場合は、放課後、日本人家庭で「ボーイ」と称して、掃除や洗濯、子守の仕事などを手伝ったという(土岐2002a)が、日系人の場合はそのような経験はなかったという。もし、これらの経験の有無が日本語運用能力の養成に直接影響を与えることがあったとすれば、日系ではあるものの、母のもとではポナペ語を使っていた兄妹の2人は、日本語運用能力向上のための機会に恵まれていなかったとも言える。そのためか、調査時の日本語運用能力を観察した限りでは、上記の3名(非日系)を上回るというわけではなく、むしろその逆で英語の混用も多かった。

さて、このような調査対象者の日本語について考えるとき、少年・少女の頃に日本語を学習してから日本語とどのような付き合い方をしてきたかということが大きなポイントとなる。日本の植民地としての時代が終わって、日本語話者が引き上げた後、どうなったかということである。再び日本人の行き来が活発化すると同時に、日本人との接触が始まった人もいれば、そうでない人もいたようである。前者は、日本人との新しい付き合いの中で、日本語運用能力にいっそうの磨きがかけられたことであろうし、後者は以前習った日本語が時の経過とともに次第に忘れられていったであろう事は想像に難くない。

残存日本語について調べる場合は、前者ではなく後者が主な調査対象となるはずであるが、ここで主な観察対象とする人々は、幸いなことに、いずれも後者に属する。被調査者自身の語ったところによれば、日本語話者を相手に長時間話をするのは、いずれも五十数年振りであるということであった。遠い南の島で偶然に近い形でこれらの人々に出会い、日本語で会話ができたことは、筆者にとって、人間の記憶の確かさに改めて感心させられた、実に忘れ難いできごとであった。

2.　ポナペ語と日本語の異同

"Ponapean Reference Grammar"(1981)や "Ponapean-English Dictionary"(1979)によるポナペ語音声に関する解説を総合し、さらにその書き方に合わせて日本音声を比較対照すると、おおむね次のようになる。(ここでは、比較をしやすくするために音声記号を用いるが[　]は省略する)

〈ポナペ語〉	〈日本語〉
母音	母音
i	i

e	e
ɛ	-
ɑ	ɑ
o	o
ɔ	-
u	ɯ
(母音の長短の区別あり)	(母音の長短の区別あり)
子音	子音
p	p
p^w	-
-	b
t(正書法は d)	t
-	ts
tʂ(正書法は t)	-
-	d
-	dz / z / dʑ / ʑ
k	k
-	g / ɣ
s / ʃ	s / ɕ
m	m
m^w	-
n	n
-	h / ç / ɸ
ŋ	ŋ
l	(l)
r	(r)
-	ɾ
(子音の長短区別あり)	(子音の長短区別あり)
w	w
j	j

（言及なし）	（拗音、直音の区別あり）
（言及なし）	（アクセントの区別あり）

以上の資料を見る限り、母音についてはポナペ語の方が意識的に使い分けられる種類も多く、日本語の基本的発音の段階で大きな問題になるようなことはなさそうに見受けられる。ミクロネシア、チューク州のチューク語の場合同様、母音の長短の区別もある（Toki1998・土岐2000、本書第12章として改定）ところから、一般に日本語学習者の間で問題になることの多い、いわゆるモーラ音素の実現についても不都合が生じることはほとんどなさそうである。また、狭母音が無声子音に挟まれた場合に起こる母音の無声化現象も実現されていた。

子音に関しては、日本語と一致することばかりではない。この点に関しては、次項にまとめる。

2.1　予想される特徴と実際

ポナペ語話者が日本語を学習しようとした場合、子音の長短を区別することに関してもチューク語話者同様大きな困難はなさそうに見受けられる。また、ポナペ語でも全般的に、子音の調音点などは、後続母音その他も含む環境に同化すると言われる。逆行同化も含めて実現されるこれらの諸条件は日本語と共通するところも多い。

①有声破裂音の無声化

/b/：

「病院」	[p'ioiɴ]	（PR）
「縄跳び」	[nawatop'i]	（KH）
「ビール」	[p'iːru]	（KH）
「爆撃」	[p'akuŋeci]	（PL）
「お化け」	[op'ake]	（KH）
「帽子」	[p'oːçi]	（KH）

「ボール」	[p'oːru]	(KH)
「田圃の中」	[tamp'ononakɑ]	(PL)
「豚」	[p'utɑ]	(PL)

なお、これらのp'は、いずれも、はじめからpを目指したものとは異なり、中国語や韓国語の無気音に近い発音で実現されている。ただ、参考文献によるポナペ語の記述の中では、無気音ではないpとの弁別性が明確に述べられているわけではない。無声音であることに変わりはないものの、それなりにpとは異なる発音を目指した結果として生じた中間音の現れであろう。有声音で適切に実現される場合も、一部にはある。

「首」	[kubi]	(EH)
「病院」	[bioiɴ]	(EH)
「おばさん」	[obasɑɴ]	(EH)
「カバン」	[kabɑɴ]	(KH)
「帽子」	[boːçi]	(EH)
「ボートで」	[boːtode]	(PS)
「ボーイ」	[boːi]	(PS)
「油」	[ɑburɑ]	(PL)

このように、同一人物の中でも有声音が実現されたり、実現されなかったりするのは、このポナペ語話者にとってそれだけ習熟しきれない発音上困難なポイントだからであろう。しかし、有声・無声の実現がまったく無軌道に行われているのかといえば、そうではない。大まかではあるが、文の焦点が当たって際立たせが行われている部分には無声音が、それ以外の、とくに際立たせがなされていないところに有声音が実現されている傾向はあるように考えられる。有声音実現のために、発音上ことさら力を込めることは、かえって不利のようである。このことは、かつて一部で日本語教育への応用も行われたベルボトナル法で「身体の弛緩が有声音の生成に繋がる」という説とも通じるところがあるかも知れない。

/d/：

「電信柱」	[t’eɴçimp’açiɾa]	(PL)
「電気」	[t’eŋci]	(KH)
「電話」	[t’eɴwa]	(PL)
「子供」	[kot’omo]	(KH、PS)
「裸」	[hat’aka]	(PS)
「観光団」	[kaŋko:t’aɴ]	(PS)
「ドイツ」	[t’oitsu]	(KH)
「どこにいるか」	[t’okoniiruka]	(PL)
「食堂」	[çokut’o:]	(PL)

有声音で実現される例もある。

「電気」	[deŋci]	(PS)
「だめ」	[dame]	(PL)
「果物」	[kudamono]	(PL)
「ドイツ」	[doitsu]	(PS、EH)
「子供」	[kodomo]	(PL)

ここでも、有声音で現れるか無声音で現れるかの実現は、前項のように、際立たせとの関わりの上に成り立っている傾きがありそうである。

/g/：

「銀行」	[c’iŋko:]	(PS)
「学校」	[k’akko:]	(PS、PL、EH)
「ご飯」	[k’ohaɴ]	(PL、EH、KH)
「号令」	[k’o:ɾe:]	(PS)
「5年」	[k’oneɴ]	(PS)
「ゴムまり」	[k’ommaɾi]	(KH)

やはり、一部には、有声音で実現される例もある。

「楽隊」	[gaktaɪ]	(PS)
「学校」	[gakkoː]	(PS、KH)
「1円50銭」	[itɕieŋgoʑisseɴ]	(PL)
「ガラス」	[garasu]	(KH)

この軟口蓋音の有声破裂 g 音が実現されたのは女性2人に限られていた。しかし、いずれの例も語頭に現れる例か、それに準じる例に限られていて、母音間で有声摩擦音として現れる ɣ などの例はほとんど見られなかった（数字の5は、「十五夜」などの成句で ŋ や ɣ で現れることを除けば、語の中途であっても語頭扱いされるから、ɣ は該当しない）。

ガ行鼻音の [ŋ] について：

いわゆるガ行鼻音の ŋ- は、現在では日本語話者の中でも使用する人々の範囲が次第に狭められつつあるが、ここで観察の対象となっているポナペ語話者が日本語を学習していた頃は、当時の音声教材等（植民地にも広く配布されたレコード）を観察してみても、ガ行鼻音は、もっと広く行われていたと考えられる。さらに、ミクロネシア諸語には、伝統的な日本語のように頭子音の ŋ（母音に移行する際に開放を伴う）が存在するため、ガ行破裂音よりはガ行鼻音のほうが発音しやすいはずである。そのためか、チューク語話者の場合も、ガ行鼻音は、現在の日本語話者以上に安定して使われている。この点は、ポナペ語話者の場合も同様である。

「ネギ」	[neŋi]	(PL)
「鍵」	[kaŋi]	(KH)
「爆撃」	[pakuŋeci]	(PL)
「逃げて」	[nɪŋete]	(KH)
「公学校」	[koːŋakkoː]	(PS)
「音楽」	[hoŋŋaku]{余分な h あり}	(MB、PS)

「仕事」	[ɕiŋoto]	(PL)
「ありがとう」	[ariŋatoː]	(KH)
「海軍」	[kaɪŋuɴ]	(MB)
「陸軍」	[rikuŋuɴ]	(MB)

このように、ガ行音は語頭以外では、ほとんどがガ行鼻音で実現されていて、現在の日本のように有声破裂音や有声摩擦音を用いている例は見当たらなかった。当時の日本語教師の生育地などについて注意しながら、被調査者の証言を聞いてみると、数ある教師の中には九州その他の西日本地区から赴任しているケースも多かったようである。そのような場合、学習者は教師の口から、必ずしもガ行鼻音ばかり聞いていたわけではない可能性もあるが、それでもなお、ミクロネシアの学習者は、ガ行鼻音中心に習得していたことが窺われる（この点は、例えば、次章で触れる台湾先住民の場合とは大きく異なる）。

②有声破擦音の無声化：

「自転車」	[tɕi̥teɴça]	(PS)
「同じ」	[onatɕi]	(PS)
「日本人」	[nɪhontɕiɴ]	(PS)
「始まった」	[atɕimatta]	(PS)
「自動車」	[tsɪ̥toːsa]	(KH)
「ございます」	[k'otsaɪmasu]	(KH)
「十五銭」	[tɕuːgoɕeɴ]	(PL)
「図画」	[tsɯŋa]	(PS)
「二十八日」	[nɪtɕɯːhatɕinɪtɕi]	(PS)
「算術」	[saantɕitsɯ]	(PR)

この「算術」が「サンチツ」と発音された例は、子音の無声化を除けば、日本語話者にも観察されよう。

無声破擦・破裂音の有声音化：

「血」	[dʑi]	(PS)
「八時」	[haʑiʑi]	(PS)
「自転車」	[dʑideɴɕa]	(PL)

「ち」が「ヂ」と発音されたのは、数少ない過剰修正の例と見ることができるが、「ハチヂ」については、もし、北日本などの日本語話者の発音の影響を受けたような場合には、考えうることである。また、「ジデンシャ」(北日本～西日本など広く分布)の例についても、発音上の問題というよりは、教師の育成地に関わる形態論上の影響である可能性もある。直接その裏付けになるかどうかは分からぬにしても、被調査者の話からは、教師の出身地までの詳細は分からない。しかし、話し方が教師によっていろいろ違っていたという証言は得ている。

③ハ行子音の脱落：

「百」	[ijɑku]	(PL)
「兵隊」	[eɪtɑɪ]	(PS)
「畑も」	[ɑtakemo]	(PS)
「八」	[atɕi]	(KH)
「ご飯」	[koɑɴ]	(KH)
「始まった」	[atɕimɑttɑ]	(PS)

この傾向は、次の過剰修正の例も含めて、チューク語話者にも共通して見られることである。

④ハ行子音の付加：

「あさって」	[hɑsɑtte]	(PS)
「その後は」	[sonohɑtowa]	(PS)

「音楽」	[hoŋŋaku]	(PS)
「オルガン」	[horuŋaɴ]	(PS)

なぜ、この例が日本語教師経験者のPSのみに集中しているのかは明らかではないが、元日本語教師ということでhの脱落を過剰に意識して発音したのであろう。

⑤震え音の実現

これが実現されたからといって、意味が変わったりするわけではないから、音韻論的にはあまり大きな問題にはならない。しかしながら、これはチューク語話者の日本語音声では、ポナペ語話者の場合に比して、ほぼ一定して震え音で実現される傾向にある。

「ゴムまり」	[gommarɪ]	(EH、KH)
「帰りも」	[kaerɪmo]	(MB)
「ふたり」	[futarɪ]	(PL)
「疲れた」	[tsu̥kareda]	(KH、EH、PL)
「だれだれ」	[daredare]	(PL)
「油」	[abura]	(PL)
「力」	[tɕ̥ikara]	(PL)
「風呂」	[buro]{合成語からの連想か}(PS)	
「お昼」	[oçiru]	(PL)
「ビール」	[p'iːru]	(KH)
「疲れる」	[tsu̥karerɯ]	(EH)

ポナペ語話者の場合、はじき音で適切に実現されることも少なくないが、実現される話者はある程度限られている。

「ありがとう」	[aɾiŋatoː]	(KH)
「忘れました」	[wasɯɾemasta]	(KH)

「キャラメル」	[cɪjaɾameɾɯ]{直音化あり}	(PL)
「とろろ芋」	[toɾoɾoɪmo]	(PL)
「離れている」	[hanaɾeteɪɾɯ]	(EH)

ラ行の子音が脱落した例もあるが、これなどは日本語話者にも観察されることである。

「味噌汁」	[mɪçoçiɯ]	(PL)

⑥拗音の直音化

これもミクロネシアの特徴の一つである。

「病気」	[bioci]	(EH)
「病院」	[pioiɴ]	(PL)
「百」	[ijakɯ]	(PL)
「キャラメル」	[cɪjaɾameɾɯ]	(PL)
「自動車」	[tsɪtoːsa]	(KH)

これらのうち、「ピオイン」「チトサ」などは、借用語として定着しているものであるから、あるいは、借用語の発音どおりに話した結果であるのかもしれない。しかし、いずれにしても、ポナペ語にも、日本語の拗音のような発音の仕方はない。

⑦音節構造上の特徴の実現

先にも述べたとおり、ポナペ語では、母音や子音の長短を区別することができるから、他のシラブル言語の外国語話者のように「モーラ音素の実現」が問題になるようなことは、一般的にはない。しかしながら、日系の被験者の音声資料の中に、次のようなものがあった。

「ゴムまり」　*[k'ommaɾi]　（KH）
*[k'] は、中国語などの「無気音」に近いもの
[gommaɾi]　（EH）

そして、KH との面談中には、「おじさん」と「おじいさん」の発音上の区別がまったくつかないという現象が現れ、何度か確認しても同じであった。これは、ミクロネシア語話者の日本語音声調査結果としては、珍しいことである。

その原因として考えられることは、あるいは、KH、EH が子供の頃に父親から聞いていた日本語の発音の中に、シラブル方言の特色があり、ポナペの子供たちとは異なる発音を学習目標にしていたという可能性も考えられる。学校も日系の「国民学校」、原住民の「公学校」と別々であったというから、学習中に直接比較されることもなかったであろう。もし、比較されることがあったとしても、日系人であるということで、実質とは関係なく優位性を感じ、公学校の子供達に日本語の発音の仕方を合わせるなどということは考えられないことだったのかもしれない。当時の社会的構造から来る関係からすれば十分に考え得ることである。

⑧アクセント

当該の文献に、ポナペ語のアクセントに関する記述があったわけではない。しかし、対面調査中、被調査者同士で交わされるポナペ語の話し方、あるいは、被調査者の話す日本語のアクセントから推測されることは、標準的日本語のような、アクセントによる弁別性はないらしいということである。彼らの日本語による自然談話を観察したところでは、全体的に単調で、日本語のいわゆる１型式アクセント方言話者の日本語に似たようなところがある。

ちなみに、なぞなぞ設問形式によっていくつかの単語を聞き出したところでは、それぞれの単語に次のようなアクセント形式が現れた。(˺ は、アクセントによる高さの変わり目)

〈2 拍語〉	〈3 拍語〉		〈4 拍語〉	〈5 拍語〉
ア⌝セ	カ⌝バン	テガ⌝ミ	イチ⌝メー	イチモン⌝メ
イ⌝モ	ゴ⌝ハン	デン⌝キ	カイ⌝グン	オイシャ⌝サン
ク⌝ビ	ド⌝イツ	ナミ⌝ダ	ベン⌝トー	
ツ⌝メ	アタ⌝マ	ハダ⌝カ	リク⌝グン	
ハ⌝ナ	アブ⌝ラ	フト⌝イ	オテン⌝キ	
ミ⌝ミ	オト⌝ナ	ボー⌝シ	ゴムマ⌝リ	
ユ⌝ビ	オバ⌝ケ	ボー⌝ル	ジテン⌝シャ	
ヨ⌝イ	ガラ⌝ス	ホソ⌝イ	シドー⌝シャ	
	クル⌝マ	メガ⌝ネ	ツカレ⌝ル	
	セナ⌝カ	ラム⌝ネ		
	タマ⌝ゴ	ラン⌝プ		
	ツヨ⌝イ	リン⌝ゴ		

これらは、いずれも筆者の質問に対して、単語を単独で言い切る型式で発音されたものである。元々の標準的なアクセント型式は、平板型、尾高型、頭高型、中高型など一通り揃えていたが、ポナペ語話者の発音で実現されたのは、一部を除いては「末尾から 2 拍目というよりは、2 音節目が高いアクセント形式」である。例外的なのは、/oi/ の中途にアクセントの変わり目が来る場合があることである。/ai/ /oi/ /ui/ の後半部 /i/ は、長母音の後半部、促音、撥音と同じように直前の短音節的要素に後接して 1 長音節を構成する。そして、上記の、筆者が観察したアクセントの表記で見る限り、長音節の中途にアクセントの変わり目が来るのは、/oi/ の場合だけである。ここには、/ai/ や /ui/ の例は出て来なかったが、これまでの例からすると、「ワカ⌝イ」とか「サム⌝イ」のようになる可能性が高い。これらは、一見すると「ヨ⌝イ」「ア⌝セ」「オバ⌝ケ」「タマ⌝ゴ」などとともに、標準的アクセントと一致していて、ポナペ語話者には得意な点のように考えられるが、全体として観察してみると、この現象は、あくまでも「偶然の一致」であって、必ずしも日本語のアクセントを意識的に制御できた結果ではないことが分かるであろう。

3.　まとめ

旧植民地統治下の南洋群島ミクロネシアのポナペ島で日本語を学習した人々の日本語が今日どのような形で残っているかについて、主として音声の面から現地で収集した自然談話資料を中心に観察しつつ見てきた。

もともとポナペ語を話す人々が日本語を話そうとする場合に実現される音声の姿は、さまざまな様相を呈するが、なぜ、そのような現れ方をしたかについては、項目の性質に応じて種々の条件が働いているものと考えられる。その条件とは、次のとおりである。

①　学習者の背景にあるポナペ語と、学習目標としての日本語双方の音韻組織の違いに由来するもの
②　発音時の生理的もしくは心理的条件に由来するもの
③　学習環境の条件的違いに由来するもの
④　学習者本人の学習目標言語に対する関わり方によるもの

①としては、

・日本語の有声破裂音や破擦音に該当する音声がポナペ語にはなく、無声音で実現される
・ポナペ語には、日本語のハ行音に当たる頭子音 h がないため、ハ行音が単独の母音のまま発音される
・はじき音が震え音で代用される
・拗音の代わりに直音が現れる
・アクセントは標準的日本語のように弁別性をもたず、末尾から 2 音節目を高くする形式で固定されて実現される

などが挙げられる。

ただし、目標に近づけようとする努力も認められる。例えば、有声破裂音実現のためには、無声無気破裂音で現れる場合が多いが、とくに母音その他の有声音に挟まれたような箇所では、②の生理的条件などに助けられるためか、有声破裂音の実現が可能となる場合もある。また、有声音を発するため

には、音声器官の適度な弛緩が必要であるが、とくに力を込める必要がないことによって、心的条件などにプラスの働きがあったことも考えられる。

③の学習環境の条件について言えば、今回の被調査者に関する限り、日系の人々よりも非日系の人々に有利に働いているように見受けられる。例えば、非日系人の PS は、父親が日本語の教師で、家庭でも日本語を使っていたという。PL は、家に帰ればポナペ語の生活だったものの、放課後、頻繁に日本人家庭で仕事をしていたという。当然、仕事先では日本語を使わなければ仕事にはならなかったはずで、習った日本語にますます磨きがかかったであろうことが想像できる。

一方、日系人の KH、EH の 2 人は、上記のような条件とはかなり違っていたようである。少なくとも、日本語の学習という観点から見た限りでは、有利であるとは言えない。

④の日本語使用に関する個人的な関わり方について考えられることとしては、対面調査中の使用言語のことが思い起こされる。非日系人の PL も PS も終始日本語で通したのに対し、日系人の KH、EH は、英語の使用が多かった。このことは、双方の日本語や英語の使用に対する自信の程度差に関わることも考えられる。そのことだけで単純に双方の日本語運用能力を判断することはできないであろうが、留意すべき側面ではある。

対面調査中、長時間にわたってご協力いただいた現地のお年寄りの方々に、心から感謝申し上げる。

第 14 章
台湾先住民ヤミ族に見られる日本語音声
―アミ語話者との比較も交えて―

本章では、視点が台湾に移る。日本による台湾の植民地支配は、日清戦争直後にさかのぼるから、ミクロネシアより 20 年も長く、半世紀の長きにわたる。この違いが台湾の残存日本語にどのような影響をもたらすかといえば、ミクロネシアで終戦前に覚えた日本語は、その代限りであるのに対して、台湾の場合は、次の世代にもある程度引き継がれているということであろう。従って、台湾の残存日本語は、その寿命が今しばらくは続くものと考えられる。日本統治の時代、日本語教育は盛んで、当時から、台湾での学習者がどのような日本語を話すかについての報告も早くからあった。しかし、そのほとんどは、中国語の一方言であるミン南語話者についてであって、先住民について記述されたものはない。そこで、とくに先住民に限定して行った日本語調査に基づきその実態について述べる。

1. 序

ここでは、ランユ島に住むヤミ語話者の日本語音声について、先に報告したアミ語話者との比較も交えながら述べたい。

蘭嶼（ランユ）島は、台湾本島東南部の台東から東南へおよそ 100 キロほど隔てられた太平洋上の島である。野林（1998）によれば、この島は 17 世紀頃、すでに Botel Tobaco Xima として、ヨーロッパ世界にも知られていたというが、日本統治時代には、紅頭嶼（コウトウショ）、第二次大戦後はランユと呼ばれている。この蘭嶼島にヤミ族が居住している。島の人口はおよそ4,000人で、島内を流れるいくつかの渓流沿いに形成された扇状地に6カ所の村落に分かれて暮らしているが、台湾先住民の中では最も少ない集団であるという。

ところで、ヤミという民族呼称は、1897年に人類学的調査を目的としてこの島を訪れた日本人研究者の鳥居龍蔵が命名したものであるといわれるが、当のヤミ族の間では、近年、「ヒト」を意味する「タオ」を民族名称にしようという動きもあるという。

ヤミ語は、オーストロネシア語族の西部語派北方語族に属している。北方語族は、さらに、台湾諸語及び、フィリピン先住民の言語からなるフィリピン諸語に下位分類されるが、ヤミ語は後者の中のバタン語族（Batanic）に属しているといわれる。

ヤミ族の伝統的な暮らしは根裁農耕と漁労活動によって支えられてきた。農耕活動で最も重要な作物は、主食となるタロイモ、サツマイモ、ヤマイモの栽培である。漁労活動は、3～6月にかけて行われる回遊魚を対象にした季節漁と、それ以外の時期に行われる沿岸漁である。今回インタビューした方々も皆半農半漁であった。

ここ十数年でヤミをとりまく社会的環境は急激に変わってきている。自給自足の生活が成り立たず、台湾本土への出稼ぎが急増した1970年代を経て、現在では若い世代の台湾本島への移住が増加しており、伝統的な暮らしは50代後半よりも上の世代に限られたものとなっている。

島の定期バスなどはないから、バイクなどを借りて移動するしかなかったが、自動車による道路の交通量が少ないため比較的安全であると思われた。

1.1　音声資料について

基本的には、アミ語話者の場合と同じであるが、録音環境に関しては、アミ語話者の場合と多少異なるところがある。今回報告するヤミ語話者の場合、1カ所は、海に面してはいるが、波の音が聞こえてこない程度のところにある高床式住居で、部屋の四方に壁はなく風通しのよいところ、他の2カ所は家の密集した村落内の玄関先のようなところであった。

いずれの場合も家庭用電源を使用することはできなかった。暑さを避けて風通しのよいところを選んでくれたためであるが、風が吹き抜けるなどした場合にマイクに直接風が当たって音声がひずまないようにするため、話者には、風上に背を向けて話すよう、対面時の向きを調整するなどの工夫を要した。また、上半身裸の男性話者の場合、高床式住居の梁に掛けてあった漁業用の太目の釣り糸を首輪状にして掛けてもらい、それにタイピンマイクを挟んで装着した。

録音機材は、DATテープレコーダー（SONY TCD-D7とSONY ECM-717マイクロフォン）によった。音声分析の段階で、必要に応じて音響分析も可能にするためであるが、さらに、後日のCD作成も視野に入れてのことである。

話の内容としては、戦前の日本語学習時代のこと、学習後の仕事や暮らしのことなどを中心に自由談話形式で話してもらい、一部、当方で用意した音声チェック用の質問に答えてもらう方法を採用した。録音に際しては、話を始める前に本人の了解を得た上で機材を取り出し、録音に取り掛かっている。

1.2　ヤミ語と日本語の音韻組織上の異同

ヤミ語話者の日本語による中間言語とはいえ、先のアミ語話者の場合と同じようにその音声には、ヤミ語の影響と考えられる傾向が見え隠れする。従って、まずは、両言語の音韻組織を簡単に比較対照するところから始めたい。

ヤミ語については、主として、土田（1992）と張（2000）を参考にしてまとめた。両者ともほぼ一致するが、母音は前者では /ieao/、後者では /ieau/ の4母音であるとしている。また、後者が声門閉鎖音の音韻論的存在を認めるのに対し、前者ではとくに認めていない点が異なっていた。ただし、その声門閉鎖は語末にしか現れないとされている。語末や文末の声門閉鎖音が日本語の発音をする上で何らかの影響があるとすれば、それは、母音直前の声門閉鎖もさることながら、よりフォーマルな心的態度を表明するための、言わば、スピーチスタイルに関わるレベルにおいてであるから、ここで大きな問題になることはないものと考える。（ちなみに、日本の北奥羽方言や北海道方言の語末や文末には、丁寧な言い方の文末上昇イントネーションを用いる場合の文末部に声門閉鎖音がよく聞かれるが、それに似たところがあるのかも知れない。）

〈ヤミ語の音韻組織〉		〈日本語の音韻組織〉	
（ローマ字表記）	（音声記号）	（ローマ字表記）	（音声記号）
母音：		母音：	
i	[ɪ]	i	[i]
e	[ə]	e	[e]
a	[a]	a	[ɑ]
o	[o]	o	[o]
-	-*1	u	[ɯ]
ai-	[ej]	ai	[ɑi]
-	-	oi	[oi]
-	-	ui	[ui]
ao	[ow]	（ ao	[ɑo] ）

子音：		子音：	
p	[p]	p	[p]
b	[b]	b	[b]
t	[t]	t	[t]
d	[ɖ]*2	d	[d]
k	[k]	k	[k]
g	[g]	g	[g]
-	-	{ f	[ɸ](/ [f]*3)}
v	[v]	{ v	[v]*4 }
s	[ʂ]	s	[s]
z	[ʐ]	z	[z](/ [dz])
-	-	sh	[ɕ]
c	[tʃ]	ch	[tɕ]
j	[dʒ]	{ z(+i/y)	[dʑ](/ [ʑ])*5 }
-	-	ts	[ts]
m	[m]	m	[m]
n	[n]	n	[n]
ng	[ŋ]	(g)	[ŋ]
r	[r]	r	[l] / [ɾ]*6
w	[w]	w	[w]
y	[j]	y	[j]
h	[-h]*7	h	[h]/[ç]/[ɸ]
‘	[-ʔ]	-	([ʔ-])*8

(*1 ～ *8 については、後注 1 ～ 8 で解説する。)

2.　予想される懸念事項と期待事項

上記の諸点から考えると、台湾本土のアミ語話者の日本語音声などに比べれば、日本語を話す場合には、より有利だろうと考えられる点、より不利だろうと考えられる点があることに気付く。前者の「有利な点」で目立つのは、有声破裂音、無声破裂音の弁別機能である。ヤミ語でこれが可能なことは、台湾本島の他の多くの先住民による日本語音声との大きな違いである。後者の「不利な点」で考えられるのは、アミ語が5母音であるのに対して、ヤミ語は4母音であること、それに語頭で声門摩擦音の /h/ が実現されないことなどである。

具体的には、次のような諸点が考えられる。

（1）日本語を話す場合、母音の /o/、/u/ に混乱が生じるのではないか。
（2）ヤミ語の /e/ が [ə] で実現されるのであれば、日本語の場合 /a/ の異音と混同しないか。
（3）ヤミ語の /i/ が [ɪ] で実現されるとなると、日本語を話した場合 /e/ の異音と混同しないか。
（4）ヤミ語に二重母音のような現象があるとすると、日本語を話す際の母音の連続に支障はないか。
（5）日本語のガ行鼻音が容易ではないか。
（6）破擦音がイ段も含めて容易ではないか。
（7）音節構造の異同が日本語音声の実現に影響を与えることはないか。
（8）特殊音節は容易ではないか。
（9）アクセントはどうなっているか。
（10）イントネーションはどうか。

3.　被調査者

今回の音声資料は、次の方々に対するインタビューとなぞなぞなどによる小規模な実験から得られたものである。

① LL 男性 1932 年生まれ 調査時 67 歳
② SP 女性 1932 年生まれ 調査時 67 歳
③ TK 男性 1939 年生まれ 調査時 60 歳
④ LM 男性 1926 年生まれ 調査時 76 歳
⑤ LT 男性 1926 年生まれ 調査時 76 歳
①〜⑤共に生育地はランユ

中でも、①〜③は、戦後、日本語話者が引き上げて以来、長い間、日本語話者との接触がきわめて少なかった方々であるから、主として、この 3 名の音声を中心に述べることとしたい。

④と⑤の 2 名は、軍隊の経験があったり、戦後も日本人との接触が多かったりすることから、日本語が大変流暢である。しかし、その日本語は戦後、日本人との接触の中で培われたものなのか、どの部分がどの時点で習得したものかがはっきりしないため、今回は参考として扱うことにする。

なお、ヤミ語話者の名前に関しては、台湾本島でインタビューした人々と比べ異なる点がある。それは、軍隊経験者などを除けば、日本時代に名乗った日本語名などは持っていない人が多いことである。中には本当の生年月日も定かではなく、現在の台湾政府の時代になって、身分証明書発給の際に、大体の記憶に頼って申告したりしたため、実年齢がよく分からない場合もある。かつての日本時代、台湾本島に比べて、住民の登録制度などがうまく機能していなかったものであろう。また、日本語を習った期間も台湾本島の人々に比べて短めの場合が目立った。

さまざまな面で、本島とは格差があったようであるが、それが今では改善されたといえるのか定かではない。政府が密かに放射性廃棄物をこの島に貯蔵し、それが発覚して問題化しているとのことである。

4. 分析と考察

（1） 母音 /u/ → [o]：

日本語の母音 /u/ が [o] に近い形で実現された例は、ヤミ語話者 5 人を通して比較的多いが、これは、アミ語話者では見られなかったことである。
「帰るのに」[kaerononɪ](TK)、「半分するよ」[hambonsurujo](TK)、
「中国」[tɕo:koku](LM)、「もう来るよ」[mo:korojo](TK、SP)、
「訓練」[konlin](LL)、「取るよ」[torojo](TK)、
「ゆっくり」[jokkori](TK)、「言うたよ」[jo:tajo](TK)

ただし、軍隊経験などもあるLM、日ごろから日本人との接触の多いLTの両氏にはこの偏りは見られなかった。

（2）　ヤミ語の /e/ が [ə] で実現される点

この点に関しては、5人の日本語音声を通して、とくに目立った偏りは観察されなかった。

（3）　ヤミ語の /i/ が [ɪ] で実現される点

この点が原因と見られる現象としては、日本語の /i/ が [e]、/e/ が [i] に近く実現されるという偏りが見られた。（日本の東北方言話者などの音声にもやや似た現象が観察される。この場合は、[ẹ] を用いることが多いが、標準的日本語の [i]/[e] の中間に対応する場合と [i]/[ɯ] の中間に対応する場合がある。）

/i/ → [e]：
「貧乏（だ）から」[bembo:kara](TK)、「日本は」[nehoɴwɑ](TK)
「カビ」[kabe](LM)、「蛇」[hebe](LM)
/e/ → [i]：
「お金ない」[ʔokaninai](TK)、「責任ない」[sikininnai](TK)
「食べて」[tabite](LM)、「一年だけ」[itɕinindake](SP)

（4）　母音の連続と長母音

この点に関しては、5人を通して、とくに目立った偏りは観察されず明瞭な発音が実現されていた。音韻組織の記述に /oi/ と /ui/ の連続は、文献では空白となっているが、日本語の発話を聞く限りでは、とくに問題はないよ

うである。

/a+i/：「もったいない」[mottainai]（LL）、「変わらない」[kawaranai]（LL）
/o+e/, /a+i/：「やむをえない」[jamuoenai]（LM）
/o+i/：「とっても強い」[tottemotsujoi]（LL）、「白い」[çiɾoi]（LM）
/u+i/：「ずるい」[dzurui]（SP）、「やすい」[jasui]（LL）
/u+e/：「つくえ」[tsukue]（LL）
/a+e/：「捕まえて」[tsukamaete]（SP）
/a+o/：「機織」[ʔataori]（LL）
/o+o/：「このお化けはね」[konoobakewane]（LL）
/i+o/：「くすりを」[kusurio]（LM）
/i+i/：「学校に行く」[gakkoniiku]（LL）

　また、ヤミ語の文献を見ると、撥音に似た現象があることを除いて、母音の長短、子音の長短の弁別機能に関してとくに触れられてはいなかったが、5 人の日本語音声を観察しても長母音、促音、撥音、さらに上記の項目にあるように、/ai/、/oi/、/ui/ なども全く偏りが見られなかった。

/iː/：「おじいさんとか」[ʔodʑiːsantoka]（LL）
　　「今はいいよ」[ʔimawaiːjo]（SP）
/eː/：「先生が」[senseːɣa]（LL、SP）、「同級生」[doːcuːseː]（SP）
/aː/：「おかあさん」[ʔokaːsaɴ]（SP）
　　（なお、次の例は強調表現の一種であり音韻論的に「長音」とは呼び難いが、LM の発話には次のようなものがあった。「このま〜んま」[konomaːːmma]、「細か〜く」[komakaːːku]）
　　LM の音声表現は豊かで、自信ありげであった。
/oː/：「貧乏よ」[benboːjo]（TK）、「遠いよ」[toːijo]（LL）
　　「学校だけ」[gakkoːdake]（LL）、「土曜日」[dojoːbi]（LL）
　　「戦争」[seɴsoː]（SP）
/uː/：「ずうっと」[dzuːtto]（LM）、「郵便局」[juːbiŋcoku]（LM）

（5） ガ行鼻音

文献からも、ある程度予想されることではあるが、ヤミ語にも、アミ語同様、ガ行鼻音の素材は備わっている。ただ単に [ŋ] の音が存在するだけなら（大阪方言の [ŋ] などのように）それがどういう環境で実現されるかにもよるから即断はできないが、軟口蓋における閉鎖の開放に引き続いて母音が発音されるから、[-ŋa-] の音節があり得るということである。事実、日本語発話の合間に挿入されたヤミ語の中に、その音声が観察された。しかし、5人とも日本語の自然発話の中でガ行鼻音を用いることはなかった。それはアミ語話者と同じである。日本語の学習中、この人々が耳にしたのは、主としてガ行鼻音を用いない西日本方言の日本語話者のものであったようで（「言うたよ」などの使用例からも推測されよう）、語頭や撥音の直後では [ɡ]、母音間では [ɣ] である。

ただし、台湾本土のアミ語、東河方言話者のように、ガ行鼻音が [k] で発音されることはない。ヤミ語には、有声破裂音と無声破裂音の弁別機能があるから、それが現れる環境によって有声破裂音や有声摩擦音で実現される。このように日本語で話す場合、ガ行鼻音は使わない習慣が定着してはいるが、インタビュー中、実験としてガ行鼻音を含む語を聞かせてリピートしてもらったところ、いずれも難なく正確なガ行鼻音の発音ができた。

例えば、ガ行鼻音を含む語をリピートした結果としては、次のようなものがある。

「中学生」[tɕuːŋaku̥seː]（LL）、「次の」[tsuŋino]（LL）、
「雨が降る」[ʔameŋaɸuru]（LL）

これが、自由談話になると、鼻音は使われなくなり、次のようである。

「違う」[tɕiɣau]（LL）、「仕事」[ɕiɣoto]（LL）、「二ヶ月」[nikaɣetsu]（LL）、
「考えたらね」[kaŋgaetarane]（SP）、「山羊あったら」[jagiattara]（SP）、
「間違いない」[matɕigainai]（SP）、「中国」[tɕuːɣoku]（TK）、
「針が」[hariɣa]（LM）、「考えたよ」[kaŋgaetajo]（LM）

(6) イ段の破擦音

ヤミ語でも狭母音直前の破擦音は口蓋音であるが、これは日本語の場合にもそのまま当てはまる。例えば、

「日本時代」[nɪhondɕidai](SP)、「小さい時」[tɕiːsaitoci](SP)、
「違う」[tɕiɣau](LL)、「自分の」[dʑibunno](LL)、
「漢字」[kandʑi](LL)、「12時」[dʑoːneʑi](LL)、
「時間」[dʑikan](LM)、「人達は」[çi̥totatɕiwa](LM)、
「一番大事」[itɕibandaiʑi](LM)

ただし、多くはないが、次のような西日本方言の一部の発音に似た、エ段口蓋音の例も見受けられる。この現象の目立ったSPは、娘時代に台東で産婆の訓練を受けたことがあり、そのときに受けた影響の可能性もあり得る。台湾本土で行われている日本語の方が正統派であるという考えを持っていて、日本語の側から見れば直す必要のない点までそちらに合わせたことも考えられる。

「全部」[dʑembu](SP)、「先生」[ɕeɴçeː](SP)、「一年生に」[ʔitɕineɴçeːni](SP)

これらの口蓋音は、いずれも台湾に多い中国福建省方言ミン南語話者の日本語音声によく観察されるものである。各地域には、それぞれその地域なりの価値基準が働くのであろう。かつて、ハワイの日系人女性からは「娘はアメリカ本土の大学院へ行ったら、妙に白人みたいな舌を巻いた英語の発音なんかで話すようになって…」とマイナス評価をするのを聞いたことがある。また、東京の中学では、英語教師が生徒に「そんなバタ臭い発音は止めろ」と言ったというが、このように、発音の問題ではあっても、学習目標言語の実態はどうかということより、周囲の状況に合わせようとする価値判断を優先する場合もあるということであろう。

（7）　音節構造に関わる点

張（2000）によれば、ヤミ語の音節結合には、次のようなタイプが見られるという。

CVVC、GV、CV、CVC、CVCV、GVGV、CVCVC、VC
（G：半母音）

これを見ると母音の連続も可能であり、日本語のように開音節主流の言語であると言ってよさそうであるから、日本語の発音の障害になるようなことはないように見受けられる。

事実、日本語の発音を聞いた限りでは、アミ語話者の場合に見られた「税務課」[dʑeːmka]のような、必要なはずの母音が実現されず、先行音節がmで終わるような例は、ほとんど観察されなかった。わずかに、LLの発話中に「印は別々」[çiruçiwabetsbets]というように[tsu]の母音が実現されなかった例と、強調形「たくっさん」[takssaɴ]のうち[ku]の母音[u]が実現されなかった例が観察されたのみである。この点については、ヤミ語話者の日本語では、母音の無声化も安定して現れることとも関わりがあるのかも知れない。

日本語でも、例えば、「洗濯機」や「旅客機」の発音では「母音の無声化」を通り越して「母音の脱落」まで引き起こしてしまうが、ここでも、ヤミ語の一部の音節構造とあいまって、母音の脱落のような現象に繋がった可能性もあろう。

また、SPの発話の中に「（とっても）うまい」[mmai]のような古いタイプの日本語音声も聞かれた。

今回主として観察対象とした3人は、よく自分の日本語には自信がなさそうなことを言っていたが、丁寧に聞いてみるといずれも、日本語としては音声上の変異形も含めて「正確な」発音が多かった。現代日本語に比して目立ったことといえば、日本語の拗音が直音に近い形で実現される例が観察されているが、これとても日本語の方言音には含まれていることで、学習当時には、教師から正確であると判断された可能性も高い。

「教会」[cijokai]（LL）、「20 年」[nɪdʑiuneɴ]（LL）、「勉強」[beŋcio]（LL）、「同級生」[doːciuseː]（SP）ただし、みんながそのように発音するとは限らない。軍隊経験のある人の例では、「病気」[bjoːci]（LM）、「茶碗」[tɕawaŋga]（LM）というように拗音が安定して実現されている例も見られた。

（8）　特殊音節

これも、5 人を通して明確に実現されていて、アミ語話者の日本語と共通している。長母音、ai、oi、ui などの実現例は先の項目で示したとおりであるから、以下では、撥音と促音の例を示す。

撥音：

{口蓋垂音 [ɴ]}　「戦争」[seɴsoː]（SP）
「蕃社（先住民の集落のこと）」[baɴça]（SP）
「分からん」[wakaɾaɴ]（LL）
{軟口蓋音 [ŋ]}　「〜なんか」[naŋka]（LL）
「きびだんご」[cibidaŋgo]（LL）
「元気ない」[geŋcinai]（LM）
{歯茎音 [n]}　「みんな」[minna]（SP）、「三日」[sannitɕi]（LL）
「責任ない」[ɕicininnai]（TK）
「自分の」[dʑibunno]（LL）
{両唇音 [m]}　「半分」[hambon]（LL）、「貧乏よ」[bemboːjo]（TK）

促音：

{軟口蓋音 [kk]}　「学校」[gakkoː]（LL、SP）、「石鹸」[sekken]（LM）
{歯茎閉鎖音 [tt]}　「行ったことない」[ʔittakotonai]（SP）
「始まったよ」[ʔaʑimattajo]（SP）
「伝道師になって」[dendoːɕininatte]（SP）
「（草）とったよ」[tottajo]（SP）
「やってます」[jattemasu]（LL）
{歯茎摩擦音 [ss]}　該当例見当たらず。ただし、強調形として「たくっさんあるよ」のような「促音もどき」は、LM などの例に幾度か [takssaɴ] のように現れた。

{両唇音 [pp]}　「おっぱい」[ʔoppai](SP)、「葉っぱ」[happa](SP)
「やっぱ(り)」[jappa](LL)
「ひっぱるよ」[si̥ppaɾujo](LL)
「日本人」[nippondʑiɴ](LM)

(9)　アクセント

文献には、アクセントやイントネーションの項目が見られなかったが、インタビューの折に実施したアクセントのリピート実験3人分からは、おおよそ次のような結果が得られた。リピートは3回程度行ったが、その過程で異なる発音をした場合には、それも併記することにする(⌜はアクセントの高さの始まり、⌝は高さの終わりが実現された箇所を示す)。

	〈聞かせた日本語〉		〈リピートの結果〉
①「稲が」：	⌜i⌝neŋa	→	i⌜ne⌝ŋa
②「屋根が」：	⌜ja⌝neŋa	→	ja⌜ne⌝ŋa
③「花の」：	ha⌜nano	→	ʔa⌜nano
④「花が」：	ha⌜na⌝ŋa	→	ʔa⌜na⌝ŋa
⑤「むらが」：	mɯ⌜ɾaŋa	→	mu⌜ɾa⌝ŋa
⑥「雨が降る」：	⌜a⌝meŋafu⌝ɾɯ*	→	a⌜me⌝ŋa⌜fu⌝ɾu

(* ⌝…⌝：二つ目の⌝で、もう一段降りるダウンステップの実現あり。
⌝…⌜⌝：ダウンステップなし。)

⑦「窓がある」：	⌜ma⌝doŋaa⌝ɾɯ	→	⌜ma⌝doŋa⌜ʔa⌝ɾu
			(2回目)ma⌜do⌝ŋa⌜ʔa⌝ɾu
⑧「春が来る」：	⌜ha⌝ɾɯŋaku⌝ɾɯ	→	ha⌜ɾu⌝ŋa⌜ku⌝ɾu
⑨「秋が来る」：	⌜ʔa⌝ciŋaku⌝ɾɯ	→	ʔa⌜ci⌝ŋa⌜ku⌝ɾu
⑩「飽きが来る」：	ʔa⌜ci⌝ŋaku⌝ɾɯ	→	ʔa⌜ci⌝ŋa⌜ku⌝ɾu
⑪「船が要る」：	⌜fɯ⌝neŋaiɾɯ	→	⌜fu⌝neŋa⌜ʔi⌝ɾu
			(2回目)fu⌜ne⌝ŋa⌜ʔi⌝ɾu

⑫「音がする」：　o⌈to⌉ŋasuɾɯ　→　o⌈to⌉ŋa⌈su⌉ɾu
⑬「色がある」：　ʔi⌈ɾo⌉ŋaa⌉ɾɯ　→　ʔi⌈ɾo⌉ŋa⌈ʔa⌉ɾu
⑭「川がある」：　ka⌈wa⌉ŋaa⌉ɾɯ　→　ka⌈wa⌉ŋa⌈ʔa⌉ɾu
⑮「牛がいる」：　ʔɯ⌈çiŋaiɾɯ　→　ʔu⌈çi⌉ŋa⌈ʔi⌉ɾu
⑯「顔が赤い」：　ka⌈oŋaakai　→　ka⌈o⌉ŋa⌈ʔa⌉kai

⑥の「雨が降る」以降の例では、ダウンステップの要素も入っている。すなわち、] でひとたびアクセントの下降が実現された後に、そのレベルから再びアクセントによる下降が実現されるのであるが、この現象は、句レベルの、いわば広義のイントネーションの要素も含むことになると言える。ヤミ語話者の場合、そのダウンステップは実現されないが、これによって、ヤミ語話者のアクセントの振る舞いの傾向が一層明確に現れている。③「花の」のように、ほぼ聞かせた通りのアクセントで実現された例もあるにはあるが、他は、⑤「むらが」(平板アクセントで発音したもの)のリピートも含めて、ほとんどが文節の終わりから 2 音節目だけを高くする形式である。また、2 番目の文節については、ダウンステップは実現されず、終わりから 2 音節目が来ると、そこから改めて 1 音節分高くしている。

⑦「窓がある」と⑪「船が要る」の例を見ると、はじめは聞かせた形式を踏襲しているものの、2 回目になると他と同じ形式に落ち着いている。これらのことから、ヤミ語話者の日本語アクセントは、形式がほぼ 1 種類の固定式アクセントであり、弁別的機能は持たないものと考えられる。

(10)　イントネーション

イントネーションの特徴をリピートしてもらった実験からは、次のような結果が得られた。

まずは、上昇イントネーションを伴う疑問文を聞かせたものである。リピートの回数もアクセントに同じであり、異なる発音がなされた場合には併記する。

	〈聞かせた日本語〉		〈リピートの結果〉
①「雨が降る」：	˹ʔa˺meŋafɯ˺ɾɯ ↑	→	ʔa˹me˺ŋa˹fu˺ɾu
②「窓がある」：	˹ma˺doŋaa˺ɾɯ ↑	→	˹ma˺doŋaʔa˹ɾu˺
③「春が来る」：	˹ha˺ɾɯŋakɯ˺ɾɯ ↑	→	˹ha˺ɾuŋaku˹ɾu˺
④「秋が来る」：	˹ʔa˺ciŋaku˺ɾɯ ↑	→	ʔa˹ci˺ŋakuɾu
⑤「船が要る」：	˹fɯ˺neŋaiɾɯ ↑	→	˹fu˺neŋaʔi˹ɾu˺
⑥「音がする」：	ʔo˹to˺ŋasuɾɯ ↑	→	ʔo˹to˺ŋasu˹ɾu˺
			（2回目）ʔo˹to˺ŋa˹suɾu˺
⑦「色がある」：	ʔi˹ɾo˺ŋaa˺ɾɯ ↑	→	ʔi˹ɾo˺ŋa˹aɾu˺
⑧「川がある」：	ka˹wa˺ŋaa˺ɾɯ ↑	→	ka˹wa˺ŋa˹ʔaɾu˺
⑨「牛がいる」：	ʔɯ˹ɕiŋaiɾɯ ↑	→	ʔu˹ɕi˺ŋaʔi˹ɾu˺
⑩「顔が赤い」：	ka˹oŋaakai ↑	→	ka˹o˺ŋa˹ʔakai˺
			（2回目）ka˹o˺ŋaʔa˹kai˺

これらの例から考えられることは、日本語の、音節内部での次第に上昇を伴うイントネーションは難しく、上昇部を丸ごと高くしてしまうということである。①〜⑩は、実験の順序であるが、「ただ、繰り返すだけでよいから」とは言っても、ずいぶんと戸惑っていた。当方が上昇部を強調してゆっくり目に発音しても、その音節を丸ごと高くしてみるだけで、その混乱振りが①〜⑤あたりまで続き、⑥のやり直し部分から「文節の終わりから2音節目を高くするアクセントの高さと上昇部の音節をそのまま高くする作業をあわせて、終わりの音節二つを丸ごと高くする」という発音ストラテジーを採用し始めた。しかしながら、ついに上昇調は実現しなかった。しかし、このように音節内で次第に上昇させる高さの変化を聞いて、音節を丸ごと高くするようなことは、このヤミ語話者に限ったことではない。アミ語話者、中国語諸方言話者や韓国諸方言話者にも、これに類したことは観察される。

次に行ったのは、倒置疑問文のイントネーションである。これは最初の文節末尾に音節内上昇を伴い、次の文節には伴わないというものである。

①「降る↑雨が。」：　⌈fɯ⌉ɾɯ ↑ ⌈ʔa⌉meŋa　→　⌈fuɾu⌉.⌈ʔa⌉meŋa
②「ある↑窓が。」：　⌈ʔa⌉ɾɯ ↑ ⌈ma⌉doŋa　→　ʔa⌈ɾu⌉.⌈mado⌉ŋa
③「来る↑春が。」：　⌈kɯ⌉ɾɯ ↑ ⌈ha⌉ɾɯŋa　→　⌈kuɾu⌉.ha⌈ɾu⌉ŋa
④「来る↑秋が。」：　⌈kɯ⌉ɾɯ ↑ ⌈ʔa⌉ciŋa　→　⌈kuɾu⌉.ʔa⌈ci⌉ŋa
⑤「来る↑飽きが。」：⌈kɯ⌉ɾɯ ↑ ʔa⌈ci⌉ŋa　→　⌈kuɾu⌉.ʔa⌈ci⌉ŋa
⑥「要る↑船が。」：　ʔi⌈ɾɯ ↑ ⌈fɯ⌉neŋa　→　ʔi⌈ɾu⌉.fu⌈ne⌉ŋa
⑦「する↑音が。」：　sɯ⌈ɾɯ ↑ ʔo⌈to⌉ŋa　→　su⌈ɾu⌉.⌈ʔo⌉toŋa
⑧「ある↑色が。」：　⌈ʔa⌉ɾɯ ↑ ʔi⌈ɾo⌉ŋa　→　ʔa⌈ɾu⌉.⌈ʔi⌉ɾoŋa
（2 回目）ʔa⌈ɾu⌉.ʔi⌈ɾo⌉ŋa
⑨「ある↑川が。」：　⌈ʔa⌉ɾɯ ↑ ka⌈wa⌉ŋa　→　ʔa⌈ɾu⌉.⌈ka⌉waŋa
（2 回目）ʔa⌈ɾu⌉.ka⌈wa⌉ŋa
⑩「いる↑牛が。」：　ʔi⌈ɾɯ ↑ ʔɯ⌈ɕiŋa　→　ʔi⌈ɾu⌉.⌈ʔu⌉ɕiŋa
⑪「赤い↑顔が。」：　ʔa⌈kai ↑ ka⌈oŋa　→　ʔa⌈kai⌉.ka⌈o⌉ŋa

ここでも、はじめの①〜②の例では動揺が見られ、⑪までの全体を通して見ても、最後まで「上昇」は実現されていない。そして、文頭が単独の母音で始まる文については、聞かせた日本語が頭高アクセントで始まる文であっても、次の 1 音節だけを高くし、「子音＋母音」で始まる場合に 2 音節を高くするという傾向を示している。これは 2 回目であっても変わることがなかったから、かなり安定した傾向であるといえる。また、文の後半については、後ろから 2 番目の音節を高くするというアクセントの原則が守られる傾向にあるが、後半の頭部が母音の場合、聞かせた文が頭高アクセントでない場合であっても、後ろから 2 番目の音節を高くするアクセントの原則が破られ、前半の最終音節と合わせ、結果的に 2 音節をまとめて高くすることもある。

（11）　その他の特徴

文献などの観察からはとくに予想されなかったものの、書き留めておきたい特徴もあった。それは、母音の無声化のことである。5 人共に、きわめて安定して実現されている。先に、ヤミ語話者の日本語には西日本方言話者の影響が多いと書いたが、そのことと、母音の無声化の関係はどうであろうか。この点については、方言地図などで見る限り、同じ西日本方言であっても、九州や雲伯地方であれば母音の無声化が行われるから、日本語教員による影響の面から考えてみても、必ずしも矛盾はしない。文献からだけではよく分からないが、モーラ音素の音声実現などと同様、アミ語それ自体の中に、母音の無声化に通じる要素が含まれている可能性もある。
実例は、次のようである。

「何話すか」[naniʔanasu̥ka]（TK）、「ひとり」[si̥toɾi]（SP）、
「6歳」[ɾoku̥sai]（LL）、「ふたり」[fu̥taɾi]（LL）、
「机で」[tsu̥kuede]（LL）、「あした」[aɕi̥ta]（LL）、
「〜ございます。」[godzaimasu̥]（LL）、「草がね」[ku̥saɣane]（LM）、
「つけるよ」[tsu̥keɾujo]（LM）、「使ったね」[tɕu̥kattane]（LM）、

5.　ヤミ語話者の特徴のまとめ

これまで観察してきたことから、ヤミ語話者による日本語音声の特徴をまとめれば、次のようになろう。

（1）　母音

A　マイナスに働く可能性のある点：
・日本語の /u/ が [o] に近く聞こえることから、/u/ と /o/ の混同が起こる。ただし、日本語の /o/ を発音した場合には、とくに偏りはない。また、異なる母音が連なって発音される場合も特筆すべき偏りはない。
・日本語の /i/ が [e] に近く発音される場合があり、日本語の /e/ が [i] に近く発音されることがあるから、/i/ と /e/ 相互の混同が考えられる。

B　プラスに働く可能性のある点：
・母音の無声化が安定して現れる。
・長母音も安定している。

（2）　子音

子音に関しては、ヤミ語話者が日本語を話す場合、きわめて有利であると言える。

A　マイナスに働く可能性のある点：

・もともと歯茎摩擦音がヤミ語の場合、捲舌音であるということであるが、日本語を観察したところでは、わざわざ捲舌音で発音した例はなかった。

・わずかに、部分的に /se/ が [ɕe] に発音される例があったが、これは、ヤミ語の影響もさることながら、教員による方言音の影響である可能性もなしとしない。

B　プラスに働く可能性のある点：

・有声破裂音と無声破裂音、有声破擦音と無声破擦音の区別があること、これは、台湾全土の例と比較しても極めて有利なことである。

・イ段の摩擦音や破擦音が口蓋化されて実現されること。これは意味にかかわる問題ではないが、広く外国語話者の日本語音声を見渡した場合、日本語らしさに関わるという意味で有利である。

・長い子音と短い子音の区別、すなわち「促音」の発音が可能である。これは、先住民の中では、ヤミ語話者だけではないが有利である。「撥音」も可能である。

・ガ行鼻音、これは今日ではとくに有利とか不利とかのレベルで扱われることではない。また、ヤミ語話者の自然談話の中に現れるわけでもないが、それは、もともと保有していて、使おうと思えば簡単なはずであるのに、教師の方言にそれがなかったために使う習慣が定着しなかったという、特異な例である。この「不使用」の例は、アミ語話者にも同様の条件で共通している。もし、当時の日本語教師が自らの日本語音声だけではなく、当時の日本語について広い見識を持っていて、学習者側のレパートリーにも気付いていたならば、多少異なる結果となっていたかも知れない。

6.　アミ語話者の日本語との異同

ヤミ語話者の日本語音声とアミ語話者の日本語音声を比較してみると、おおむね、次のような点が浮上してくる。

共通点：

1）　母音の長短を区別すること。
2）　母音の /i/ と /e/ の音価が日本語とは異なるため、他の母音と混同し得ること。
3）　子音の長短を区別すること。
4）　一部に「セ」と「シェ」、「ゼ」と「ジェ」の混同が見られること。
5）「シ」「チ」「ジ」の子音の口蓋音が安定していること。
6）　ラ行の子音は、いずれの場合もはじき音で実現される。
7）　日本語の拗音がどちらも直音で現れやすいこと。
8）　アクセントに１型式に似た傾向が見られること。
9）　イントネーションレベルについては、学習の痕跡が不明で得意ではない点が多いこと。

　このように、ヤミ語話者とアミ語話者双方の日本語音声には、かなり共通点が多いことに気付く。それだけ、相違点の項目は少ないが、質的なことを考えれば、小さくはない。

相違点：

1）　母音の /i/ と /e/、/o/ と /u/ の混同は、ヤミ語話者の方が目立つこと。
2）　母音の無声化は、ヤミ語話者の方がより安定して見られること。
3）　子音の有声破裂音、無声破裂音の区別、有声破擦音、無声破擦音の区別は、ヤミ語話者の方がはるかに安定していること。
4）　日本語のバ行音として [v] を用いるのは、アミ語話者の方だけであること。

7. まとめ

ヤミ語話者の日本語音声について、アミ語話者のそれと比較しながら見てきた。そこで分かったことは、日本語を話す場合、母音の音韻組織などからして、ヤミ語話者の方が有利な点が比較的目立つということである。

母音や子音の長短を区別する点はどちらも同様に可能である。これらは、ミン南語をはじめとする中国方言話者の日本語に比べて、学習上は、どちらも非常に有利なことである。しかしながら、その中でも、さらに決定的なことは、アミ語には一部しか備わっていない有声破裂音と無声破裂音、有声破擦音と無声破擦音の区別が、ヤミ語にはすべて備わっているということである。これは、日本語音声の単音レベルでの聴覚印象における日本語らしさを決定付けているように考えられる。

ただ、有声音・無声音などの区別だけのことならば、欧米系言語話者でも言えることであるが、他にも、ヤミ語やアミ語話者の口蓋音には、日本語のように平唇性があるということが更に日本語との近似性を高めているものと考えられる。

筆者はこれまで、台湾本島の先住民による日本語音声の他にも、ミクロネシア・トラック島方言話者やポナペ島方言話者の日本語音声もつぶさに観察し、その特徴を前章でも述べてきた。その中で、特筆すべきことは、いずれの話者も母音の長短、子音の長短の区別をし、それ以前に観察した中国語諸方言、欧米系諸言語など数々の言語話者の日本語とは大きく異なっていたことであった。

だからであろうか、筆者たちがインタビューしたミン南語話者の中にも、またアミ語話者の中にも、日本語の音声に関しては先住民語話者の優位性を強調する人々がいたりした。事実、アミ語話者の中には、実力を見込まれて日本語教員になった人も少なくないようで、筆者も日本語教員の経験者にインタビューしたことがある。

しかし、その優位性についての言及は、主として台湾先住民最大集団のアミ語話者からであって、他の先住民からではなかった。今回、最小集団のヤミ語話者による日本語音声を観察して、さらに驚くこととなったのであるが、これらの人々から自信ありげな言葉を聞くことはあまりなかった。それどころか、自分たちが学校へ通った年限の短さを挙げ、自信のなさそうなことを言っていた。

たしかに、一部の参考程度にした人々を除いては、日ごろ日本語話者と話す機会などあまりないようであった。そのため、日本語の会話に慣れてはいないから、すぐに流暢な日本語が出てくるというわけには行かなかった。しかし、よく注意して聞いていると、流暢さは感じられないものの、個々の調音は正確で、意味はよく通じることが多かったように思われる。

ところがまた、まれに「チョーコク(中国の意)」とか「マタ(未だ)」などの発音が何度か観察された。聞くところによれば、これらの人々が習った日本語教員の中には台湾本島から来たアミ語話者の教師もいたという。また、中には、終戦後、台湾本島の台東の医療学校で産婆の訓練を受けた人などもいた。もしかすると、上記の例は、そのような期間に、耳にすることの多かった周りの発音の方が正しいのであろうと無批判に受け入れ、一部偏った形で習い覚えたまま定着してしまったものであったのかも知れない。言語習得時のさまざまな「力関係」がこのような形で残ったということも考えられる。

ガ行鼻音などは日本時代からのその典型的な例であろうが、戦後、日本人が引き上げた後も日本語がリンガフランカとして残存し、多様な言語話者を含む台湾先住民の間で互いに影響を受け合ってきたことを考えれば、中には有声音・無声音の区別が不鮮明な点に関しても、影響を受けるというルート・関係があったということも考えられる。「チョーコク」や「マタ(未だ)」は、無意識に残された、その名残の可能性もある。ことばの学習には、当然のことではあるが、学習者を取り巻く価値観その他の諸条件も有形無形の影響を与えるということであろう。

「参考資料」として、章末に、アミ語の台湾東部方言話者による特徴的な音声の音響分析資料(図１～6)を示す。フィールドワークで得られた音声資料を音響分析にも耐えられるように収録するのは至難の業であるが、台湾東部「東河」のインフォーマントの協力で得られた良質の資料を音響分析により示す。

図１では、有声音と無声音の違いの見方が簡単に分かるよう具体的に示

してある。これを参考にして、他の図をその図の下に示した説明に沿って、有声音・無声音などの音声記号に照らしつつ観察すれば理解できるであろう。問題の箇所は、カーソルの縦線で注目できるようにした。

謝辞
連絡がうまく行かなかったため、心ならずも、前日急にお願いすることになってしまったにも関わらず、畑仕事を休んでまでインタビューにご協力くださった方々に、心から感謝申し上げたい。

注

1　土田(1992)ではヤミ語には /u/ が存在せず、張(2000)では、/o/ が存在しないという記述が見られる。筆者がヤミ語話者による日本語音声を観察した限りでは、ウ段の母音には円唇性の強い [o] に近似した発音が頻繁に聞かれた。

2　ヤミ語話者が時折発したヤミ語では、確かに反り舌音の [ɖ] などが再三観察されたが、日本語を話すときには歯茎音の [d] であった。

3　日本語では、一部の方言音を除いて、[f] は、時に外来語の発音などに現れるだけなので、ヤミ語にこれがないからといって支障は認められないであろう。

4　[v] も日本語では外来語の発音に使われるだけなので、とくに問題にはならない。アミ語話者の場合、[b] をもたないことから、代わりに [v] を用いる場合が目立った(「首」：kuvi)が、ヤミ語には [b] があるから、代用の必要もない。

5　ヤミ語では、/i/ の前の /t/、/d/ がそれぞれ [tʃ]、[dʒ] になるというが、これは日本語やロシア語の場合に似ている。なお、ここで音声記号の用法についてお断りしておかなければならないことがある。それは、ヤミ語そのものの音声記号については、引用文献の表記に従ったが、日本語の音声記号及び筆者が録音資料から書き取った部分については、可能な限り詳しく表記した。たとえば、[ʃ] ではなく [ɕ]、[ʒ] ではなく [ʑ] を用いたのは、平唇性の実現を重視したからである。

6　日本語のはじき音 [ɾ]、これがヤミ語では震え音 [r] である。ただし、今回観察した日本語音声では、ほぼはじき音 [ɾ] に近いものもあった。

7　ヤミ語では、/h/ が語頭で実現されることがないから、日本語を話す場合、フランス語話者、イタリア語話者、ミクロネシアのポナペ語話者に似た現象が予想される。

8　先にも述べたとおり、声門破裂音で目立った問題は考えられない。

資料

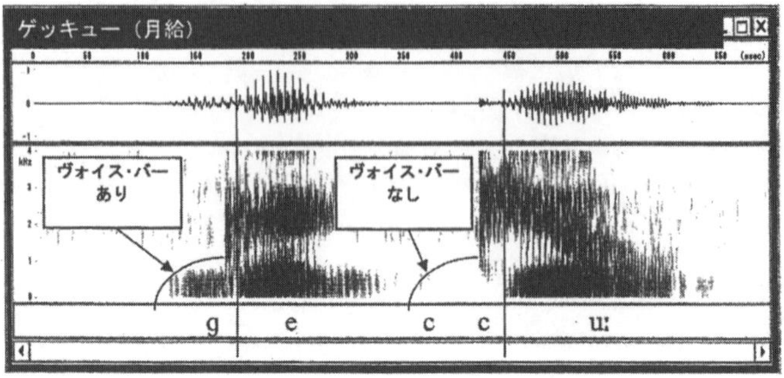

図 1

はじめに、S 氏による日本語の発音上の偏りが見られなかったデータを用いて、有声破裂音と無声破裂音の比較対照例を示す。g の閉鎖区間内には声帯振動の存在を示すヴォイス・バー（破裂直前のものをプレヴォイス・バーと呼ぶ）が見られるが、k の閉鎖区間内にはそれが見られない。以下の例で、本来有声音であるものを無声音で発音している具体例を観察する際の参考となるであろう。

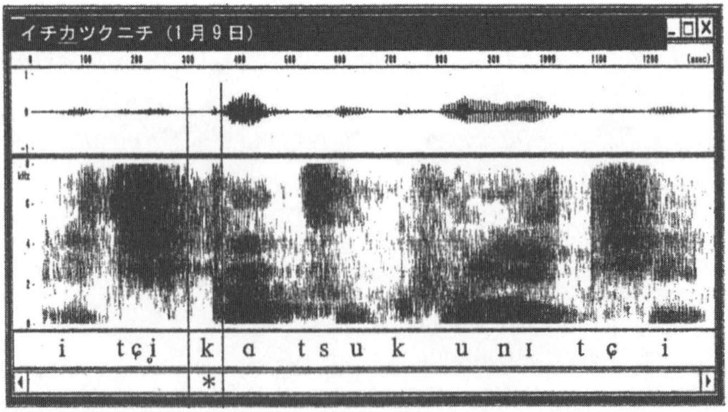

図 2

＊：g の有声閉鎖ではなく、k の無声閉鎖になっている。3kHz 以上の周波数域に見られる黒っぽい影は、発話時に口腔内で反響している音、あるいはマイクが室内の反響音を拾ってしまったものである可能性が高い。いずれにせよ、ヴォイス・バーは見られない。

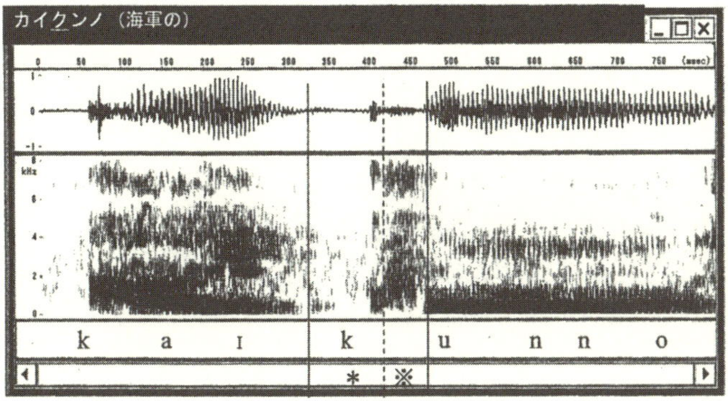

図 3

＊：ここでは ŋ（鼻音）でも g（有声破裂音）や ɣ（有声摩擦音）でもなく、有声破裂音の k になっていることが分かる。また、k の破裂直後には気音部が（※）に見られる。

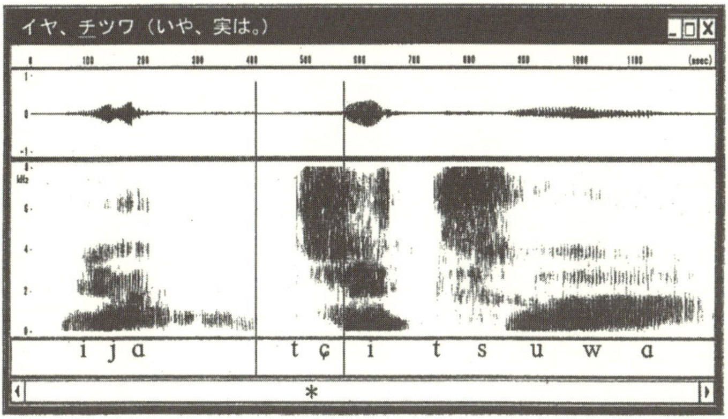

図 4

＊：dʑ ではなく、無声音の tɕ となっている。ただし、tɕ に続く i は無声化していない。

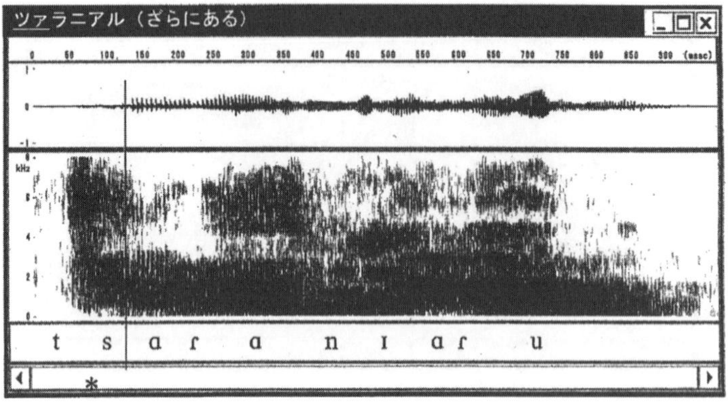

図 5

＊：ザ行の子音は語頭で破擦音、母音間で摩擦音になるが、ここでは有声破裂音の dʑ が無声破擦音 ts になったものである。

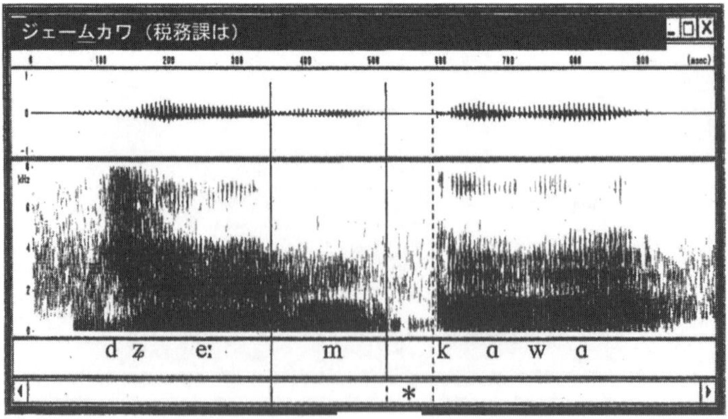

図 6

＊：mu の [u] はなく、いきなり k の無声閉鎖が始まっていることが分かる。

第Ⅲ部

第Ⅲ部は、本書の締めくくりとして、これまでの研究及びその結果を踏まえ、「日本語音声教育観」を述べ、次章の考察へと移行させるが、音声教育の守備範囲は、単に技術や知識だけで終わるのではなく、音声に関わる教育や研究そのものが社会に対する貢献も含めて議論されるべきであることを主張する。

第 15 章では、「音声研究と日本語教育―日本語音声教育の視座を見据えて―」と題して、音声学や音声教育に対する社会的役割にも注目する。それらは、戦前・戦中も含めた過去の歴史、外国語教育での考え、現在の日本語社会における諸問題などをも視野に入れつつ考察するが、音声教育の守備範囲としてどのようなことが考えられるかにも言及する。

第 16 章では、本書の締めくくりとして「音声教育」の今後を展望するが、「聞き手の国際化―音声教育の将来への展望―」と題して考察を進める。日本語教育の場が確実に国の内外への広がりを見せている今日、ことは「日本語教育」だけのことではなく、「国語教育」でのことも見据えてかかる必要があり、伝統的な音声教育観をだけではなく、もっと柔軟性を備えた新たな進め方を提唱する。

第 15 章
音声研究と日本語教育
—日本語音声教育の視座を見据えて—

本章では、音声教育の守備範囲としてはどのようなことが考えられるのかなどを中心に音声研究と社会との接点など種々の側面から考察する。音声教育とは単に技術や知識だけを伝えればよいのではなく、学習者と社会全体との繋がりも考えつつ行われるべきであるとの立場から、これまでの流れ、今後の方向性を探ろうとするものである。

1. 序

ここでは、従来の音声研究を俯瞰し、それらが日本語の音声教育にどう生かされてきたかについて概観するが、観点としては、音声教育が音声研究に対してどのように貢献し得るかという点からも考えてみたい。以下、次の 4 事項について考えられるところを述べる。

（1） 音声教育は必要か
（2） 音声研究と音声教育の流れ
（3） 音声研究の成果を応用する際の留意点
（4） 今後の音声研究・教育音声研究

2.　音声教育は必要か

日本の音声教育は、他の分野に比して伝統的に大きな広がりを見せてきたとは言いがたい。その理由は、教師自身が国語の時間などに、しっかりした音声教育を受けた経験を持たないことなどによる（上村 1966）。「発音」を意識的に学習するのは外国語の場合であって、国語は、日本で生まれ育った者であれば、当然できるという考えが根底にあるようである。伝統的には書き言葉中心の訓古注釈精神が根強かったこともあろう。さらに教室内では、一斉音読などが日常化し、個々人の音声にはあまり注意が払われず、大きく元気な声で話すことだけが要求されるかのようであった（中村 2001）。

たまに音声教育らしいことに言及されたとしても、それは、方言色の濃い地域言語を多用する社会などで「訛りを直して、他人に笑われないようにする」という、いわば受動的で消極的な目的であって、より実質的で豊かな音声表現の獲得を目指すなどという積極的なものではなかった。国語教育自体、多くの場合、教師の多くは語学畑でなく文学畑の人々が多く、例外的な一部を除いて、音声は感覚的に扱われる程度でしかなかった。感覚的判断は、得てして良し悪しの評価を伴い、それが一人歩きして世の中に広がりその結果、一部の人々にはある種の迷惑を伴うこととともなった。僅かに、旧植民地で「国語教育（当時）」が行われるようになって、音声教育本来の重要さも叫ばれるようにはなったが、それは、根本に皇民化という特殊な目的を担い、良くも悪くも国内の国語教育とは質的に一線を画していたようにも考えられる。

戦後の日本語教育は、新たな出発をすることになるが、こと音声教育に関しては、しばらくは、また元に戻ってしまったかのような面が見られなくもない。ことに 1970 〜 80 年代の言語教育理論による施行が流布するようになると、音声教育は一部でいっそう否定的に扱われるようになった。第 2 言語を習得するに当たって、音声まで正確さを求めることは、要求のし過ぎである。そうでなくとも、あれこれ習得しなければならないのであるから、負担の大きい音声は、ほどほどでよいではないかという言説が流れ出す。音声習得は、努力の割に報われないのだとも言う。また、多様化社会の現状を踏まえて、いろいろな音声特徴には寛容であるべきであって、画一的に押し込めるべきではないとも言う。その結果、教師の中には、文法や音声の「些細な誤り」は無視しても良いと考え、そのままにする例も現れたという（高見澤 1989）。

いずれも、一面では最もな意見である。こういう考えが本当に世の中全体に広がっていれば理想的である。しかし、こういう考えがいかなる言語の世界でも押しなべて通用するのかと言えば、一概にそうとも言い切れないところがあろう。

そもそも、これらの言説の発信源は、英語教育の世界であったと考えられる。周知のごとく英国は、古くから植民地政策を強力に推し進め、英語が北アメリカ大陸、アフリカ大陸南部、インド、セイロン（現スリランカ）、オーストラリア、ニュージーランド、マレーシア、シンガポール、香港など言語・文化共に多様で広大な地域に「移植」されてきた。その結果、英語そのものが「世界語」と呼ばれるようになり、今日では「グローバル化」の波に乗って、ますます増殖の気配を見せている。使い手が多くなれば、バリエーションも認めざるを得ない状況が生じるのは当然である。その結果であろう、環境の違いによって醸し出されたアメリカ英語、オーストラリア英語、シンガポール英語などの名称で呼ばれる言語集団がつとに有名となった。違いを認めるとか認めないとか言うより先に、それぞれが肥大化し、自己主張を始めたのである。では、これらの集団に属する人々は、押しなべて自分たちの「英語」にプライドを持ち、互いに「他の英語」を認め合っているのかと言えば、少なくとも筆者がこれまで各地でこれらの人々の反応を観察したところでは、いずこにも「建前」と「本音」が共存しているように思えてならない。少なくとも、いわゆる上層社会で使われている英語とそれ以外で使われている英語には、明確な違いがある。そして、各地域の人々に、地域特有の発言や言い方を使うのかと聞くと、「私は（教育を受けたから）そんなものは使わない」と力説さえする。

つまり、英語教育によって、世の言語教育思想をリードしてきた英語世界の人々でさえ、決して「物分かりのいい」人ばかりではないように見受けられる。そういう事実を無視して「理想」を言い続けることを、それでも否定はしない。しかし、だからといって、発信元自体の実績や日本語社会の規模や実情を考慮せずに、そのような考えをそっくり鵜呑みにして、学習者に対して一方的に主張し続けることには、いささか疑問をおぼえる。

かつては日本も、明治期以降、これらの国々（いわゆる列強）の真似をして、植民地政策を推し進め、積極的に日本語の移植を試みた時期があった。しかし、そのもくろみは、太平洋戦争の敗戦とともについえた。その後の日本語社会は、今なお日本語を話す旧植民地の人々のことさえ忘れたかのように、中小規模のまま推移してきた。70年代から80年代にかけて、日本語の学習者が急に増え、今また新たな政策によって増えつつあるとはいうものの、質的規模から言えば英語などの比ではないであろう。

その日本語社会の中にあっても、一方ではマスコミの発達によって、全国共通語化の波が大きく広がり、経済的状況と共に、勉学や仕事のために全国各地に居住する外国人も多くなった。当然、これまでとは違った日本語の発音も日常的に耳にするようになる。その結果、日本各地の人間がさまざまな特徴を持つ日本語に慣れ、自然に受け入れるようになったかと言えば、そうとばかりは言えないような状況になっている。中には、音声的特徴のタイプによって、比較的歓迎されるものとそうでもないものがあるように見受けられる。

それにも関わらず、音声教育の必要を軽んじ続けることは、教師自身にとっては楽な選択ではあるかもしれない。しかし、周囲の反応に直面して不安を抱えたまま放置された学習者、少なくとも自分自身の置かれた情況や自己の目標設定によって音声教育を必要だと考えている学習者が、現に被る、あるいは近い将来被るかもしれない不利益に対してどう責任が取れるのであろうか。その時、学習者の前に、その教師たちの姿はもうないのである。

かつて筆者は、日本語教師の仕事には、大きな使命が二つあると述べた（土岐1994、本書第16章として改定）。一つは学習者の「露払い」になることである。どんな学習者にもそれぞれ問題は付きものであるが、その問題が学習者にとって不利にならないよう、できるだけの努力を惜しまないことであると述べてきた。その努力の中には、学習者が日本語社会に参入する前に、学習者の「不得意な点」が不利にならないよう、これから学習者が接するであろう日本語社会に対して「解説」して回ることも含まれる。

例えば、アジア系を中心とした学習者が日本語を習いたての頃、かなりの人々が鉛筆を「エンピチュ」と発音するケースがある。日本語で鉛筆を「エンピチュ」と発音するのは幼児に多いことから、それを聞いた日本語話者は、その発音自体から「子供っぽい」と感じ、時として、そのように発音した人自身が子供っぽいのではないかと思うかもしれないが、事実は決してそうではない。もし、そのことに気付いた日本語教師が、前もって関係者に説明し理解させることができれば、その学習者が無用に誤解される危険をある程度は回避することも可能であろう。なお、ここではたまたま書きやすさから「単音レベル」の例を挙げたが、音声教育は、何も単音レベルのことばかりではない。音節レベル、単語レベル、文節レベル、文レベル、談話レベルでそれぞれに話題にされなければならない問題があるが、残念ながら、音声の教育と言えば、単音とアクセントがすべてであるかのような偏った、しかも漫然とした知識しか持ち合わせていない人も多い。そのような人々に限って「音声教育は、舌先が歯茎に付くとか付かないとかいう、どうでもいい、重箱の隅でも突っつくかのようなものだ」など偏ったことを言う。自分の知識が偏狭であることを知らず、堂々と公言して憚らないものだから、知らぬ人々は真に受ける。大学の日本語教育関連コースで、そういう教育を受けたという人に、現に何人か出会ったが、当人たちは、音声教育の別の側面からの話を聞いて、意外さに驚いていた。

音声教育の守備範囲は、なにも教室内で「発音を教える」ことばかりではない。これから学習者が接する日本語社会に対して、上記のことも含め、学習者のためにいろいろ働きかけることこそ重要であることを強調しておきたい。音声教育を単なる技術や知識だけと捉えるのではなく、「日本語社会への橋渡し」という大切な役割もあると考えるからこそ、音声教育は一層必要なのである。

3.　音声研究と音声教育の流れ

言語教育の諸側面の中で、音声教育ほど時代の流れに翻弄されたものはないのではあるまいか。言語教育の目的は、時代時代でさまざまな状況を呈するが、ことに長い間言語教育の主流を占めてきた文献主義的言語教育、文法訳読教育の時代では、音声教育などほとんど無視され続けたと言ってよいだろう。そのような時代にあっても、音声・音韻研究は古代インドのサンスクリットや古代ギリシャの時代から徐々に発展を続けるものの、たまに音声教育に視点を置いて主張するものがあったとしても、それは、多くの場合、主目的が古典研究の一環としてのものであった。いわば、伝統的な本来の音声とはこのようなもので、今日とはここが違っているから、その「乱れを正す」べきであるというようなものであって、目の前の学習者の実用の立場に立った音声教育ではなかったように窺える。しかもほとんどが、アクセントと単音レベルの、いわば「意味に関わる要素」の研究であった。江戸期の一連の国学の研究も同様であろう。しかし、これは時代の状況を考えれば納得がゆく。今日のように、大勢の人間が簡単に国境を越えて他の言語や方言を話す人と接触できるようになって、互いに言葉を交わすようになったのは、例外的な一部の出来事を除けば、そう古いことではない。長く文献主義的教育の時代が続けば、いわゆる母語話者と言葉を交わす必要はないのであるから、音声などどうでも良い時代が続く道理である。しかし、海を越えた人物交流が簡単にできるようになると、当然、文書ばかりではなく、生身の人間同士の音声表現による、多面的な交流も必要になる。

ことの良し悪しを別とすれば、このような生の集団的交流は植民地経営の時代に急激かつ多面的に出現した。ただし、方向性はまったく逆で、人々が、その言語が話されている場所に移動した結果として、生活上の必要が生じて現地語を学習するのではなく、植民地経営に乗り出した側がその地に出向いて行って、いわば現地の言語を否定し、支配者自らの言語を習わせたのである。アフリカ大陸におけるフランス語教育や英語教育、中南米におけるスペイン語やポルトガル語教育などが、その先駆であったと言われる。皮肉なことに、音声学などが大きく発展した過程を見ると、時期的に、このような時代の要請と大きく関わっていると見るべきであろう。

日本語音声教育も決して例外ではなかった。現代の日本語音声そのものについての研究は、明治、大正の頃から具体的な著述が見られる（佐久間鼎

『国語の発音とアクセント』(1919) など)。しかし、それらの多くは、日本語音声の実態についての記述であって、それを教育にどう生かすかという視点はあまり見当たらない。どんなに詳しい記述であったとしても、その体系を学習しようとした場合には、さまざまな工夫が必要とされるから、そのまま簡単に応用に移すことはできない。教育実践に移すためには、学習目標の実態のほかに学習者を知り、その実情に合わせた方略を考えて実践に移すのでなければ空回りするからである。その点、戦前・戦中の資料、とくに昭和15 年 4 月から昭和 20 年 1 月にかけて日本語教育振興協会から刊行された機関誌『日本語』には、第 1 章でも簡単に触れたように、音声教育を念頭に置いた提案や論考が多く見られる。いくつか、実例を挙げよう。

内藤濯「言葉の調子といふこと」(昭和 18(1943) 年 4 月号)

話し方の基本訓練にイントネーション教育を取り入れる必要を説き、音楽的手法を用いることを提案する。アクセントの区別などの不得意な学習者にも通用しそうな重要な提案であるが、感情表現を多く取り上げているところから、どの程度広く受け入れられたかは定かではない。

三井政雄「南方諸地域向日本語教科書に使用せる発音について (一)」(昭和 18(1943) 年 11 月号)

日本語教科書の編集方針として、音声言語の教授、訓練を基礎とするために、実際の発音からはかけ離れた当時の正書法を、教科書では発音どおりにするという、当時としては画期的な試みを紹介しており、戦後の正書法改革のきっかけの一つとなったであろうことを窺わせる。

土井光知「日本語の調子」(昭和 19(1944) 年 1 月号)

話し言葉のリズムは、我々の呼吸、歩調等に基づく肉体的な調子に通じるとし、リズムの教育を提案するもので、その基本は今日でも活用されている。

筧五百里「中国人に誤り把握せられている日本語の発音に就いて (1) (2)」(昭和 19(1944) 年 3 月号、5 月号)

(1) では、中国語を母語とする学習者がどう偏って把握するかという点に言及したもので、学習者の側に注目した数少ない論考である。(2) は、日本語音声を学習する際の中国語の方言話者別の条件の違いを紹介している点が注目される。

寺川喜四男「大東亜の日本語に於ける音量・語音の長短の活用に就いて」(昭和19(1944)年6月号)

台湾の学習者の発音上の問題として母音の長短の「誤り」を挙げている。当時の状況からか、地域性を明確にして論じた割には、先住民には触れられていないことになる。なぜなら、先の章でも述べた通り、台湾各地の先住民族が背景とする種々の言語の多くはモーラ言語であって、日本語を話す際に母音や子音の長短が問題になることはないからである(土岐2003b、本書第14章として改定)。

服部四郎「標準ごとアクセント(1)(2)」(昭和19(1944)年7月号、8月号)

「発音の訛り」にも「意思の疎通に大きい障碍となるものとさうでないものがある」が、アクセントは後者である。「もっと重要な発音的特徴を把握させるよう努める方が遥かに効果的」で、そのためには、発音やアクセントの訛りに対する「感情問題」を解決すべきである。例えば、子供たちに「各地の人々の話す多少方言訛りのある標準語的共通語をいろいろな方法で」聞かせて、「その理解力に幅としなやかさを持たせる訓練」をしてはどうかと提案する。終戦を1年後に控えた時期の主張である。もし、日本語社会全体がこの考えに耳を傾け、日本語教育のみならず日本国内の国語教育の分野でも積極的に取り入れる余裕があったなら、「方言コンプレックス」の諸問題なども、先に述べた「外国語話者の音声上の偏りによる差別」の問題なども、もっと違った形になっていたかもしれない。

『日本語』は、終戦を待たず、昭和20(1945)年1月号を以て廃刊となる。その頃、旧植民地では戦況の悪化とともに、公学校の授業などもほとんどできない状態となっていたし、刊行のための物資や広く送り届ける手段もなかったことであろう。「時代の要請」と共に生まれ「時代の流れと共に」消えたが、今に通じる知見も決して少なくはない。

ところで、音声教育を語る上で無視できないのは音声教材である。教科書が学習も目標としての言語形式やそのルール、あるいは、日本語によってどのような思考が表現できるかを示したものであるとするならば、音声教材は、それを現実にどういう音声表現で示すべきかを具体的音声表現形式で示すものであるはずである。しかし、文字情報優先の伝統の影はこのようなところにも姿を現し、音声表現をどのような方向性で表そうとしたのかなど伝わってこないものが圧倒的に多い。戦前・戦中の時代にも、音声教材レコードが製作され、海を越えて各地に配布された。しかし、当時のレコードを聴いてみると、会話などの発話は、単なる「読み上げ」の域を出てはいない。また、レコードを現場でどのように使えば効果的かなどの説明は、付けられていない。そのような状況であれば、現場での扱い方にも極端なケースが現れ得る。台湾で当時日本語教師をしていた方(S 氏)の証言によれば、校長が「レコードが摩り減るともったいないから教師の地声を聞かせればよい」と言い、せっかくのレコードを使わせなかったところもあったと言う。

音声教材を作って何の説明も付けないというケースは、戦後数十年を経て、レコードから(アナログ)テープレコーダー、デジタルテープレコーダー(DAT)から MD、CD、DVD などの時代になって、録音・編集や音声表現の技術も進んだはずの今も、一握りの音声教材を除いては変わっていない。声優を使ってはいても、上手く使いこなすほどの力量を備えていないようにも考えられる。その原因として考えられることの一つは、音声教育に関わっている人自身、音声教育を受けた経験が少ないこと、あったとしても、音声についての一般認識に偏りがあることなどが挙げられよう。音声といえば、単音・音節レベルとアクセント、つまり意味に関わるレベルにとどまってしまう。場面やその場の人物の表現意図などを反映した音声表現にまで幅広く考えの及ぶ人がいまだ決して多くはない。それが録音時の発話者に対するインストラクションにも影を落としているということなのであろう。イントネーションと言えば、感情表現だけであるかのような偏った知識だけが浸透し、種々の文型にはその形式に密着したイントネーションパタンが存在すること、イントネーション表現にも「非文」があり得ることまでは、まだ十分には知れ渡っていないのであろう。関係者の心すべき問題である。

4.　音声研究の成果を応用する際の留意点

音声研究の成果を直接音声教育に生かすことがそう簡単なことでないことは、これまでの音声教育がよく示しているのではあるまいか。口腔断面図を見たり、舌の動かし方の説明を聞いただけで素直に自分の口腔内を操れる人はそう多くはない。まして、モデルのテープと自分のテープを聴き比べて、その違いを自己モニターによって察知し、すぐに訂正できる人もそんなに多くはない。それができるのは、音声学的レパートリーの広い人であって、「耳の付けどころ」を心得ている人である。音声教育を効果的にするためには、学習者に対して、その「手がかり」がより確かに伝えられることが必要である。

例えば、有声破裂音の際の声帯の振動であるが、その有声部分の声帯振動をピンポイントで感じさせること自体、実は単純なことではない。まず、我々にとって有声破裂音それ自体を部分的に取り出して発音することは簡単ではなく、つい音節単位で [ba] などと発音してしまいがちである。そこで喉の喉頭部に手を当てて振動を感じ取らせたとしても、それは子音部のそれではなく、母音部の振動である可能性もある。これは「ソナグラム」などによって音色の推移を音響分析してみればよく分かる(前章末尾の図参照)ことだが、子音部の振動は「破裂以前の段階」で生じているから、まだ両唇が閉じている間に聞こえる「うめき声」のような声の存在に気付かせるのでなければならない。要するに「声」があるかどうかだけではなく、どの時点で始まるかの「タイミング」に注目させることが大切なのである。そこで話題になるのが Voice Onset Time (VOT) である。このような場合、破裂を境にして、破裂より前の閉鎖区間で声帯振動を起こす場合をマイナス VOT(有声)、破裂後に起こす場合をプラス VOT(無声)として数値で記述するから、「無気音」「有気音」の場合は、破裂以前の閉鎖区間では共に何も聞こえず、破裂後間もなく母音部の声が聞こえる無気音(プラス VOT 値が小さい)と破裂後しばらく気息の流れが続いてから母音部の声が聞こえる有気音(プラス VOT 値が大きい)の違い、つまりタイミングの違いを聞いていることになる。韓国語の「濃音」などでは、それに加えて、唇の閉じ方の強さの違いを絡ませて聞いていることになる。

アクセントやイントネーションの振る舞いを「ピッチ曲線」などで観察する場合にも細心の注意が必要である。どのレベルの分析についても言えることだが、人間の耳による聞き方と、音響機器による機械の聞き方とでは、大きな違いがある。それは、人間は必要なところだけを選んで聞いて、あとは捨てて聞くのに、機械は感知できるものなら何でも拾ってしまうことである。そのお陰で、それまで人間があまり気付かなかった点に気付かせてくれることもあるにはあるのだが、教育の材料としては、邪魔になることも少なくない。例えば「ア'メ↑(雨)」と疑問の上昇イントネーションで発音した場合、ピッチ曲線は「文頭部の上昇」から始まる。日本語話者の耳には第1音節が高い「ア」で始まって聞こえたにも関わらずである。それは、声帯振動は、あくまでもアナログ的な運動しかできないからで、いきなり高い音節で発音を始めようとしても生身の声帯は「静止」の状態から徐々に高い声が出る状態になってからでなければ「頭高アクセント」は実現されないから、言語的ではなく生理的な上昇も聞こえて来るのである。その「上昇部分」を人間(日本語話者)は捨てて聞くことができるが、機械は拾ってしまう。そして、その実態を知らぬ人は「頭高」以前の「上昇」で混乱することになる。このような生理的な現象の場合は、取り立てて示す必要などない。何でも見せればよいというものではないことになる。

このように、何を捨て、何を選んで聞くかというパラメータの選び方やその優先順位は、言語によって、あるいは方言によっても異なる。学習者に対してどんなに大きな声で、ゆっくり強調して聞かせても、初期の段階で上手く伝わらないのは、実は、学習者が背景として持っている言語によって、パラメータの狙い目が違っていることもあるからである。やみくもに繰り返し聞かせただけではうまく伝わらなかったとしても何ら不思議はないのである。

5.　今後の音声研究・教育音声研究

これからの音声研究は、当然のことながら、学習者に一歩近づいた視点が必要となろう。

従来の音声研究の成果には、どちらかと言えば、一つひとつ丁寧に発話した場合の音声現象について記述した情報が圧倒的に多いと言ってよい。ある仮説を立て、その現象が起こり易いような効率的な文を読み上げてもらったものについての観察結果である場合が多い。これらの点から容易に想像されることは、教師が最初に音声モデルを丁寧に示す場合と、通常の文脈で自発的に発話する場合とでは音声実現が異なる可能性が出てくるということを知っておかなければ、学習者に不要な混乱を与えるということである。丁寧に読むと、それだけ一種の強調を伴って、個々の音を単独で発音した場合に近づくから、文中や語中、母音間などで、自発発話として発せられた場合とではどうしても違ってくる(例えば、有声破擦音の摩擦音化や縮約など)。

また、日本語に限定して記述する場合は、大まかな書き方でよいとしても、学習者が背景として持つ他言語や中間言語音も考慮するとなると、それだけでは間に合わず、第３章で述べたように、一般音声学的見方をするのでなければ不都合な点も出てくる。こういう、教師には気付きにくく、学習者には気付きやすいかもしれないようなレベルのことも、教師には知っておくべきであろう。

このように、日本語話者がはじめから日本語の音声だけを前提にして考える場合と、他言語話者が他言語の音声を前提にして考える場合とでは根本が違っている。同じようなことは、日本語の方言音声の記述にも言える。多くの場合、他の地域の方言について記述するのに、東京共通語音声を前提にしているかのような書き方をしている例が少なくない。例えば、「促音」のない地域の方言について説明するのに「促音の欠落」とか「脱落」などと言うが、それは「促音があること」を前提にしているからそのような書き方になるのではなかろうか。

次に、学習者や日本語話者が同じ日本語音声を聞いて反応する、あるいは狙い目とするパラメータのどこが違い、どこが同じなのかという傾向を把握するための研究も徐々に進みつつあるが、これらの点については、もっと対象を増やし、優先順位なども含めて、より広範囲に解明する必要があろう。それによって背景言語の異なる学習者毎の支援プランがより具体化され強化される可能性が出てくるし、日本語音声の記述内容よりも精緻化する可能性も出てこよう。

日本語の自然な発話資料を『日本語話し言葉コーパス(CSJ)』などによって大量に調べてゆくと、ある音環境にあっては、日本語話者の例であっても相当の確率で「不全」を引き起こす場合が見られる(例えば、母音の長さなど)。これまで、学習者だから生じるとされてきた現象が、実は、日本語話者にも容易に起こることだと分かれば、それらは一部「問題項目」の上位から除外されることになり、学習者に無駄な努力を強いる必要がなくなることにも繋がる。まだまだ解明の余地がある切り口である。

これまで、学習者の日本音声は、日本語音声本来の姿を浮き彫りにするきっかけとして位置付けられてきた。しかし、学習者の音声だからといって全ての音声が基準からはずれ偏っているわけではないという視点で見直してみると、日本語音声の実態について、より客観的で広範な見方ができるようになるものと考えられる。今後に期待される研究領域として、何よりも必要とされるところであろう。

第16章
聞き手の国際化
―音声教育の将来への展望―

最終章として、日本語の国際化が進んでいると言われることを考慮し、そのためには何をどうする必要があるのかについて、日本語社会の現状を踏まえつつ具体的に触れ、音声教育の将来を展望することとしたい。

1. 序

日本語の国際化などという前に、よくよく考えておかなければならないことがある。聞き手の国際化とでも言うべきことである。これを放りっ放しにして、いわゆる「国際化」を推し進めたとしても、足元の悲劇を増殖させるだけだということにもなりかねない。

日本語が国際化するということは、それだけ聞こえが異なるタイプの日本語をあれこれ耳にすることになるであろう。いろいろな日本語を聞いて、それなりに偏見なく理解し、評価できるようになるためには、日本語の使い手に対して、時間をかけて、しなやかな意識に変えるような働きかけが要るはずであるが、今のところ、実現には程遠い感がある。これから、少しずつ実現に向けて努力していかなければならないと考える。それらの問題をめぐって、次の点について検討したい。

（1） 問題の所在
（2） 恣意的で一方的な解釈・評価
（3） 日本語学習者側の防御策

（4）　公平な耳・意識の養成
（5）　まとめ—聞き手の国際化に向けて—

2.　問題の所在

土岐(1989)の「外国人の発音に対する態度」という項に、次のような記述がある。「今日、日本語を学ぶ外国人は、世界中で急速に増え続けていると言われる。一方では、日本語を国際連合の公用語にしようとの声も聞かれるが、果たして、日本語を母語とする人々は、外国訛りの日本語に対してどれ程寛大なのであろうか。」この疑問は、数年経った今でも消え去ることはない。否、十年やそこらで簡単に解決できる問題ではないからこそ、事あるごとにくり返し、注意を喚起する必要があると考える。

「日本人はよく、外国人が日本語を話すのを聞くとすぐにほめる。ほめられて素直に喜ぶ外国人もいるが、中には、自分が決して上手だとは思わないのになぜ、あんなにほめるのかといぶかしく思う外国人がいることも事実である。

なぜほめるのかについては、大旨二つの見方がある。一つは、自分達が、外国語が堪能ではないため、感心するのだというもの。もう一つは、日本語は難しいから外国人にできるはずはないという考えが根強くあり、その気持ちの裏返しとしてほめてみせるだけだというものである。

いずれも本当なのであろうが、かつて「方言撲滅運動」などを経験し、同じ日本人の言葉の違いにさえ寛大ではなかったものが、外国人の場合に限って急に大らかになるとは考え難い。第一、日本人全体として見た場合、日頃、多少なりとも外国人と接触する機会を持ち、外国人の話す日本語に慣れている人々は非常に少ないのではないだろうか。(中略)やがて日本人全体が外国訛りの日本語に接することも多くなって、外国人が日本語を話すという事態に対してそれほど抵抗を示さなくなる日が来るということも考えられようが、かなり時間はかかるであろう。」

近頃では、日本語を話す外国人も確かに増えたようである。これまでは外国人など見かけなかった職種にも外国人が進出している。それなりに、種々の日本語を駆使して働いている場面をそこここで見かけるようになったが、肝心の日本人がそれを聞いたときの意識がそれだけ柔軟になり好転しているとは、なかなか思えない。テレビやラジオの改良・普及で、各地の方言やいろいろな外国人の日本語に接する機会が増え、方言コンプレックスも、以前ほどには言われなくなったかに見える。一方では、日本人全体の標準語化がさまざまな形で進み、他方では、日本語を話す外国人の裾野も広がって、日本語を上手に話す人々が増えてもいるが、それは、実は、一部の「話し方」に見られることであって、「聞き方」のことではない。聞き方の意識は、そう簡単に分かるものではない。時折漏れてくる諸現象から意識の断片を拾い集め、つなぎ合わせるようにして、推測したり、裏付けを行ったりしなければならない。きれいにデータを揃えるのも難しいから、なかなかに面倒である。そのため、つい放置されがちではあるが、だからと言って何も考えないわけにはいかない。

3.　恣意的で一方的な解釈・評価

「音声学」の集中講義を担当した際、ある大学で書いてもらった学生の感想文に、こんな一文があった。

「…今まで、さぬき弁について大阪弁や東京弁より劣ったものだという考えが自分のなかにあり、又、東北のズーズー弁(？)をバカにしたような考えがあったが、これらの方言に対して別の見方ができるようになり、すごく興味を持つようになりました。今までは外国語(＝英語)の音声ばかりに目が向いていましたが、今は母国語の音声に対してもっと知りたいと思っています。…〈原文のまま〉」

「よく、方言は乱暴だからとか、古くさいとか、恥ずかしいなどの理由で、標準語を話すように努力しているという人に出会います。私も他県や、標準語を話す人達の仲で一人方言で話すのは多少恥ずかしく思うこともあります。」

「東京とか標準語の方がカッコイイと思っていましたが、…」

時代が変わったと言われる今日の、しかも20歳前後の若年層にさえ、いまだに中央語を一段高いものとして扱い一部の方言を一段低いものとして扱う考え方・感じ方が根強く存在していたことを窺わせる。時代の変遷によって、程度の移り変わり位はあるのかもしれないが、これでは基本的に平安朝の昔と何ら変わるところがない。

「東にて養われたる人の子は舌だみでこそものはいひけれ」
（『拾遺和歌集』巻七、平安中期）
「いやしき東声したるものどもばかり出で入り」　（『源氏物語』東屋）

さらに、時代が下がっても「横なばりたる声」、「東鳥の鳴き合ひたる様」（『今昔物語』、「（東国出身の僧侶の物言いが）声うちゆがみ、あらあらし」（『徒然草』）などのように、優れた古典と言われるものの中にさえ、中央語話者による方言音声蔑視の記述はそこここに見られる。これらは、いずれも笑う側（聞き手側）の意識の表出であって、笑われる側の意識はなかなか表にはでてこない。その点は歴史上の文献で勝者の論理だけが優先的に扱われる傾向と似たようなところがあるのであろう。鎌倉期の日蓮が、布教のため身延山から京に赴いた弟子に宛てた手紙で「（無理に京ことばを真似せず）ひたすら田舎言葉にてあるべし」と書き送ったなどという事例は非常に珍しいことであったであろう。

政治や経済の力が集中した地域の言語が重んじられ、それ以外の地域の言語が軽んじられるのは、古今東西を通じて自然なことであるとの見方もある。現に、英語のように、世界語と目される言語がある。これを知っていさえすれば、世界のかなりの地域や階層の人々に通用するのであるから、我先にこれを学ぼうとする人も多い。一つの国で幾つかの言語が通用している場合でも、力関係はありそうである。方言にも人前で堂々と話されるものと、そうではないものがある。また、地方の小都市であっても、中心部のことばど周辺部のことばとでは序列が付けられる。いたるところに、大小さまざまなピラミッドが網の目のように配置されている。

このような見方や感じ方がこうも生き続けていられる理由として、一つには政治や経済の力学の原則に則って、自分たちの立場を少しでも優位にしようという志向が働いている、ということが考えられるであろう。相対的に相手を低めることによって、結果的に自分が優位になるということもある。ただ、こうした志向は、強さに個人差があり得るが、次のような傾向は、さらに普遍的なのではないだろうか。それは、何か音声言語を聞いて情報処理をしようとする場合、どんな人であっても、自分にとって馴染みの深い話し方や聞き方のルールに引き寄せて聞き解釈しようとするということである。（土岐 1992b、本書第 9 章として改定）。例えば、同じ発話文を出身地域の異なる二つの集団に聞かせた場合、双方が同様の聴覚印象として受け止めるとは限らないという実験結果がある。そのようなことがあるからであろう。何か話した結果が、話し手本人の心積もりと一致した場合はよいが、ともすれば行き違いが生じやすく、さまざまな悲喜劇が引き起こされることが少なくない。当人同士に信頼関係があれば、それでも大目に見てもらえる。善意に解釈しようがない場合であったとしても、我慢してもらえることもあろうが、人間関係がしっかりしていない場合はおおごとになる。

では、このような、情報処理の過程で個々人によって意識化される、話し手に対する評価とその判断基準の違いというのは、どのように形成されているのであろうか。

私たちは生まれてこのかた、家族による躾や学校教育などの他にも、自分を取り巻く環境から無意識に受けてしまう「目には見えない教育」とでも言うべきものに影響されて成長する。例えば、よく「蛇は怖い」と言う。しかし、みんながみんな「蛇は怖いものだから、決して近寄ったり触ったりしてはいけない」などと直接教えられて育ったわけでもないであろう。実は「又聞き」あるいは、他の人が怖がっているのを見ただけという人も多いのではあるまいか。ところが、一旦身についてしまった好き嫌いの感覚というものは、容易に抜け切れるものではない。途中から「蛇にも毒を持たないものがある」などという、蛇に対する恐怖心を中和させるような情報を手にしたとしてもである。日本人が外国人の目の前で、いくら「刺し身」や「納豆」をおいしそうに食べて見せたとしても、なかなか簡単に「それじゃあ、私も」とはならないのと同じであろう。これが、その人が暮らしている社会環境全体による、目には見えぬ形式での教育によって、たとえ無意識のうちにではあっても根深く影響を受けた場合、どんな色にでも染まり得る。そうした環境構成要素の一つに、社会的にかなり厳密に想定された、話し方の類型がある。落語や講談、一人芝居などで、一人の人間が幾人もの人物を演じ分けることができるのもそのお陰である。そこでは、登場人物の性別、年恰好、職業上の傾向、身分、性格や頭の良し悪し、さらには場面ごとの感情表現にいたるまで、幅広い範囲にわたって詳細に分類されている。この「こういう時、こういう人が話すと、こうなるものだ」という期待パタンが話し手と聞き手との間でズレてしまった時、誤解や偏見を伴った問題が発生することも容易に考えられる。

4.　日本語学習者側の防御策

ある日系ブラジル人留学生から、次のようなことを聞いた。「留学生同士で話している時に、よく引き合いに出される冗談があります。それは、もし、日本人にもてたいと思ったら、英語を話すときのように日本語を話せばいいということです。アメリカあたりからの留学生のふりをすれば、すぐ友達ができる…」。

また、最近ある国へ行ってきた日本語教育関係者からは、大手と言われる外国語学校の責任者によることばであるとして、「(仕事で)日本へ行くことになった人には、日本語を使ってかえって不利な扱いをうけるより、下手でもいいから英語を使うようにアドバイスしている。英語を使えば、少なくとも日本人の態度が丁寧になるから。」というショッキングな内容を聞かされた。

日本語話者の恣意的な判断基準の中に、同じ外国語訛りであっても、もてるものとそうでないものがあり、同じ外国語話者であっても、どんなことばを話す人であるかによって、分け隔てが行われているということの一端をのぞかせている。実に悲しいことである。

日本の大手自動車会社の工場長がタイからの技術研修生に会った時、「わたチ…じどうチャ…」などと話しているのを聞いて、引率の日本人に、「この人達はほんとうに仕事ができるのか」と心配そうに言ったというが、これなどは、「わたチ」や「じどうチャ」などという発音の仕方が、日本語では幼児の話し方に似ているところから、勝手に人格や能力の判断にまで結び付けて出された反応であったとまずは解釈できよう。

これらの問題は、なにも外国人日本語学習者だけに関わる問題ではない。外国人に対する以前に、日本人同士の意識の問題としてもきちんと考え、解決しておくべき根深い問題である。これまでは内輪の個人的な問題として放置されてきたのであろうが、諸外国の人々まで巻き込むようになってしまった現在、抽象的な議論だけでは済まされない。何らかの具体策を考えて着手しなければならない。

5.　公平な耳・意識の養成

先にも触れたように、この種の意識や判断基準は幼児のころから、意識的・無意識的に植え付けられるものである。従って、すでに成人に達した人々の意識を変えさせるというのは、至難の業であろう。意識的に我慢をしてもらったりすることはできようが、根本からやり直すというのはよほどの柔軟性を身に付けた人でなければ、無理かもしれない。意識的に、自分本来の感じ方、考え方を自己制御していく努力を怠らないようにすることは可能であろうが。それならば、10年先、20年先を目標にして、義務教育段階の子供達から始めるしかない。まだ柔軟性が失われていない子供達ならば、いろいろな可能性が残されている。このようなことは服部(1944)の論文でも既に提案されている。

では、具体的にどのようなことが考えられるであろうか。相手が相手だけに、簡単で長続きする方法でなければならない。また、それを扱う教師たちにとっても面倒なものでない方がよいが、肝心の教師自身もある程度の訓練を必要とする場合が多いことであろうから、ことは単純ではない。相当の忍耐と努力が要る仕事になるであろう。しかし、やりがいのある仕事ではある。

いろいろなタイプの音声を聞いて、変だと笑ってしまうのではなく、その違いに興味を持ち、対等に扱おうとする意識や態度を養うためには、本書冒頭の章でも述べた通り、一般音声学的観点から、いろいろなタイプの音声を聞かせることから始めることになるが、素材としては、なにもいきなり外国語の音声から扱う必要はない。他の地域で使われている方言から始めればよい。もはや一般的ではなくなった、古いものである必要もない。自分たちの言葉とかなりの部分では似てはいるが部分的に違っている位の方が、視点が絞り易くてよいであろう。自分たちの音声と相手方の音声とに等価値をおいて対等に聞き比べる。相手方のやや違っているところを真似てみたりすることによって、いろいろな体験が得られることであろう。自分たちの地域から近いところのもの、遠いところのものと聞き比べるに従って、注意すべき項目も次第に変わっていくであろうが、進み具合は、相手のペースを考慮してコントロールし、決して無理をする必要はない。以前は聞き取れなかったものが聞こえ出し、変だと思いかけていたものが単なるちょっとした違いであったことに気付き始めたところで、さまざまな言語を母語とする外国人による日本語音声に移る。上手な話し方と下手な話し方の両方があればなおさらよいが、いずれにしても、日本語であれば、意味内容に気を取られることも少ないであろうから、音声そのものに集中しやすいであろう。音声だけに集中して真似たりするのなら、それほどおおげさに受け止められることもない。いわばゲームのような気分でとりかかることができるであろう。やり方さえ工夫すれば、すぐに飽きることもないかも知れない。このようにいろいろなタイプの音声に触れさせることで期待できることは、この体験を通して、好き嫌いの感覚を超えた「慣れ」が植えつけられ、いわれのない判断基準を振り回して、特定のものがきれいで他のものは汚いなどとは言わなくなるだろうということである。また、いろいろな音声を聞くことに慣れてくれば、対象が他地域の聞き慣れない方言であろうと外国語であろうと、大して負担には感じないことであろう。次の段階が求められるなら、例えば、中国語話者による日本語音声の後は、その話し手の母語である中国語（厳密にはその人の方言）そのものの音声を少し用意するとか、日本語話者による外国語音声（これも上手な方と下手な方の両方）ということも考えられる。このような練習がある程度うまくいったとすれば、児童たちは知らず知らずのうちに、いわゆる一般音声学の基礎的訓練を受けたことになる。副次的産物として、外国語コンプレックスなどと無縁になるかも知れない。

6.　まとめ―聞き手の国際化に向けて―

きれいなことば、汚いことばなどという判断基準も、歴史的に見れば、かつての「東ことば」を基調としたことばが今は標準的日本語と目されているように、簡単に逆転してしまうほど恣意的で曖昧なものである。それにも関わらず音声言語を自分の勝手な判断基準に照らして解釈し、誤解や偏見を生むようなことは後を絶たない。近頃では、一生懸命に学んで日本語を話そうと努力している外国人まで巻き込んでいるのであるから、まことに残念なことである。よく、外国人なのだから意味が通じさえすれば、後はどうでもよいと言う人もいる。それで一般に受け入れてもらえるのならこんな結構なことはない。しかしながら、学習者がこれから入っていく現実の日本語社会に、そのように物分かりのよい人が果たしてどれ位いるであろうか。現実の状況も考えず、ただ単に「大丈夫」と言うだけでは無責任のそしりを免れまい。せめて、学習者の露払いとなって、日本人一般との橋渡しをしてからにしてはどうかと考える。

私達が外国語を話そうとした場合にもハンディキャップはあろう。言いたいことの半分も言えないかも知れないし、その外国語を話しているときは、自分では思いもよらないような人格に見られているかも知れない。そんな誤解を解くつもりになれば、橋渡しの意味も具体的に分かるであろう。学習者支援のため、一般の日本人に、外国語訛りの日本語に対する理解を促す努力が望まれる。しかし、それとても一時しのぎの努力でしかない。目標はあくまでも「公平な耳社会の実現」である。国語科教育の中の音声教育との連携も含めて、社会全体として、よくよく考えていかなければならない重要課題でもある。

おわりに

この研究は、長年の日本語教育の場で、学習者との接触の中から生まれたものである。

日本語教育の場には、世界中からさまざまな学習者が集まってくる。中には、それまでに聞いたこともないような言語の話者がいたりした。また、研究書に書かれてはいるものの、説明を読んだだけでは見当もつかない言語音を直接聞いたりする機会も決して珍しいことではなかった。もとよりそうした学習者のほとんどは、音声の専門家ではないから、当該言語音について分析的に説明することはできない。従って、当方があれこれ修正しながら目の前で発音を真似てみて、認めてもらう瞬間が訪れるまで懸命の努力をするしかない。それがうまく行けば、学習者本来の音声と日本語音声の違いについて詳細に知ることができ、学習上の努力目標を具体的に伝えることができると考えたからであった。その時は、こちら側が学習者であるから、いつもとは立場が逆転し、改めて、学習者の立場を学ぶことにもなる。自分が納得いかないのに当方に遠慮した「にわか仕立ての教師」にほめられてみても悲しいだけだということも身に沁みて学習することとなった。そういう悲喜劇を繰り返しながら、世界中のさまざまな言語音を学ぶと共に、それらを基盤として日本語を学ぶ人々のさまざまな「日本語音」の聞き分けや生成に対する気付きのレパートリーを拡張して行ったように思われる。その「拡張」は、同時に日本語音声自体のたいそう豊かな姿に気付くきっかけにもなっている。一方、学習者の向上心はすさまじく、教師側が提示した目標を次々と乗り越えてゆく人も少なくない。それでもなお向上の意欲を示された場合、残された問題点を懸命に追究するのであるが、そのレベルまで来ると、もはや音声の研究書に書かれているレベルでは間に合わないことが多くなる。本書で扱った各論は、そうした学習者に触発されて着手したところが大きい。

日本語話者としての自分を離れて、自身の方言音から始まって、日本語音声全般に、より客体化して取り組み、考えるようになったことを思い起こせば、これまでに「日本語教育」の場を通して筆者の前に現れては通り過ぎていった幾百、幾千の日本語学習者こそがかけがえのない「師」であったのだと考えられる。その意味からも、世界各地から集まり散じた学習者の皆さんに、心からなる謝辞を申し述べたい。

音声教育は、これまでの音声研究の上に成り立っている部分もあるが、学習者との接触で初めて成り立つ部分が多い。この度の研究でも、双方の音韻組織を比較して問題点をある程度予測してみても、実際は予想通りにはいかない事例がいくつも見られた。ましてや単音連続以上の大きな単位になると、記述情報自体が少ない。曰く、学習環境の条件次第で変わる点であったり、学習者自身の学習目標との関わりの条件差、あるいはまた、教育担当者の思い込みや生育地による条件によって違ってきた例もあった。当人の事情を超えて、学習者自身を取り巻く社会的条件、時代的条件も大きく関わっていることを窺わせた。これらの奥深い事実を前にして、次なる一手を考えて行くこととしたい。

掲載論文の初出一覧

本書で採録した論文の中には、過去に発表したものの内容に対して相応の手を加えたものであるが、それらの初出原典は次のようである。

第 1 章：(1985/7) 「日本語音声教育の変遷」『日本語学』第 33 号　pp.85–93　明治書院

第 2 章：(1986/7) 「音声教育の面から見た教科書」『日本語教育』第 59 号　pp.24–37　日本語教育学会

第 3 章：————

第 4 章：(1975/12) 「教養番組に現れた縮約形」『日本語教育』第 28 号　pp.55–66　日本語教育学会

第 5 章：(1995/3) 「日本語のリズムに関わる基礎的考察とその応用」『阪大日本語研究』第 7 号　pp.83–95　大阪大学文学部日本学科言語系

第 6 章：(2002/1) 「日本語音声の縮約とリズム形式」『日本語学と言語学』所収　pp.55–65　明治書院

第 7 章：(1998/10) 「アクセントの下げ、イントネーションの下げ」『阪大日本語研究』第 10 号　pp.53–66　大阪大学文学部日本語学講座

第 8 章：(1992/10) 「音声上の虫食い文補填の手掛かりとなる韻律的要素」『日本語研究と日本語教育』所収　pp.225–236　名古屋大学出版会

第 9 章：(1992/12) 「東京出身者と大阪出身者による同一音声資料の聞き取り結果」『待兼山論叢　日本学編』第 26 号　pp.1–15　大阪大学文学部

第10章：(1993/3) 「日本語会話文の音読に見られる各地方言の韻律的特徴—弘前市出身者の場合—」『日本語音声と日本語教育』文部省重点領域研究「日本語音声」平成 4 年度研究成果報告書　pp.57–76

第11章：(1999/6) 「青森県深浦方言の音声・音韻—四世代の横断的内部観察資料から—」『国文学研究』第 128 集　pp.145–137　早稲田大学国文学会

第12章：(2000/8) 「ミクロネシア・チュークに見られる残存日本語の音声」『木村宗男先生古希記念日本語教育史論集』所収　pp.195–206　凡人社

第13章：(2004/3) 「ミクロネシア、ポナペ島に残存する日本語の音声」『言語と教育—日本語を対象として—』 pp.149–162　くろしお出版

第14章：(2003/3) 「台湾原住民ヤミ族に見られる日本語音声—アミ語話者との比較も交えて—」『文部科学省特定領域研究（A）環太平洋の「消滅に瀕した言語」に関す

る緊急調査研究報告書』 pp.23–40

第15章：(2005/3) 「音声研究と日本語教育」『開かれた日本語教育の扉』 pp.137–148
スリーエー・ネットワーク

第16章：(1994/12) 「聞き手の国際化」『日本語学』第 13 巻 12 号　pp.74–80　明治書院

参考文献

井上史雄他編（1994）『日本列島方言叢書 2　東北方言考 1 ―東北一般・青森県』ゆまに書房

今川　博・桐谷　滋（1989）「DSP を用いたピッチ、フォルマント実時間抽出とその発音訓練への応用」『電子情報通信学会報告』SP89–36　pp.17–24

上野善道（1975）「アクセント素の弁別的特徴」『言語の科学』第 6 号

上野善道（1988）「日本語のアクセント」『講座日本語と日本語教育　第 2 巻　日本語の音声・音韻（上）』pp.178–205　明治書院

上村幸雄（1966）「音声の指導はなぜ必要か（上）」『教育国語』冬季号　むぎ書房

音声文法研究会（1997）『音声と文法』くろしお出版

加藤正信他（1988）「青森県津軽地方の方言調査報告」『日本文化研究所報告別巻』第 25 集

教育科学研究会秋田国語部会（1965）「発音指導の内容と方法」『教育国語』むぎ書房

窪薗晴夫（1999）『現代言語学入門 2　日本語の音声』岩波書店

郡　史郎（1988）「強調とイントネーション」『講座日本語と日本語教育　第 2 巻　日本語の音声・音韻（上）』明治書院

国立国語研究所（1960）『国立国語研究所報告 18　話しことばの文型（1）―対話資料による研究―』

国立国語研究所（1963）『国立国語研究所報告 23　話しことばの文型（2）―対話資料による研究―』

佐藤大和（1993）「外来語を材料としたアクセントの検討―構造とリズムに着目して―」『日本語音声と日本語教育』文部省重点領域研究「日本語音声」平成 4 年度成果報告書

城生佰太郎（1988）「ことばのリズム」『月刊言語』第 17 巻 3 号　大修館書店

城田　俊（1993）『日本語の音―音声学と音韻論―』ひつじ書房

杉藤美代子（1990）「重点領域研究「日本語音声」―研究の進展と今後の研究について―」『NEWS LETTER 日本語音声』（4）1990

杉藤美代子編（1989）『講座日本語と日本語教育　第 2 巻、第 3 巻　日本語の音声・音韻（上）（下）』明治書院

高見澤孟（1989）『新しい外国語教授法と日本語教育（NAFL 選書）』アルク

田中春美他編（1988）『現代言語学辞典』成美堂

張　郇慧（2000）『台湾南島語言 13　雅美語（ヤーメイ）参考語法』遠流出版

土田　滋(1992)「ヤミ語」『言語学大辞典　第4巻　世界言語編(下–2)』三省堂
寺村秀夫他編(1989)『講座日本語と日本語教育　第13巻　日本語教授法(上)』明治書院
土岐　哲(1975)「教養番組に現れた縮約形」『日本語教育』第28号　日本語教育学会
土岐　哲(1977)「青森県深浦方言における音節意識—いわゆる特殊音節を中心として—」『国文学研究』第62号
土岐　哲(1985)「日本語音声教育の変遷」『日本語学』第4巻7号　明治書院
土岐　哲(1989)「音声の指導」『講座日本語と日本語教育』第13巻　明治書院
土岐　哲(1992a)「音声上の虫食い文補填の手掛かりとなる韻律的要素」カッケンブッシュ寛子他編『竹内俊男教授退官記念論文集　日本語研究と日本語教育』名古屋大学出版会
土岐　哲(1992b)「東京出身者と大阪出身者による同一音声資料の聞き取り結果」『待兼山論叢日本学篇』第26号　pp.1–13
土岐　哲(1993)「現代日本語の音声学・音韻論」『日本語要説』ひつじ書房
土岐　哲(1994)「聞き手の国際化」『日本語学』第13巻13号　明治書院
土岐　哲(1995)「日本語のリズムに関わる基礎的考察とその応用」『阪大日本語研究』第7号大阪大学文学部日本学科言語系
土岐　哲(2000)「ミクロネシア、チュークに見られる残存日本語の音声」『日本語教育史論考—木村宗男先生米寿記念論集—』pp.195–206　論集刊行委員会編　凡人社
土岐　哲(2002a)「旧統治領の調査から、もう一つの日本語コミュニケーション第10回、50年ぶりの日本語会話」『月刊日本語』1月号　pp.74–75
土岐　哲(2002b)「台湾原住民に見られる日本語音声—アミ語話者の場合」『環太平洋地域に残存する日本語の諸相(1)』(文部科学省特定領域研究(A)環太平洋の「消滅に瀕した言語」に関する緊急調査研究　4A-005)所収
土岐　哲(2003a)「音声教育の基本」『多文化共生時代の日本語教育』瀝々社
土岐　哲(2003b)「台湾原住民ヤミ族に見られる日本語音声—アミ語話者との比較も交えて—」『環太平洋地域に残存する日本語の諸相(2)』(文部科学省特定領域研究(A)環太平洋の「消滅に瀕した言語」に関する緊急調査研究　4A-020)所収
土岐　哲・村田水恵(1989)『発音・聴解』荒竹出版
日本音声学会編(1976)『音声学大辞典』三修社
日本語教育学会(2003)『戦前戦中の日本語教育教材レコード復刻版』
日本方言研究会編(1964)『日本の方言区画』東京堂出版
中村淳雄(2001)「戦後国語教育における「スピーチの教育」の史的展開」『日本語学』第20巻6号　明治書院

野林厚志（1998）「ヤミ（雅美族）」［タオ（達悟族）］」日本順益台湾原住民族研究会編『台湾原住民研究への招待』風響社

平山輝男編（1982）『北奥方言基礎語彙の総合的研究』桜楓社

福井芳男他（1980）『ラルース言語学用語辞典』大修館書店

服部四郎（1944）「標準語とアクセント（二）」『日本語』8月号　日本語教育振興会

服部四郎（1951）『音声学』岩波書店

服部四郎（1960）『言語学の方法』岩波書店

別宮貞徳（1977）『日本語のリズム―四拍子文化論―』講談社

前川喜久雄（1990）「朗読イントネーションのプロミネンス」重点領域研究「日本語音声」研究報告2

前川喜久雄（1991）「方言のイントネーション―その差異と共通性―」『シンポジウム日本語音声の韻律的特徴と日本語教育』重点領域研究「日本語音声」平成3年度報告書

前川喜久雄（2001）「スピーチのデータベース―『日本語話しコーパス』について―」『日本語学』第20巻6号　明治書院

松岡静雄（1935）『ミクロネシア語の綜合研究』岩波書店

Alfonso, A (1980) *Japanese Language Patterns* Vol. I · II, Center for Japanese Studies of Sophia University.

Cartrette, C. E. and Margaret Hubbard Jones (1974) *Informal Speech: Alphabetic & Phonemic Texts With Statistical Analyses And Tables*, University of Carifornia Press.

Goodenoug, H. W. and Hiroshi Sugita (1990) *Trukese-English Dictionary, Supplementary Volume: English-Trukese and Index of Trukese Word Roots.* American Philosophical Society.

Pierrehumbert, B. J. and Mary E. Beckman (1988) *Japanese Tone Structure, Linguistic Inquiry Monograph* Vol.15, MIT Press.

Rehg, L. K. (1989) *Ponapean Reference Grammar*. The University Press of Hawaii.

Rehg, L. K. and Damian G. Sohl (1979) *Ponapean-English Dictionary*. University of Hawaii Press.

Toki, S. (1998) The Remnants of Japanese Phonology in the Micronesian Chuuk. *Memoirs of the Faculty of Letters,* Vol.XXXVIII Osaka University, 11–48（ミクロネシア本国の方々にも読んでいただけるよう英文で刊行した）.

あとがき

本書を最終的にまとめたのは、平成21年の秋である。この年は私にとって大きな転換期とでも言えるほどいろいろなことが立て続けに起こり、いつまでも忘れられない年となった。

1月には、ハワイの義母と青森の長兄を2週間ほどの間に前後して喪ってしまった。その間、常夏のホノルルや真冬の深浦へと慌しく移動せざるを得なかったが、悲しみや寂しさに深く襲われる間もなかったほどの忙しさに翻弄されたことが、今にして思うとむしろ心的には助けられたようである。慌ただしさは、むしろそれから追い討ちを掛けてきたようであった。学位論文の口頭試問、これは、大阪大学で担当する最後の学生や他機関の方々の分だけではなく、この度は、自分自身の分も含まれることとなり、3月末日には、平成2年4月以来、19年間勤めた大阪大学で無事定年を迎えることができた。最終講義や送別会では、同僚始め懐かしの面々にねぎらいのことばを掛けて頂いたが、これも忘れられない出来事となった。そして、4月1日からは、京都外国語大学へ赴任、それに伴って、西宮の住まいと大学の研究室の引越しがあり、慌ただしさは、最高潮に達したが、結局、5月の連休明けまでずれ込むこととなってしまった。これほど様々なことを集中的にこなしたのは初めてのことではなかったかと思われる。自分の体力が電池切れを起こすことなく続いたことに気付いたのは、長い目で見ると一種の収穫であったのかも知れない。一段落した時には、ある種の安堵感を覚え、同時に少しばかり自信を得たようでもあったが、やはり1月以来の後遺症もなくはなかった。「どんな時でも、100パーセント良いことばかりではない代わり、100パーセント悪いことばかりでもない」とは、日頃学生たちに言ってきたことだが、この度もまさしくそうであったのだろうと思っている。一息ついたところで、今度は青森の母としが100歳の誕生日を迎えた。こればかりは自粛するわけには行かないから、兄や姉など皆で一堂に会した。母は太宰治より一月早い明治 42 年 5 月に生まれている。父は私が学生の時に 62 歳で逝ってしまった。私は昭和 21 年 3 月に生まれ、平成 21 年 3 月に大阪大学で定年を迎え、新たに現職の大学に移り、本書の刊行に当たっては、平成 21 年度京都外国語大学出版助成を頂いている。これは、大阪大学に提出した学位論文に加筆訂正したものであるが、赴任間もないことで、何ら貢献もしていないにも関わらず審査で助成をお認め下さったことに対し、深く感謝申し上げたい。同時に、ひつじ書房の松本功氏に研究のまとめを勧められてから 10 数年の月日が流れてしまったが、長い間辛抱強く待ってくださり、出版を実現してくださった氏や編集の竹下乙羽氏、それに原稿の編集作業を助けてくださった大阪大学助教（当時）の岡田祥平氏にも、この場を借りて心から感謝申し上げたい。それと、日頃から第二言語としての日本語の推移を身近に聞かせ、折に触れて様々な側面から考えさせてくれた家内の芳子（梅芳）、深浦方言の気負いのない姿を観察させてくれた土岐家ゆかりの面々にも、改めて礼を言わなければならない。それにしても、何やら、21 年という数字には妙に因縁めいたものを感じざるを得ない。次には、何から数えて、どんな 21 年目が訪れることであろうか。それを楽しみにこれからの毎日を丁寧に過ごして行きたいものと考えている。

索引

数字

C

H

V

W

あ

い

う

え

お

か

き

せ

そ

た

ち

つ

て

と

な

に

ね

の

は

ひ

〔著者〕 土岐哲（とき・さとし）

略歴

1946年、青森県深浦町生まれ。

早稲田大学文学部日本文学科卒業、大阪大学博士（文学）。国際学友会（東京）専任講師、アメリカ・カナダ11大学連合日本研究センター専任講師、プリンストン大学東アジア学部客員講師、東海大学講師、同助教授、名古屋大学助教授、同大学院文学研究科併任助教授、大阪大学助教授、同大学院文学研究科教授を歴任、大阪大学名誉教授。現在、京都外国語大学教授。

主要著作・論文

『日本語学と言語学』（共著　明治書院　2002）、『戦前・戦中の日本語音声教育用レコード復刻版』（監修　日本語教育学会　2003）、『言語と教育―日本語を対象として―』（共著　くろしお出版　2004）、『開かれた日本語教育の扉』（共著　スリーエーネットワーク　2005）など。他に種々の日本語音声教材等監修。

シリーズ言語学と言語教育

【第20巻】

日本語教育からの音声研究

発行　2010年3月31日　初版1刷

定価　5800円＋税

発行者　松本功

装丁者　吉岡透（ae）／明田結希（okaka design）

印刷所　三美印刷 株式会社

製本所　田中製本印刷 株式会社

発行所　株式会社 ひつじ書房

〒112-0011　東京都文京区千石2-1-2 大和ビル 2F

Tel 03-5319-4916　Fax 03-5319-4917

郵便振替　00120-8-142852

toiawase@hituzi.co.jp

http://www.hituzi.co.jp

造本には充分注意しておりますが、落丁・乱丁などがございましたら、小社かお買上げ書店にておとりかえいたします。

ご意見、ご感想など、小社までお寄せ下されば幸いです。

ISBN978-4-89476-488-0　C3080

Printed in Japan